Unsere Geschichte

Von der Urzeit bis zum Mittelalter

Wolfgang Korn (Text) / Flemming Bau (Illustrationen)

Unsere Geschichte

Von der Urzeit bis zum Mittelalter

Die Deutsche Bibliothek verzeichnet diese Publikation in der
Deutschen Nationalbibliografie; detaillierte bibliografische Daten
sind im Internet über http://dnb.ddb.de abrufbar.

Umschlag: Stefan Schmid, Stuttgart, unter Verwendung einer
Illustration von Flemming Bau

© 2006 Konrad Theiss Verlag GmbH, Stuttgart
Redaktion: Dr. Uta von Freeden, Römisch-Germanische Kommission
des Deutschen Archäologischen Instituts, Frankfurt/ Main
Lektorat: Dr. Birgit Wüller, Stuttgart
Satz und Gestaltung: Katrin Kleinschrot, Stuttgart
Lithographie: Medienfabrik, Möglingen
Druck und Bindung: Appl, Wemding

ISBN-10: 3-8062-1998-2
ISBN-13: 978-3-8062-1998-2

Vorwort

Geschichte, Archäologie und Landeskunde – auf diesen Säulen basiert das Programm des Konrad Theiss Verlags, der 2006 sein 50-jähriges Bestehen feiert. Besonders profiliert hat sich Theiss – heute einer der führenden Verlage für historische und archäologische Sachbücher in Deutschland – auf dem Gebiet der Archäologie, wo er mittlerweile Publikationen und Schriftenreihen aus der gesamten Bundesrepublik sowie Bücher zur internationalen Archäologie veröffentlicht. Mit fachlich fundierten, spannend zu lesenden und zugleich optisch attraktiven Bildbänden und Sachbüchern sowie mit Begleitkatalogen zu herausragenden Ausstellungen im gesamten deutschsprachigen Raum schlägt der Theiss Verlag die Brücke von der Fachwissenschaft zu einer breiten, an historischen und archäologischen Themen interessierten Öffentlichkeit.

Im Sinne eines solchen Brückenschlags versteht sich auch dieser Jubiläums-Bildband, der vor allem mit eindrucksvollen Aquarellen und Zeichnungen sowie abwechslungsreichen Reportagen die Jahrtausende vorüberziehen lässt und faszinierende Einblicke in unsere Vergangenheit bietet – von den frühesten Spuren menschlichen Lebens bis ins Mittelalter.

Die Illustrationen des renommierten dänischen Archäologiezeichners Flemming Bau entstanden ursprünglich für den großen Bildband *Spuren der Jahrtausende – Archäologie und Geschichte in Deutschland*, der anlässlich des 100-jährigen Jubiläums der Römisch-Germanischen Kommission des Deutschen Archäologischen Instituts 2002 von Uta von Freeden und Siegmar von Schnurbein im Theiss Verlag herausgegeben wurde. Für den Theiss-Jubiläumsband richtete der Wissenschaftsjournalist Wolfgang Korn seine neuen szenischen Einstiege und Reportagen direkt auf die Illustrationen aus, sodass wichtige Stationen unserer Vor- und Frühgeschichte zum Leben erweckt werden, ohne dass dabei der Blick für die großen Zusammenhänge verloren geht.

Unser herzlicher Dank gilt den Mitarbeitern der Römisch-Germanischen Kommission, namentlich Herrn Professor von Schnurbein und Frau Dr. von Freeden, für die beratende Mitwirkung an diesem Band.

Ihr
Konrad Theiss Verlag

Inhalt

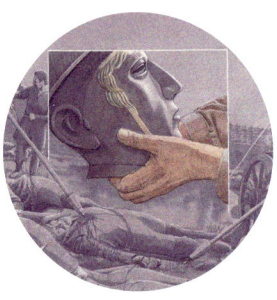

Ein Flachsee nahe dem heutigen Schöningen vor 400 000 Jahren …

Noch im Dunkeln sind die Jäger nahe dem
See im Unterholz so in Stellung gegangen,
dass sie die lichte Uferstelle – eine bevorzugte Trinkstelle von Großtieren – unauffällig
beobachten und sich gut anschleichen können.
Vielleicht haben sie das auch schon in den vorangegangenen Tagen getan – ohne Jagdglück. Doch
an diesem Tag scheint die Rechnung aufzugehen: Gegen
Morgengrauen nähert sich eine kleine Herde von Wildpferden
der Uferzone. Anfangs zögerlich, doch als sie keine Gefahr wittern,
begeben sich alle Tiere ins seichte Wasser und trinken. Auf diesen Moment
haben die Jäger gewartet; im Schutz von Tannen- und Laubbäumen umzin-
geln sie zunächst den gesamten Platz und kriechen im hohen Gras so nah
wie möglich an die Tiere heran. Als das erste Tier aufmerksam wird und
Alarm schlägt, springen die Jäger auf – die Falle ist zugeschnappt. Die Jäger
werfen ihre Speere zielsicher in die Flanken der Wildpferde, mehrere brechen
verletzt zusammen. Während der Rest der Herde flieht, bringen die Jäger die
verwundeten Tiere mit gezielten Stichen ihrer Speere zur Strecke.
Nachdem die Männer ihrer Freude über das Jagdglück Ausdruck verliehen
haben, benachrichtigt einer die zurückgebliebenen Frauen und Kinder und
alle machen sich gleich ans Werk.
Soweit die vermutete Vorgeschichte – diese Szene ist (wie alle anderen in
diesem Buch) durch die geborgenen Funde gut belegt.

Alltagsszenen aus der Altsteinzeit

Speere, Steinwerkzeuge und das erste Schaschlik – Steinzeitjäger von Schöningen

Wie stößt man eigentlich auf 400 000 Jahre alte Spuren ehemaligen Lebens? Im zuvor beschriebenen Fall: mit viel Fleiß und einem großen Abraumbagger! Denn nur dieser kann die rund 10 bis 15 m dicken Sedimentschichten, die sich inzwischen über den Funden angesammelt haben, wegschaffen. Da Archäologen solch einen Einsatz von Großgeräten aus ihrem in der Regel recht kleinen Budget nicht bezahlen können, kam die Gunst des Augenblicks für den niedersächsischen Archäologen Hartmut Thieme, als zwischen den Städten Helmstedt und dem 10 km südlicheren Schöningen ein neuer Abschnitt eines der großen Braunkohlereviere in Deutschlands erschlossen wurde. Um im Tagebau an den 15, 30, oft 50 m unter der Erde gelegene Energieträger zu kommen, tragen Bagger, die die Ausmaße von Parkhäusern haben, auf 6 km² systematisch Schicht für Schicht das Erdreich ab und dringen immer weiter in die Erdgeschichte vor – eine einmalige Gelegenheit für die Archäologie. Jedes Mal, wenn die Bagger eine Erdschicht abgetragen haben, rücken die Archäologen an. Ihr routinierter Fleiß zeigt häufig Früchte. Auf diese Weise legten sie inzwischen zahlreiche urgeschichtliche Siedlungen und Gräber aus der Jungsteinzeit, aus der Bronze- und Eisenzeit bis in die Zeit um Christi Geburt frei. Sie alle waren lohnenswerte Funde, doch am 20. Oktober 1994 wurde ihre Arbeit mit einer riesigen Sensation belohnt: Hier, 15 m unter der Erdoberfläche, lagen in den Uferablagerungen eines ehemaligen Sees die ältesten Speere, die je entdeckt wurden. Und nur hier hätten sie liegen dürfen! Die Speere bestehen aus Holz; normalerweise zersetzt sich dieser organische Stoff im Laufe der Jahrtausende – anders im Moor,

aus dem Torf wurde, der sich unter dem Druck der Erdmassen nach und nach zur heutigen Braunkohle verdichtete.

Während sich rundherum die Bagger in die Tiefe fraßen, wurde ein 70 m breiter Sedimentsockel für die Archäologen ausgespart, auf dem sie einige Jahre lang das altpaläolithische Wildpferd-Jagdlager – Fundplatz »Schöningen 13 II-4« – erforschten. Einige Jahre, denn es waren nicht nur die Speere – eine steinzeitliche Szene präsentierte sich dort in ihren Hinterlassenschaften wie eine fotografische Momentaufnahme vor den Wissenschaftlern.

Wir gehen zurück zur Jagdszene. Die Männer beginnen, die Pferdekörper zu zerlegen. Mit kleinen Feuersteinen, die an einer Seite so geschickt abgeschlagen wurden, dass ihre dünne Abbruchkante scharf wie eine Rasierklinge ist, schneiden sie dem ersten Tier den Kopf ab, durchtrennen das Bauchfell und weiden die Beute aus.

Währenddessen beginnt eine der Frauen, Fleisch in dünne Streifen zu schneiden. Als Schneidebrett verwendet sie das große Schulterblatt eines Pferdeskeletts – auf dem Knochen konnten die Archäologen noch die Schnittspuren erkennen. Und eine zweite Frau entzündet ein Lagerfeuer und fängt an, das Fleisch auf einem Holzspieß über dem Feuer zu grillen – das älteste nachweisbare Schaschlik der Menschheitsgeschichte! Denn auch diesen angekohlten Spieß konnten die Archäologen nach 400 000 Jahren bergen.

Von den erlegten Pferden wurde restlos alles verwertet, denn was der Urmensch so mühselig erbeutete, war zu kostbar, um es wegzuwerfen. Neben dem Fleisch verspeisten sie auch möglichst viel von den Eingeweiden. Knochen schließlich, die nicht direkt verwendet werden konnten, zerschlugen die Urmenschen, um an

Vertilgten die Urmenschen also nur Fleisch, so dass ihre Mahlzeiten aus einem endlosen Barbecue bestanden? Keineswegs, doch mögliche Spuren der pflanzlichen Nahrung haben in Schöningen nicht unmittelbar überdauert. Aus dem Vergleich mit heutigen Jäger-Sammler-Gesellschaften können wir jedoch darauf schließen, dass die Nahrung unserer Vorfahren bis zu 80 % aus gesammelten Beeren, Kräutern und Früchten bestanden haben muss. Die Umgebung des Jagdlagers von Schöningen jedenfalls war dazu gut geeignet: offene Landschaft mit lockerem Baum- und Strauchbewuchs. Gleichzeitig bildete sie ein ideales Areal zur Jagd auf Herdentiere.

»Bisher galt die Auffassung, dass erst der moderne Mensch (Homo sapiens) etwa seit der Mitte der letzten Eiszeit zur systematischen Großwildjagd befähigt gewesen sei und der Neandertaler und der Urmensch ihre Existenz primär durch die Verwertung von Aas und durch die ungefährliche Jagd auf Kleinwild gesichert hätten«, resümiert Thieme, »doch die altpaläolithischen Wurfspeere von Schöningen belegen nun in aller Deutlichkeit, dass bereits der späte Urmensch ein äußerst geschickter Jäger war.« Noch dazu einer, der sich bereits vor 400 000 Jahren auf Pferde, also auf schnelles, flüchtiges Herdenwild spezialisiert hatte.

Um Großwild in Gruppen zu jagen, war eine exakte Abstimmung unter den Jägern notwendig. Das heißt, diese Urmenschen müssen schon über ausgefeilte Kommunikationsmöglichkeiten verfügt haben; zumindest die physiologischen Voraussetzungen für das Sprechen besaßen sie.

Und ihre Speere können als echte »High-Tech-Waffen« bezeichnet werden, denn ihre Form ließe sich auch mit heutigen Optimierungsprogrammen wenig besser gestalten: Bisher wurden acht hölzerne Wurfspeere geborgen, die Längen von 1,82 m bis 2,50 m aufweisen. Kleine Fichtenstämme wurden nach ihren Wuchseigenschaften gezielt ausgewählt und so bearbeitet, dass sie in ihrer schlanken, ballistisch ausbalancierten Form heutigen Wettkampfspeeren ähnlich wurden. Zum Schluss wurden ihre Spitzen von erfahrenen Jägern mit Feuersteinklingen so fein bearbeitet, dass todbringende »Fernwaffen« aus ihnen wurden.

»Von der Auswahl der Rohstoffe über die einzelnen Bearbeitungsschritte bis zu seiner Nutzanwendung verdeutlichen diese Waffen das handwerkliche Geschick in der Holzverarbeitung verbunden mit einer langen Tradition in der Verwendung derartiger Geräte«, urteilt Thieme.

← Einer der in 15 m Tiefe gefundenen Holzspeere von Schöningen wird geborgen.

→ Der Lagerplatz von Bilzingsleben bot ideale Bedingungen für die Nahrungssuche.

↓ 400 000 Jahre alte High-Tech-Waffen – Spitze eines Speeres von Schöningen

das nahrhafte Mark zu gelangen. Die Felle verarbeiteten sie zu Umhängen wie die Frau einen trägt – unsere Szene spielt im Sommer, doch im Winter mussten sich die Urmenschen mit weiterer Fellbekleidung vor Kälte schützen.

Auch die restlichen Knochen wurden nicht einfach weggeworfen; neben den genannten Schulterblättern wurden vor allem kleine Knochen zu Werkzeugen umgearbeitet.

In acht Grabungsjahren fanden die Archäologen Unmengen von Großsäugerknochen – von den über 30 000 Knochenstücken, die sie auf rund 2500 m² bargen, stammte der überwiegende Teil von Wildpferden; es waren jedoch auch Wisent, Rothirsch und Wildesel darunter. An einem Jagdlager in unmittelbarer Nachbarschaft dieses Grabungsgeländes fanden die Ausgräber sogar Knochen erlegter Waldelefanten und Waldnashörner.

Nach vollbrachter Arbeit verließ die Gruppe der Steinzeitjäger den Platz, um zu ihrem Basislager zurückzukehren. Doch sie kamen nicht nur einmal hierher, sondern häufiger, vielleicht sogar regelmäßig. Zurück ließen sie einen wahren Berg von zum Teil zermahlenen Pferdeknochen, die von mindestens 20 Tieren stammten. Neben einigen Feuerstellen blieben wie scheinbar bewusst deponiert Waffen und Werkzeuge zurück, die die Jäger offenbar nicht mehr gebrauchen konnten. Sie wurden von Archäologen 400 000 Jahre später in der Schicht aus Torf und Sedimentschichten freigelegt.

1 See, Altwässer, Fluss
2 versumpfte Auen mit Schilfdickicht, Ried sowie Weidengebüsch
3 Vegetation in Tal-Lage, meist Weidengebüsch und -dickicht
4 artenreiche Auenwälder mit Erlenbruch
5 lichter Eichen- und Buchsbaumwald mit Eibenbeständen
6 vorwiegend Gebüschfluren mit Buchbaum, Feuerdorn, Flieder, Kornelkirsche, Hasel, Berberitze, Wacholder usw.
7 offene Steppenwiesen

Kalkstein, Schädelknochen und Spuren möglicher Kulte – das Lager von Bilzingsleben

Schöningen war nur ein Jagdlager, das hin und wieder aufgesucht wurde. Doch gar nicht so weit davon entfernt – nur 95 km Luftlinie in Richtung Süden – fanden Archäologen eine längerfristig genutzte Siedlungsstätte: den altsteinzeitlichen Lagerplatz von Bilzingsleben. Am Nordrand des Thüringer Beckens zwischen dem heutigen Weimar im Süden und dem Kyffhäuser und dem Harz im Norden ragt ein gut 30 m hoher Bergsporn ins Tal hinein, dessen Plateau überwiegend aus porösem Kalkstein bestand. Dort spülte eine Karstquelle gelösten Kalk nach oben und versiegelte als immer dicker werdendes Kalkgestein die darunter befindliche altsteinzeitliche Schicht.

Dieser Kalkstein wurde seit dem 12. Jh. n. Chr. abgebaut und dabei stieß man schon im 18. und 19. Jh. auf große Fossilknochen. Aber erst 1969 entdeckte der Archäologe Dietrich Mania an der Basis dieser Kalksteinschicht eine altpaläolithische Fundstelle, oder einfacher gesagt: Er stieß auf einen Lagerplatz der Urmenschen, der mit naturwissenschaftlichen Methoden auf die Zeit um 370 000 vor heute datiert wurde. Der Platz muss einen klaren Standortvorteil aufgewiesen haben, denn er wurde längere Zeit genutzt – vielleicht war es zu Beginn seine geschützte Lage zwischen einer Uferböschung und einem morastigen Schilfgürtel. Erst als er langsam von dem aus der Karstquelle gespeisten See überspült wurde, der diese Stelle nach und nach mit dem später abgebauten Kalk überdeckte, wichen die Urmenschen auf angrenzende, höher gelegene Areale aus.

Den Mittelpunkt dieses Lagers bildeten drei einfache Wohnbauten – das legen zumindest die Überreste nahe: Kreisförmig angeordnete Steinblöcke und -haufen sowie große Knochen formen den Grundriss der vermutlich igluförmig angelegten Hütten. Der Eingangsbereich war Richtung Südost im Windschatten errichtet worden, wo sich auch die Feuerstellen befanden.

Noch interessanter: Das Lager weist zwei Bereiche auf, die man vielleicht als richtige Werkplätze deuten kann. Einer davon zog sich mit einer Breite von 5 bis 8 m beinahe durch die gesamte Siedlung. Rohmaterial, Halbfabrikate und Abfälle belegen, dass dort Kalkstein, Granit, Knochen sowie Geweihe bearbeitet wurden.

Der zweite am Rande der Siedlung gelegene Werkplatz war wohl auf schwere Abschlagarbeiten zur Herstellung von Steingeräten spezialisiert. Bis zu 80 kg schwere Kalkblöcke dienten als Amboss; der Boden unter ihnen war gepflastert, damit er nicht nachgab. Die Archäologen bargen auch einige Kalksteinblöcke, die scherbenartig zerbrochen waren – sie wurden vor dem Zerschlagen bis zum Glühen erhitzt.

Bei genauerer Untersuchung entpuppte sich der Ort als ein Werkplatz mit Wohnfunktion – doch wer waren die »Handwerker« von Bilzingsleben und die planenden Jäger von Schöningen? In Bilzingsleben konnten die Archäologen 27 Stücke von menschlichen Schädelknochen, einen menschlichen Unterkiefer und acht einzelne Zähne bergen und sie drei Individuen zuordnen. Teile des Schädels von »Individuum I« stammten aus dem Krümmungsbereich des lang gestreckten Schädels, Teile des »Individuums II« aus dem Bereich der Augenbrauenwülste – diese markanten Puzzlestücke fanden ihre Entsprechungen im Schädel vom Fundplatz Olduvai in Ostafrika. So konnte der Prager Paläontologe Emanuel Vlcek auf Basis dieser Fundstücke einen Schädel vollständig rekonstruieren: Es müssen Angehörige des Homo erectus sein, jenes aus Afrika stammenden Vorläufers des Homo sapiens.

Der entscheidende Unterschied zwischen Homo erectus und dem späteren Homo sapiens betrifft das Schädelskelett. So setzt der Hals von Homo erectus viel höher am länglich geformten Kopf an als es im Vergleich dazu später beim eher runden Kopf des modernen Menschen der Fall ist. Homo erectus hat einen flachen Oberschädel, eine ebenfalls flache Stirn und einen fliehenden Unterkiefer, Homo sapiens dagegen einen runden Oberschädel, eine hohe Stirn und ein ausgeprägtes Kinn.

Die Schädelknochenfunde von Bilzingsleben bargen zudem ein Geheimnis: »Einige kleinere Schädelstücke lagen dicht neben dem Amboss aus Quarz, in dessen zernarbter Oberfläche kleine Knochenpartikel steckten«, erläutert Dietrich Mania. Letztere sind nicht eindeutig als Schädelknochen identifiziert und deshalb gibt die Bedeutung dieses Befundes noch Rätsel auf: Fand hier vielleicht ein Entfleischen und Zertrümmern von Schädel im Rahmen von Bestattungen statt? Solche rituellen Behandlungen der Verstorbenen sind nämlich erst für die Neandertaler nachgewiesen.

Damit nicht genug – die Archäologen stehen vor zwei weiteren nicht eindeutig erklärbaren Phänomenen: Südlich und südöstlich von Wohn- und Arbeitszonen befanden sich zwei fast kreisrunde mit Geröll und Kalksteinplatten und flachen Knochenteilen wie gepflastert wirkende Plätze von 9 m Durchmesser. Dort fanden die Archäologen Knochenstücke, die eindeutig Zeichenspuren aufweisen. »Einige Knochenartefakte zeigen auf ihrer glatten Oberfläche regelmäßig eingeritzte Strichfolgen, die nicht zufällig entstanden sein können, sondern etwas bedeuten müssen – die Plätze hatten eine sozio-kulturelle Bedeutung«, urteilt Dietrich Mania. Mit der Wortwahl »sozio-kulturell« meidet er bewusst das Wort »Kultur«, denn diese würde eine

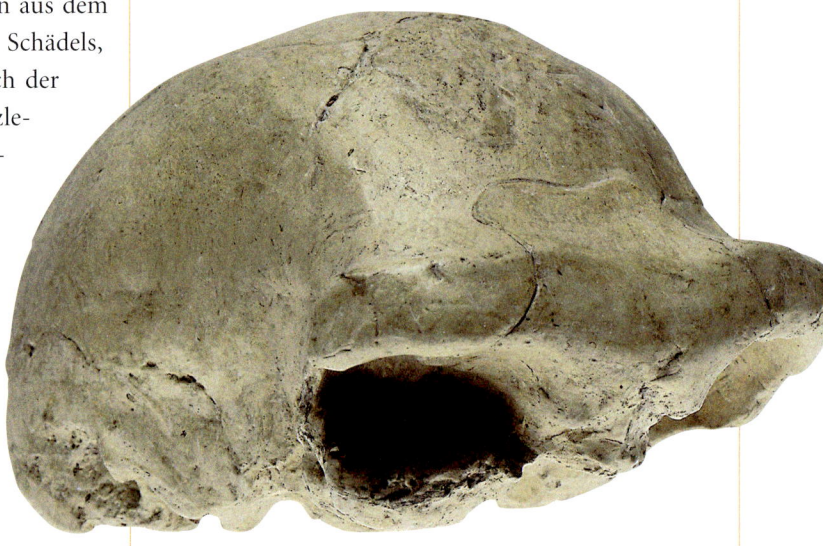

entsprechende gedankliche Vorstellungswelt von Göttern oder Naturkräften mit einschließen. So jedoch ist nur eine wie auch immer geartete soziale Tätigkeit gemeint, die eindeutig keinem materiellen Ziel wie Nahrungsgewinnung, Werkzeugherstellung oder sexueller Fortpflanzung in direkter Weise diente.

Eiszeit-Fieber

Doch so entwickelt die Lebenswelt der Urmenschen um 400 000 bis 370 000 vor heute im deutschen Raum schon war, immer wieder zwangen Kaltphasen in den folgenden 300 000 Jahren die frühen Menschen zumindest zeitweise zur Abwanderung in den Mittelmeerraum. Um die exakte Klimageschichte der nördlichen Breiten zu diesen Zeiten zu entschlüsseln, eignen sich vor allem zwei geologische »Klima-Archive«, in denen Schichtfolgen mit Hilfe von einigen Hundert Metern langen Bohrkernen entziffert werden: der Boden der Tiefsee mit seinen unterschiedlichen Ablagerungsschichten und das ewige Eis der Arktis und Grönlands.

Während des Tertiärs (vor 65–2 Mio. Jahren) herrschte in Europa eine durchgehende Warmzeit, mit üppiger Vegetation und Tierwelt, doch dann wurde es erheblich kälter. »Eine ungeheure ökologische Katastrophe zerstörte diesen Garten Eden«, urteilt Landschaftshistoriker Hansjörg Küster.

Diese neue geologische Epoche wird deshalb Eiszeitalter (im Fachterminus Quartär) genannt. Aber Eiszeitalter heißt nicht, dass es durchgehend kalt blieb, denn immer wieder wurden die Eiszeiten (Glaziale) von unterschiedlich langen Warmzeiten (Interglaziale) unterbrochen – die Jahresdurchschnittstemperatur

Wer nach wem und wer von wo? Der Streit der Paläoanthropologen

Als Tatsache gilt: Gut 6 bis 8 Mio. Jahre dauerte die Wandlung vom gemeinsamen Vorfahren des Affen und Menschen hin zum Homo sapiens. Doch damit hört der kleinste gemeinsame Nenner aller wissenschaftlichen Theorien über die Menschwerdung eigentlich auch schon auf. Welche Unterarten es gab, wie sie miteinander verknüpft sind, wo sie lebten – darüber wird heftigst gestritten, weil es einfach zu wenig Funde gibt, die klare Entwicklungsstränge beweisen könnten.

Als echter Quantensprung in der Entwicklung »weg von den Primaten« und damit als erster Vertreter der Gattung Homo gilt Homo habilis. Das bedeutet »der befähigte Mensch«, weil ihm auch das erste Steinwerkzeug zugeordnet werden konnte. Das älteste Zeugnis seiner Existenz ist ein Kiefer, der im äthiopischen Hadar in einer rund 2,3 Mio. Jahre alten Erdschicht gefunden wurde. Die Steinwerkzeuge aus dieser Zeit werden als Oldowan-Typ oder Oldowan-Industrie bezeichnet, nach ihrem ersten Fundort im tansanischen Oldowan-Tal (häufig auch Olduvai geschrieben). Die Wissenschaftler sprechen hier von Artefakten der Geröll-Industrie, denn sie sind grob und mit nur wenigen Abschlägen hergestellt: einfach behauene Schlagsteine, einfache Schaber und Werkzeuge zum Schneiden.

Dagegen wirken die Faustkeile der nachfolgenden Acheuléen-Industrie (ab 1,6 Mio. Jahre vor heute) geradezu elegant: Es sind beidseitig, vielfach und fein beschlagene Steingeräte, die nun zu Recht Faustkeile genannt werden. Sie werden Homo erectus – »dem aufgerichteten Menschen« – zugeordnet. Während der frühe Homo erectus (Früh-Erectoid ab 1,7 Mio. Jahre vor heute) noch leicht vorgebeugt ging, hatte er sich bis zum Spät-Erectoiden – zu dem unsere nordeuropäischen Jäger gehörten – bereits vollständig aufgerichtet. Auch das Gehirnvolumen nahm deutlich zu: Betrug es beim Homo habilis nur etwa 600 ccm, waren es beim Homo erectus bereits 800 ccm bis 900 ccm.

Homo erectus lebte überwiegend in Großfamilienverbänden, die bis zu 80 oder 90 Mitglieder umfassen konnten; sie waren keinesfalls nur Aasverwerter, sondern schon Jäger mit einer ausgefeilten Technik.

Zum Homo erectus werden folgende Untergruppen gezählt: Der Java-Mensch, dessen Existenz auf den Zeitraum von vor 1,5 Mio. bis 800 000 Jahren taxiert wird, der Peking-Mensch, der nachweislich vor 460 000 bis 230 000 Jahren vor heute lebte, und schließlich die Homo-erecuts-Gruppe aus Ost- und Südafrika, deren ältestes, besterhaltenes Exemplar der so genannte Junge von Turkana ist. Dieses Skelett eines noch nicht ausgewachsenen männlichen Homo erectus wurde am nordkenianischen Turkanasee gefunden und sein Alter auf 1,6 Mio. Jahre datiert. Zu Lebzeiten betrug seine Körpergröße ca. 1,60 m, als Erwachsener wäre der Junge wohl etwa 1,80 m groß geworden; Homo habilis dagegen – der zu dieser Zeit vermutlich auch noch existierte – war nur rund 1,30 m groß, besser gesagt klein.

Bei dem Turkana-Jungen geht der Streit nun wieder los: War er tatsächlich ein Homo erectus oder muss er einer eigenständigen Art, dem Homo ergaster zugerechnet werden? An der Beantwortung dieser Frage hängt noch eine weitere: Hatte Homo erectus schon vor 2 Mio. Jahren Afrika verlassen oder waren Java-Mensch und Peking-Mensch parallele Entwicklungen in Südost- und Nordost-Asien?

Klarer dagegen ist die Ausbreitung des Homo erectus in Richtung Europa, denn hier ergeben einzelne Funde eine sinnvolle Kette: Nachgewiesen ist seine Anwesenheit vor 1,4 Mio. Jahren in Palästina, vor 1,5 Mio. Jahren im Südkaukasus, vor 780 000 Jahren auf der Iberischen Halbinsel und schließlich vor 600 000 Jahren in Mitteleuropa, hier genauer gesagt in einer Sandgrube bei Mauer nahe Heidelberg. Dieser Fund wurde seinerzeit zum Angehörigen des Homo heidelbergensis erklärt, der jedoch eindeutig zur Homo-erectus-Gruppe gehört.

Weitgehend Im Dunkeln liegt dann wieder die genaue Beantwortung der Fragen nach dem Übergang von Homo erectus zum Homo sapiens und welche Rolle der Neandertaler bei dieser Entwicklung spielte.

ging auf und ab wie die Seismograph-Nadel bei einem nahenden Erdbeben. Wie viele dieser Eiszeiten es gab, hängt von der Zählweise ab: 6, 13 oder gar 19, je nachdem wie viele Kältespitzen zu einem Zyklus zusammengefasst werden. Wenn es wie in der letzten Eiszeit im Durchschnitt nur vier Grad Celsius kälter als heute war, hatte das globale Auswirkungen auf die Pflanzen- und Tierwelt: Kühlere Luft konnte nur wenig Feuchtigkeit aufnehmen, es bildeten sich weniger Wolken, es kam zu geringeren Niederschlägen und die Wälder verdorrten weltweit. Über Nordeuropa entstand eine gewaltige Eisdecke; diese bis zu 3000 m dicken Gletschermassen trugen auf ihrem Weg nach Süden ganze Bergspitzen ab und schoben Geröll und riesige Steine bis weit ins Landesinnere hinein.

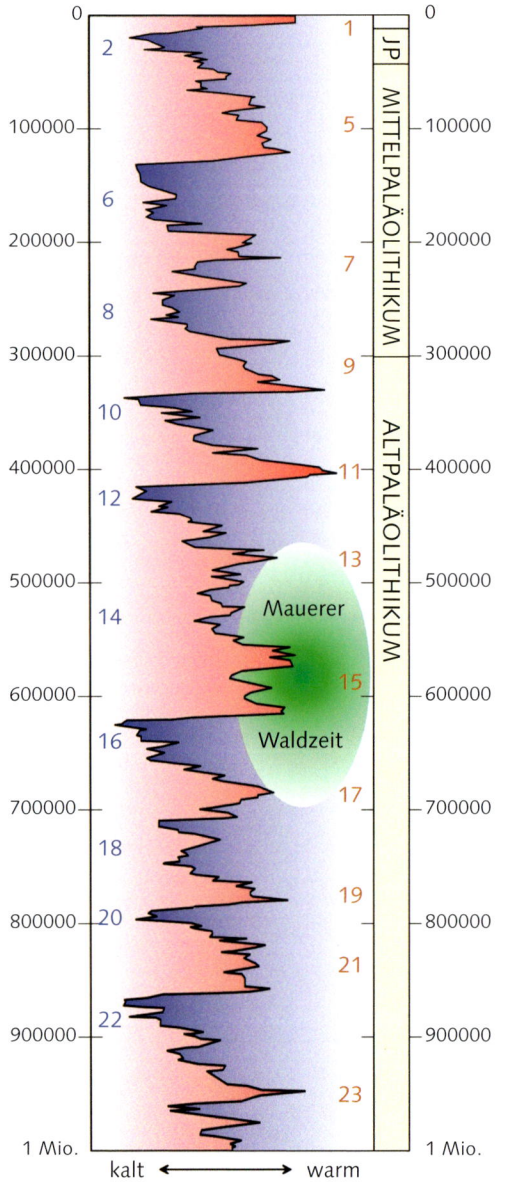

Das Eiszeitalter hat sich auch in Schöningen in der Abfolge der unzähligen Schichten dokumentiert: Während der Eiszeiten lagerten sich – je nach dem, ob die Gletscher bis nach Mitteldeutschland hineinreichten – riesige Mengen an Steinen, Sanden und Lösssedimenten an. Besonders jedoch während der Warmzeiten bildeten sich üppige Schichten aus Tier- und Pflanzenresten. Mit ihnen lässt sich die Umweltgeschichte dieser Zeit entschlüsseln.

Die ältesten archäologisch interessanten Funde wurden in rund 15 m Tiefe an der Basis der Holstein-Warmzeit – deutlich älter als 400 000 Jahre – gemacht: Im Uferbereich eines ehemaligen Sees lagen Skelettreste von Steppenelefanten, Wildrind, Wildpferd und Rothirsch. Daneben fanden die Archäologen aber auch schon Abschläge von Feuersteinen sowie kleine Steinwerkzeuge.

Das oben besprochene Wildpferd-Jagdlager von Schöningen (Fundplatz Schöningen 13 II-4) wurde während der folgenden Warmzeit – der Reinsdorf-Warmzeit (420 000–350 000 v. Chr.) eingerichtet. Bis auch diese wiederum von einer Kaltzeit abgelöst wurde und die Menschen vertrieb. So ging es einige Male hin und her – in den vergangenen 500 000 Jahren wurden auf diese Weise sechs Klima-Großzyklen (jeweils eine Warm- und eine Kaltzeit) in der Erde sozusagen archiviert. Vor 250 000 bis 200 000 Jahren bildete sich schließlich eine neue Homo-Spezies heraus, die anscheinend besser an das überwiegende Kaltklima nördlich der Alpen anpasst war.

Der erste Europäer – mehr als ein Intermezzo?

Zwischen der starken Kopfbehaarung lugten die vorstehenden Augenbrauenwülste und die breiten Nasen hervor; ihre von Fellwesten geschützten Körper waren kompakt gebaut, mit breiten Schultern und gedrungenen Gliedmaßen. So müssen die Neandertaler – nach neuestem anatomischem Wissen – ausgesehen haben.

Fakt ist: Mehr als 50 klar diagnostizierbare Unterschiede im Skelett unterscheiden den Neandertaler vom modernen Menschen – etwa der lang gestreckte Schädel und die extrem dicken Knochen.

Die Forschung hat in den letzten Jahrzehnten anhand der rund 300 bis heute entdeckten Neandertaler-Individuen immer klarer seine stammesgeschichtliche Entwicklung herausgearbeitet: Sie begann in Europa

→ Einige Klingen und Klingenabschläge aus dem Mittelpaläolithikum – gefunden in einer Ziegeleigrube bei Mönchengladbach

↙ Ständiges Auf und Ab der Durchschnittstemperatur – Klimakurve der vergangenen 1 Mio. Jahre

vor rund 250 000 bis 200 000 Jahren – die Wissenschaftler sind sich nahezu einig darüber, dass er in einer mehrere Hunderttausend Jahre umfassenden Entwicklung aus der lokalen Spezies des Homo erectus, nämlich Homo heidelbergensis, hervorging. Seine »klassische«, oben beschriebene Anatomie erreichte er vor 100 000 bis 80 000 Jahren. Und eins wurde dabei deutlich: Die in der Alltagssprache vorgenommene Gleichsetzung von »Neandertaler« mit »Unterentwickeltem« ist schlichtweg falsch.

Die Neandertaler lebten meistens in Familiengruppen von 10 bis 20 Mitgliedern und waren keine ausgesprochenen Höhlenmenschen – was ihnen immer wieder angedichtet wird. Sie wohnten in den hellen, vorderen Bereichen von Höhlen, häufiger jedoch in Zeltbehausungen im Freien. Denn wichtiger als die Ausstattung des Platzes für das Basislager war seine strategische Lage: Es wurde so ausgesucht, dass sich im Umkreis von einigen Stunden Wanderung optimale Plätze zum Sammeln von Wildobst, Beeren, Nüssen und Pilzen und zum Jagen fanden; dabei wurden jene Stellen bevorzugt, wo die Wanderwege der Herdentiere durch enge Täler führten.

Anhand der Steingeräte und ihrer geologischen Herkunft fanden die Archäologen heraus, dass der Aktionsradius der Gruppen zwischen 10 und 20 km betrug. Ein Drittel der Rohstoffe stammte sogar aus 20 bis 80 km Entfernung, denn die Neandertaler benötigten ausgewähltes Steinmaterial, das sie dann zu Werkzeugen und Waffen von hoher Qualität verarbeiteten. Aus vorbereiteten Feuersteinknollen fertigten sie mit gezielten Abschlägen klassische Faustkeile, die sie zum Schlagen, Schneiden und Schaben verwendeten; von den Archäologen wird die darin fassbare Kultur Moustérien genannt (nach dem französischen Fundort Le Moustier).

Trotz dieser handwerklichen Meisterschaft, entsprechender Werkzeuge und geeignetem Material (Elfenbein, Geweih, Zähne) hat es die Neandertaler aber offenbar nicht gereizt, sich künstlerisch auszudrücken – bisher wurden keine erhaltenen Kunstobjekte von ihnen gefunden. Dafür gibt es allerdings eindeutige Hinweise auf ein ausgeprägtes Sozialverhalten: Skelettfunde belegen, dass einige Neandertaler längere Zeit mit schwersten Knochenbrüchen überlebten – ohne intensive Pflege wäre das undenkbar. Und ihre Sorge reichte über den Tod hinaus – sie legten tiefe Gruben an, in denen sie die Verstorbenen – teilweise in Hockerstellung – beisetzen. Ob fehlende Grabbeigaben (bis auf einzelne Schmuckobjekte aus Tierzähnen) bedeuten, dass die Neandertaler keine Jenseitsvorstellungen hatten – darüber wird wieder einmal heftig disputiert. Genauso wie über weitere Bestattungsformen sowie die Frage, ob die Neandertaler Kannibalen waren. Als möglicherweise dahingehend zu interpretierenden Fall wertet der französische Archäologe Alban Defleur seine Funde in der Höhle von Moula-Geurcy an der südfranzösischen Rhône.

Nicht weit davon entfernt, im burgundischen Châtelperron, stießen Archäologen auf Funde, die ihre schöne Gliederung hier »Mittelpaläolitikum = Neandertaler = Moustérien-Industrie« und dort »Jungpaläolitikum = Homo sapiens = Aurignacien-Kultur« ins Wanken brachte. Denn in diesem so genannten Châtelperronien, das als Übergangsindustrie angesehen wird, setzten schon die Neandertaler genau jene neuen Abschlagtechniken ein, die eigentlich erst dem modernen Menschen zugerechnet wurden: Aus einem geeigneten Feuerstein wurden dünne, lange Klingen geschlagen. Sie dienten als effektive Schneidegeräte oder Schaber, die zur Bearbeitung von Tierfellen geeignet waren.

Außerdem fanden die Forscher steinerne Klingenspitzen, die so klein waren, dass sie nur als Speer- und Pfeilspitzen in Holz geschäftet werden konnten. Um sie dort zu fixieren, verfügten auch schon die Neandertaler über einen Klebstoff: Birkenpech. Dane-

← Wie ein perfektes Kunstwerk – der 200 000 Jahre alte, 12,6 cm lange Faustkeil von Gerwisch.

→ Übersicht der Fundstellen von Neandertalern und Homo sapiens – der Neandertaler war ein echter »Europäer«.

ben stellten sie bereits erste Schmuckgegenstände wie durchbohrte Perlen und verzierte Amulettanhänger mit Ösen her.

Dieser »Kulturmix« ist mittlerweile bei gut 100 Fundstellen in Südwesteuropa für die Zeit von 38 000 bis 33 000 vor heute nachgewiesen.

Mit zunehmender Erforschung des Neandertalers rückt sein Bild in ein immer positiveres Licht: eine Spezies, die sich in ihrer gut 200 000-jährigen Entwicklung extrem gut an die damaligen Umweltbedingungen Europas angepasst hat.

Doch wie weit ging die Anpassungsfähigkeit tatsächlich? Ausgehend von Körpermodellen haben Anthropologen ernüchternde Zahlen errechnet: Der Neandertaler ertrug bis zu 8 Grad Celsius Außentemperatur, ohne auszukühlen, der moderne Mensch 10,5 Grad Celsius. Der Körper des modernen Menschen beginnt bei 28,2 Grad Celsius, sich mit zusätzlichem Kalorienverbrauch zu wärmen, der des Neandertalers bei 27,3 Grad Celsius – der Vorteil fällt also deutlich geringer aus als erwartet.

Konnten sich die Neandertaler wirklich während der Kältephasen der letzten Eiszeiten in Mitteleuropa behaupten? Für den mittleren Teil der letzten Eiszeit hat ein Team internationaler Wissenschaftler (»Stage 3«-Projekt) neue Klimamodelle erarbeitet und mit Neandertaler-Funden abgeglichen.

In der Zeit von ca. 70 000 bis 65 000 vor heute führte eine neue Vereisung Nordeuropas dazu, dass die Neandertaler entweder ausstarben oder an die Mittelmeerküsten Südeuropas flüchteten. Ab ca. 60 000 vor heute wurde es wieder wärmer und sogleich wanderten die »Fellmenschen« entlang der großen Flüsse Richtung Norden (Deutschland) und Osten (Ukraine), wo sich die großen Tierherden aufhielten. Doch ab 43 000 vor heute wurde es schon wieder kühler und sie zogen wieder Richtung Süden. Zu dieser Zeit tauchte in Osteuropa ein neuer Menschentyp mit einer neuen Kultur auf.

Die Ursachenforschung zum Aussterben des Neandertalers steht noch am Beginn und viele Fragen bleiben weiterhin offen oder werden neu aufgeworfen, da

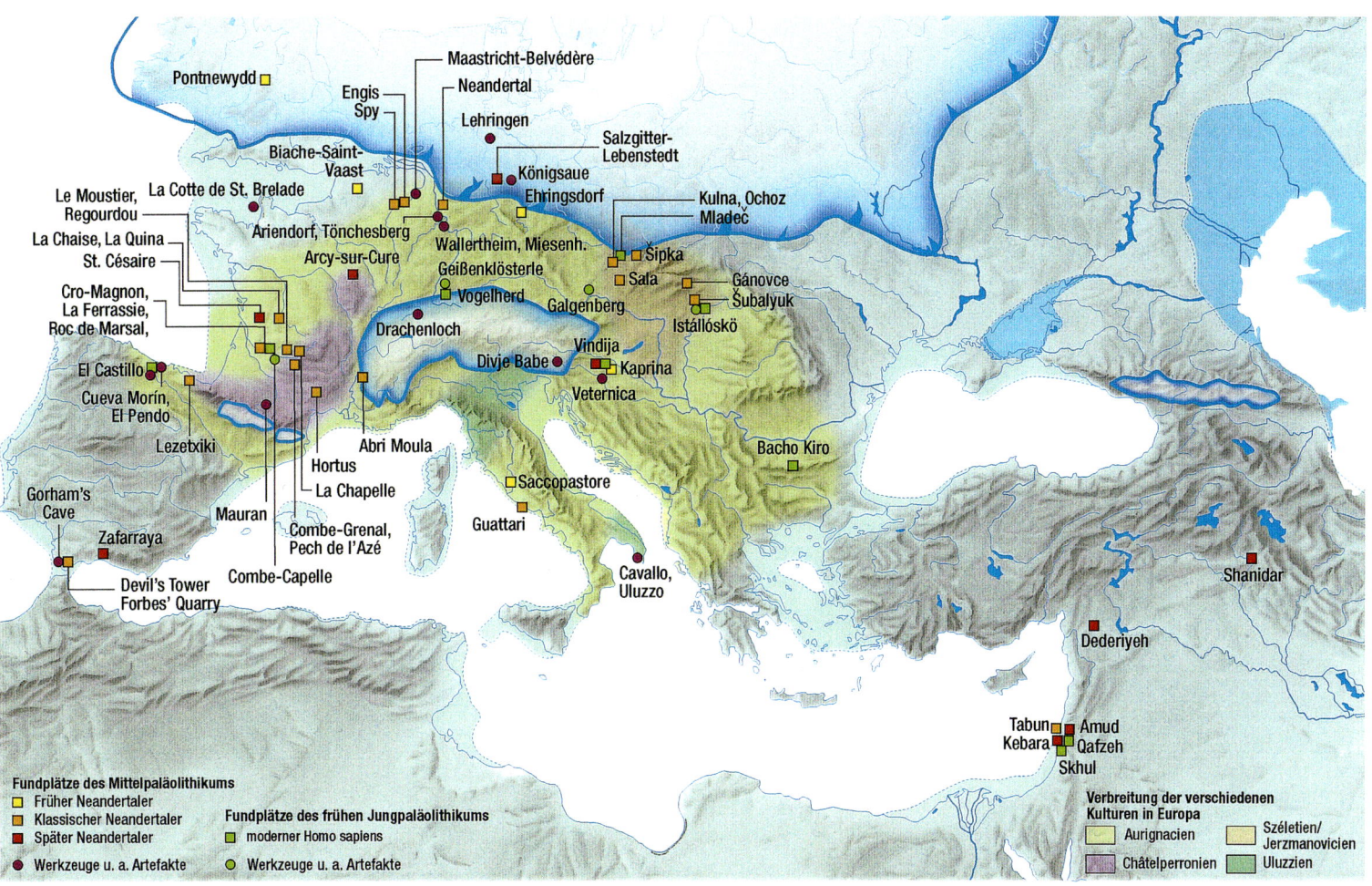

sich die naturwissenschaftlichen Methoden zur Datierung ständig verfeinern.

Bis vor kurzem stellte man sich sein Ende so vor: Vor ca. 35 000 Jahren wurde er in Europa durch Einwanderer aus Afrika, den Homo sapiens sapiens, langsam aber konsequent verdrängt. Der Neandertaler überlebte noch längere Zeit in ökologischen Nischen, das Nebeneinander bildete einen Übergangshorizont (erkennbar an so genannten Übergangsindustrien); das folgende Jungpaläolithikum, an dessen Beginn die Aurignacien-Kultur steht, war hingegen schon ganz vom Homo sapiens sapiens geprägt. Zu diesem Zeitpunkt erschienen die ersten Kunstwerke, Musikinstrumente und Höhlenmalereien.

Doch neue Datierungen von Neandertaler-Skeletten und -Funden zeigen, dass sie möglicherweise noch bis vor 27 000 Jahren existierten – Neandertaler und Homo sapiens könnten also rund 8000 Jahre nebeneinander gelebt haben. Konnten die Neandertaler wirklich nur in kleinen Rückzugsnischen weiterhin ihr Dasein fristen oder gab es Berührungen zwischen den beiden Spezies, kulturelle Kontakte oder gar …?

Wir werden später auf diese Frage zurückkommen.

Doch zunächst wollen wir uns im Lager der neu angekommenen Konkurrenz umschauen. Auch sie hatten sich für die Kolonisierung der Regionen nördlich der Alpen nicht die beste Zeit ausgesucht, aber die letzten 130 000 Jahre waren klimatisch gesehen sowieso sehr ungleich verteilt. Die vorletzte Warmzeit dauerte nur rund 10 000 Jahre und es folgte die letzte, rund 100 000 Jahre während Kaltzeit. Wie auch immer: Der moderne Mensch kam und siegte – doch blieb er auch?

Mammutelfenbein, Musikinstrumente und Muschelverzierung

Eine Höhle auf der Schwäbischen Alb vor rund 35 000 Jahren …

Ihr Eingang ist mit einem Holzgerüst verstellt, auf dem Tierfelle gespannt sind – so wird das Höhleninnere vor Zugluft abgeschirmt und gleichzeitig verwandelt sich die Höhle in einen geschlossenen Raum, der von einer Familiengruppe in Besitz genommen wurde.

Sowohl ihrem Aussehen nach als auch in Bezug auf Kleidung und Schmuck wirken sie recht modern – es sind Vertreter der Spezies Homo sapiens sapiens, nach den ersten europäischen Funden auch Cro-Magnon-Menschen genannt. Erst vor einigen Generationen ist der moderne Mensch aus dem Osten – durch das Donautal – in diese kühle Region eingewandert.

Das Klima in Südwestdeutschland ist zu dieser Zeit rau, aber die Landschaft ist nicht etwa wüst. In der Umgebung breiten sich Tundren und Kältesteppen aus, deren Zwergsträucher sich zum Sammeln von Beeren und Wurzeln eignen und deren weite Grasflächen die großen Herden von Rentieren, Mammuts und Moschusochsen anlocken. Von den höher gelegenen Höhlen aus beobachten die Jäger, die mit ihren Familien in Gruppen von bis zu 25 Mitgliedern leben, die Tiere und passen den richtigen Moment für die Jagd ab; das ist genau dann, wenn sie einen Teil der Tiere im Tal einkesseln können.

Gerade kommt das Familienoberhaupt, das mit anderen Männern auf der Jagd war, mit einem Rentier über den Schultern zurück.

Derweilen köchelt der »Eintopf« schon. Dabei haben die Menschen eine neue Technik entwickelt: Da Töpfe aus Ton zu dieser Zeit noch unbekannt sind, verwenden sie stattdessen eine Mulde, die mit einem Fell wasserdicht ausgelegt wurde. Danach füllt die Köchin den Sud in die Mulde und anschließend legt sie Steine hinein, die zuvor auf dem Lagerfeuer erhitzt wurden; der »Eintopf« fängt bald darauf an zu kochen. Holz ist in dieser Gegend knapp, deshalb werden auch Knochen zerschlagen und als zusätzliches Brennmaterial in das Feuer geworfen.

Die Felle der erlegten Tiere werden getrocknet und gegerbt und später zu Kleidung verarbeitet. Alle sind mit erstaunlich gut geschneiderten Hemden und Hosen aus Leder bekleidet, die zudem beispielsweise mit Muschelborten verziert wurden.

Die Menschen werden zu der so genannten Aurignacien-Kultur (benannt nach den ersten Funden im südfranzösischen Dorf Aurignac) des Jungpaläolithikums (38 000 – 12 000 vor heute) gezählt.

Das, was hier auf der Schwäbischen Alb geschieht, hält einen bedeutenden Moment fest: Wir sind Zeugen, wie die ersten Kunstwerke der Menschheit entstehen.

Passende Geweihteile, Elfenbein und Knochen wandern auf den Haufen des Materiallagers, das sich vor den Füßen des älteren Mannes ausbreitet. Auf einem Tuch daneben liegen seine Werkzeuge: Feuersteingeräte, die als Klingen, Schaber und Kratzer dienten und etliche Spezialwerkzeuge aus Knochen.

Er und seine Kollegen in den anderen Höhlen lassen haufenweise Knochenspäne zurück, die die Archäolo-

gen später finden werden und die ihnen beweisen: Keine Importware – hier ist's geschehen!

Egal ob Mammut, Wollnashorn, Wisent, Pferd, Bär oder Löwe – die 3 bis 30 cm kleinen Tierfiguren aus Elfenbein und Geweih sind stilsicher proportioniert. Mit seiner großen handwerklichen Erfahrung arbeitet der Steinzeitkünstler in stundenlanger Kleinarbeit minutiös die charakteristischen Merkmale der Tiere heraus: Augen, Ohren und Nüstern, Pfoten, Pelz oder Federkleid.

Der alte Mann schnitzt gerade an dem für uns heute bedeutendsten Kunstwerk dieser Zeit: dem Löwenmenschen. Die rund 30 cm große, heute im Ulmer Museum ausgestellte Figur ist ein Meisterwerk: Sie beginnt mit menschlichen Füßen und Beinen, die in den Rücken eines Löwen übergehen. 1939 war sie, in rund 200 Teile zersplittert, in der Höhle Hohlenstein-Stadel im Lonetal geborgen und erst 1969 zusammengesetzt worden.

Ein anderes Meisterwerk wurde aus dem Knochen eines Singschwans gefertigt: die Flöte, auf der ein Mädchen spielt. Bruchteile dieses filigranen Instruments haben die 35 000 Jahre bis heute überstanden. 1994 entdeckte die Tübinger Archäologin Susanne Münzel sie in der Geißenklösterle-Höhle, konnte sie bergen und zusammensetzen.

Wie klang dieses Instrument? Das geborgene Exemplar war zu beschädigt, um es zu spielen. Eine Rekonstruktion wurde angefertigt und ausprobiert. »Eine Besonderheit dieser Flöte ist, dass die Löcher nicht in die Wandung gebohrt wurden wie bei den Flöten der späteren Gravettien-Kultur, sondern dass die Grifflöcher flach eingeschnitten oder geschält wurden«, erklärt der Archäotechniker Wulf Hein.

Der Flöte kann so eine Vielzahl leiser, aber klarer, aufeinander abgestimmter Töne entlockt werden, die keine Zweifel lassen: Das war keine Pfeife, sondern eine Flöte.

»Mit Sicherheit ist es kein Zufall, dass die ältesten darstellenden Kunstwerke und das älteste Musikinstrument in derselben Phase menschlicher Kulturentwicklung entstanden«, urteilt der Greifswalder Vorgeschichtler Thomas Terberger.

18 Kunstwerke sind inzwischen aus dieser Zeit in Höhlen Südwestdeutschlands geborgen worden – damit muss die Region als eines der Zentren der ersten künstlerischen Innovationen bewertet werden.

Als momentan jüngste Funde wurden 2004 aus der Höhle Hohle Fels bei Schelklingen der Öffentlichkeit präsentiert: ein Pferdekopf, ein Wasservogel und ein weiterer kleiner Löwenmensch. Besonders Letzterer lässt die Archäologen annehmen: Es waren keine Unikate, es gab mehrere. Erhalten blieben ja nur die Figuren aus Knochen und Elfenbein – sicherlich gab es noch viele weitere Figuren aus Holz, das verfaulte, und Ton, der zerbröselte.

Und eine kleine Kalksteinscherbe mit roten, schwarzen und gelben Farbspuren lässt die Archäologen sogar spekulieren, ob nicht auch die Höhlenwände verziert wurden. Zumindest wurden die dunklen Grotten für rituelle Handlungen wie beispielsweise die Initiation junger Männer genutzt. Doch welche Rolle spielten

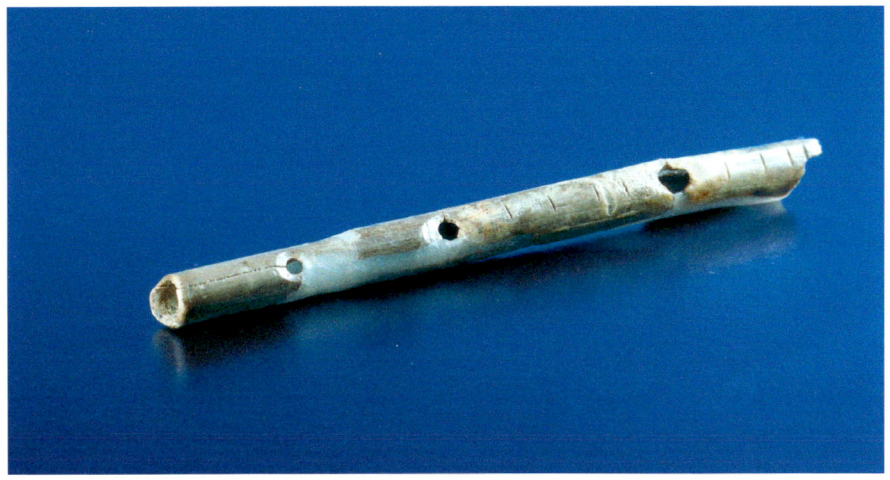

Aber müssen Jagdritual und schamanische Ekstase einen unvereinbaren Widerspruch darstellen? Geht es nicht beide Male um die Überwindung der eigenen Grenzen? Was die Eiszeitmenschen im Einzelnen mit ihren Figuren und Ritualen bezweckten, werden wir nie in Erfahrung bringen. Und umso mehr drängen sich weitere Fragen angesichts der Funde und Befunde auf, zum Beispiel: Initiation, Ekstase – wurden am Ende hier vielleicht auch Orgien abgehalten?

Haben sie oder haben sie nicht? Sex in der Steinzeit

Zu den frühesten Darstellungen der Kunst gehören – wen wundert's – üppige weibliche Figuren wie die bekannte Venus von Willendorf: mit großen Brüsten, breiten Hüften und teilweise sogar mit aus dem Stein geritztem Schamhaar oder Vulva. Über 200 Venusstatuetten aus dem Jungpaläolithikum sind mittlerweile bekannt und quasi als Pendant dazu steinerne Phallusstäbe.

Diese Funde sind nun zweifach interpretierbar: Sie könnten als Ausdruck der und Animation zur Wollust gedeutet werden oder sie ließen sich als Zeichen der Sublimation, das heißt der Unterdrückung und Umlenkung der Triebkräfte in kulturelle Leistungen wie eben Kunstwerke, verstehen.

Hier hat sich inzwischen die Soziobiologie mit ihren Erkenntnissen aus der vergleichenden Verhaltensforschung durchgesetzt. Egal ob bei Primatengruppen

↑ Ältestes Musikinstrument der Menschheit – die 35 000 Jahre alte Flöte aus der Geißenklösterle-Höhle

← Raubtierhaupt mit menschlichem Unterbau – die rund 30 cm große Elfenbeinfigur »Löwenmensch« aus der Höhle Hohlenstein-Stadel

↘ Mammut in Modellform – Mammutvollplastik aus der Höhle Vogelherd

dabei die Kunstwerke und was war der Sinn der Rituale? Auf vielen Tierkörpern sind Symbole – Grübchen, Kreuze und Linien – eingraviert: Erläuterungen zu den Tieren oder rituelle Zeichen?

Schnitzen, Kochen, Musizieren – so friedlich die Höhlenszene wirkt, sie zeigt nur die halbe Wahrheit. Die Menschen lernten zwar innerhalb der Gruppe ein soziales Verhalten, doch draußen waren sowohl Angriffslust als auch Selbstbehauptung gefordert. Denn sie mussten sich gegenüber dem rauen Klima, angriffsbereiten Tieren wie Bären und Löwen und der Nahrungskonkurrenz durchsetzen. Deshalb sind die meisten Archäologen der Meinung, »Aggression« und »Kraft« standen im Mittelpunkt der Kulte. Tiermotive herrschten vor, weil in den Ritualen die Natur beschworen wurde und die Jäger in den Initiationsriten versuchten, ihre eigenen Ängste zu überwinden.

Doch warum dann Löwen, Bären und Vögel? Vielen Jäger-Sammler-Gesellschaften standen bestimmte Tiere sehr nahe, weil sie in ihnen Geisterwesen sahen, die in Kontakt zur jenseitigen Welt standen. Mensch-Tier-Figuren wie den Löwenmenschen wertet der südafrikanische Archäologe David Lewis-Williams als Symbole aus der Welt der Schamanen. Und das gilt besonders für Vögel, die ins Wasser abtauchen – ihnen, so glauben die Schamanen, wohne jene Kraft inne, die zur Bewusstseinsänderung benötigt wird.

oder Jäger- und Nomadenvölkern: zügelloser Gruppensex – nein Danke! Und das galt auch für die Eiszeitmenschen – so argumentiert der Berliner Ur- und Frühgeschichtler Svend Hansen: »Schon vor 40 000 Jahren gab es strenge Sexgebote, denn hohe Geburtenraten waren unter wildbeuterischen Lebensbedingungen unerwünscht.«

Zum einen hätte häufiger Nachwuchs die Mobilität der wandernden Gruppen gebremst, zum anderen reichten die Ressourcen der kargen Umwelt gerade einmal zum Überleben, aber nicht zur Ernährung einer stetig und unkontrolliert wachsenden Bevölkerung aus. Außerdem wurden in den Venus-Figuren weniger die optischen Reize fürs männliche Auge, sondern eher die Fruchtbarkeit der Frauen verehrt – die Ur-Mutter als Symbol für die Fähigkeit der Frau, Nachkommen zu zeugen (Der genaue Vorgang der Befruchtung war den damaligen Menschen vermutlich noch unbekannt.).

Und das ist genau die passende Stelle, um noch einmal die indiskrete Frage anzuschneiden, die sich sicherlich viele Menschen bei dem Gedanken stellen, dass da vielleicht über einen längeren Zeitraum hinweg zwei unterschiedliche Menschentypen nebeneinander lebten: Kam es zu sexuellen Kontakten zwischen diesen beiden Gruppen? Kam es gar zur Vermischung?

Der moderne Mensch wanderte vermutlich – wie schon der Urmensch – aus Afrika ein, deshalb wird diese Theorie »Out of Africa 2«-Modell genannt. Und folglich sind einige Forscher der Meinung, dass es zu keiner Mischung kam, weil die Gene zwischen Neandertaler und Homo sapiens zu unterschiedlich waren. Entweder konnte sich ein befruchtetes Ei gar nicht entwickeln oder die Nachkommen, so genannte Hybriden, waren so degeneriert, dass sie auf keinen Fall fortpflanzungsfähig gewesen seien. Und wenn doch?

Genau um diese These zu stützen, suchen einige Forscher nach diesen Hybriden. Doch woran sollten sie erkennbar sein, denn schließlich veränderten sich die Spezies Neandertaler und moderner Mensch weiterhin – 1998 fanden Forscher im portugiesischen Lagar Velho mögliche Hinweise auf einen solchen Fall. Das Skelett eines vierjährigen Kindes, das dort vor 24 500 Jahren bestattet worden war, scheint Merkmale beider Spezies zu vereinen: Der Schädel verweist auf den modernen Menschen, einige Langknochen verweisen auf den Neandertaler.

Deshalb wird in den letzten Jahren nicht nur die Theorie immer lauter, dass der heutige Mensch vielleicht doch einen Schuss »Neandertaler-Blut« in sich tragen könnte. Davon wäre dann auch die kulturelle Überlieferung betroffen – so formuliert der Vorgeschichtler Terberger zurückhaltend: »Auf der Grundlage der heute bekannten Fakten ist durchaus ein Szenario möglich, in dem der Neandertaler aktiv an den jungpaläolithischen Innovationen beteiligt war.«

Während diese Frage also nicht direkt beantwortet werden kann, hat die moderne Wissenschaft auf eine andere Frage eine Antwort gefunden, die uns vielleicht indirekt bei der ersten Frage weiterhilft. Warum bewegten sich die ersten Kunstwerke der Menschheit sogleich auf hohem Niveau im Gegensatz zu der späteren Keramikkunst, die mit einfachen Formen und Mustern begann und erst ganz allmählich filigraner wurde? Die Ursache für diesen Kreativitätssprung haben Genetik und Hirnforschung erst zu Beginn des 21. Jhs. entdeckt. Eine Genmutation ermöglichte eine vielfach verbesserte Verschaltung der Nervenzellen, die vor

→ Langsam Richtung Norden – die Ausbreitung des Jungpaläolithikums anhand bedeutender Fundstellen

← Animation oder Sublimation? – Die üppige »Venus von Willendorf«

● älteres Jungpaläolithikum
(Aurignacien)

● mittleres Jungpaläolithikum
(Gravettien)

● jüngeres Jungpaläolithikum
(Magdalénien u. Hamburger Kultur)

○ Fundstellen mit
eiszeitlicher Kleinkunst

• Fundstellen ohne Kunstobjekte

— maximale Eisausdehnung

allem der Hirnentwicklung zugute kam. Sie führte zu einer schnellen Entfaltung von geistigen Fähigkeiten, besonders mit Hilfe von Symbolen wie der Entwicklung der Sprache, der geplanten Jagd, der Anlage von Wohnplätzen und der Kunst – die ersten Kunstwerke und Musikinstrumente sowie die Höhlenmalereien sind Ausdruck dieses neuen Hirnpotenzials, das eindeutig den modernen Menschen auszeichnet.

Und immer wieder: die Eiszeit!

Mehr oder weniger Hirnpotenzial – die Schicksale der beiden Menschenspezies für die folgende Zeit zwischen 38 000 und 28 000 vor heute ähneln sich nach dem neu-

esten Szenarium (des »Stage 3«-Projektes). Zunächst zogen sich die Neandertaler allmählich Richtung Südfrankreich, Iberische Halbinsel und Ukraine zurück. Als Ursache hierfür sehen die Wissenschaftler weniger die Verdrängung durch den modernen Menschen als einen so genannten »Klimastress«. Besonders in der Zeit um 35 000 bis 25 000 vor heute konnte die Jahresdurchschnittstemperatur innerhalb von ein bis zwei Jahrzehnten um 7 bis 10 Grad Celsius fallen oder steigen – die entsprechende Temperaturkurve schlug aus wie das EKG eines Infarktpatienten kurz vor dem Ende. Schließlich musste auch der moderne Mensch die Region nördlich der Alpen vorübergehend wieder verlassen, er zog sich nach Südfrankreich und in die Ukraine zurück.

Ob bereits nördlich der Alpen oder erst in den Rückzugsgebieten Südwest- und Südosteuropas – in den gemeinsam bewohnten Gebieten konnte sich der moderne Mensch mit seinen erweiterten kognitiven Fähigkeiten schneller als der Neandertaler auf die Veränderungen einstellen, neue Jagd- und Erntetechniken entwickeln und sich bis dahin unbekannte Nahrungsquellen erschließen. So fanden sich in seinen Lagern neben Großwildknochen auch solche von Kleintieren wie Hase und Rebhuhn. Und dieser kleine Vorsprung in der Beschaffung wichtiger Nahrungsmittel löste das aus, was die Ethnologen »Konkurrenzausschluss« nennen: Der moderne Mensch konnte sich in gemeinsam mit den Neandertalern besiedelten Gebieten schneller vermehren und dazu noch in Regionen überleben, die der Neandertaler aufgeben musste, und verdrängte ihn auf diese Weise ganz.

Während des Aurignacien erreichte die Kunst der Höhlenmalerei in Südwesteuropa einen Höhepunkt: Mehr als 300 Fundorte aus der Zeit von 33 000 bis 12 000 vor heute sind mittlerweile bekannt, darunter Malereien wie in der Höhle von Lascaux im Tal der Vézère, einem Nebenfluss der Dordogne in Südfrankreich.

Pferde, ein Hirschrudel und gewaltige Auerochsen scheinen sich hier auf engstem Raum wie in der legendären Arche Noah zu drängen. Doch je länger der Blick verweilt und je mehr Details er einfängt, desto stärker lösen sich die physischen Begrenzungen auf. Das sich über mehrere Höhlenabschnitte erstreckende polychrome, also mehrfarbige Bildpanorama befindet sich in 3 bis 5 m Höhe. Eine ungeheure Leistung, denn um diese Bilder zu schaffen, hatten sich die Künstler vor über 15 000 Jahren vermutlich in Trance versetzt, mussten jedoch gleichzeitig in dieser dunklen Höhle bei Fackelschein auf einem Gerüst arbeiten. Auf die

rauschhafte Eröffnungsszene folgt im links abzweigenden Höhlenabschnitt – dramaturgisch perfekt – eine ruhige Wanderszene. Pferde, deren dicke Gestalten Winterfell andeuten, begleiten den Besucher langsamen Schrittes in den sich verengenden Höhlengang. Auf der gegenüberliegenden Höhlenwand verharrt ein in kräftigem Schwarz gemalter Stier, aus dessen Körper mit Hilfe einer Rubbeltechnik sechs braune Kühe freigelegt wurden. Die Bilder von Lascaux kommen uns vor als stammten sie aus Träumen oder visionären Erfahrungen. Spätestens hier bestätigt sich die Schamanismus-Theorie von David Lewis-Williams: »Möglicherweise ging mit dem Abstieg in die Höhlen ›automatisch‹ der Eintritt der Psyche in einen veränderten Bewusstseinszustand einher. Dort im Jenseits angekommen, suchten Schamanen nach Tierhelfern und anderen Wesenheiten.« Hatten sie Kontakt zu diesen Geistern, hielten sie die ihnen dabei aufsteigenden Visionen sogleich in Malereien fest.

Während sich in Südfrankreich die Höhlenmalerei entfalten konnte, näherte sich im deutschen Raum die letzte Kältephase der letzten Eiszeit ihrem Höhepunkt. Erst die Menschen der Gravettien-Kultur (benannt nach der Höhle La Gravette in der Dordogne), die sich vermutlich in Südosteuropa aus Teilen der Aurignacien-Kultur entwickelt hat, konnten der Eiszeit trotzen. Runde und ovale Zelte, die mit Fellen abgedeckt wurden, dienten als mobile Unterkünfte ihrer Sommer- und Winterlager, sie folgten Rentieren und Mammuts bei ihren Wanderungen bis an die Mittelgebirgszone und das heutige Ruhrgebiet – davon zeugen unter anderem Fundplätze wie Wiesbaden-Igstadt und Mittlere Klause bei Regensburg, die auf 19 000 bis 18 000 vor heute datiert werden. Zu diesem Zeitpunkt hatte die letzte Eiszeit, das Weichsel- oder Würm-Hochglazial, endlich ihren Höhepunkt überschritten.

Vor rund 9000 Jahren an einem der zahllosen Seen, die nach dem Rückzug der Gletscher in Nordeuropa entstanden …

Nach einem längeren Streifzug durch ihr Jagd- und Sammelgebiet ist die kleine Gruppe erst vor kurzem am See eingetroffen, wo sie für einige Zeit ihr Lager aufgeschlagen hat. Als Erstes wurde der zentrale Platz bestimmt, an dem mit Steinen die Feuerstelle angelegt und mit trockenen Zweigen angefacht wurde. Und sogleich geht jeder seiner Beschäftigung nach: Während eine Mutter ihr Neugeborenes stillt und die kleinen Kinder im seichten Wasser toben dürfen, ist ein Mann mit dem Bau einer Hütte beschäftigt – aus jungen, biegsamen Baumstämmen und großen Ästen formt er das stabile, igluförmige Gerüst, das später mit Stroh und Blattwerk verkleidet wird.

Letzte Jäger, erste Bauern und geheimnisvolle Großbauten

Mesolithikum und neolithische Zeitenwende

Campen an Seen und Flüssen

Über das Mesolithikum (Mittelsteinzeit) und dessen Übergang ins Neolithikum (Jungsteinzeit) gewinnt die Archäologie dank ständiger Ausgrabungen – häufig Notgrabungen beim Bau von Straßen und neuen Siedlungsgebieten – ein immer differenzierteres Bild. Mesolithische Fundstellen existieren in Mitteleuropa mittlerweile zu Tausenden, vor allem auf Hügeln und Anhöhen entlang von Bach- und Flussläufen. So konnten die Archäologen anhand der freigelegten Feuerstellen und Siedlungsplätze rekonstruieren, dass die damaligen Menschen die meiste Zeit in kleinen Gruppen umherwanderten und nur ein- bis zweimal im Jahr in einem zentralen Camp am See zusammenkamen. Unsere Szene geht auf die Fundstelle im brandenburgischen Friesack zurück, die sich als besonders aufschlussreich erwies.

Gegenüber den Menschen der Eiszeitkunst behielten die Mesolithiker zwar die Tradition bei, ihre Gebrauchsgegenstände künstlerisch zu verzieren, beispielsweise an den Schäften der Werkzeuge und Waffen, doch viel weniger expressiv. Ein Großteil ihrer Kreativität floss in das praktische Know-how des Alltags ein. So spannt eine Frau mit Pfosten und Schnüren ein Fell zum Trocknen in der Sonne auf, vor ihr liegen Werkzeuge, mit denen sie das Fell gerben wird. Der handwerklich geschickteste Mann fertigt derweilen das Kernstück der neuen Waffen an: Mit einem Hammer und feinen dornenartigen Werkzeugen aus Geweih bearbeitet er auf einer weichen Unterlage eine der kleinen Spitzen aus Feuerstein, so genannte Mikrolithen. Diese wurden gegenüber jenen der Eiszeitmenschen so miniaturisiert, dass sie nun an Pfeilen befestigt werden konnten, die von Bögen abgeschossen wurden. Die

wertvollen Mikrolithen verwahrt der Mann in einem Birkenkästchen – eines von vielen Gegenständen, die die Archäologen 10 000 Jahre später im brandenburgischen Friesack bergen sollten. Dort lag es in einem Wasserloch und diente zum Schöpfen von sauberem Wasser – eines der ältesten Gefäße.

Der sichtbare Erfolg der Jagd mit Pfeil und Bogen hängt am Baum: Ein weiterer Mann zieht einem gejagten Wild das Fell ab, das mit einem Seil an einem Baum aufgehängt wurde. Und auch dieses kleine Seil, das die Archäologen rund 10 000 Jahre später gefunden haben, zeigt eine Innovation: die Kunst des Flechtens, denn es ist aus Weidenbast so gefertigt, dass es große Gewichte aushält.

Brav hockt an der Seite des Mannes sein Hund und wartet darauf, dass ihm Stückchen von Fleischabfällen und Eingeweiden zugeworfen werden. Im Laufe der letzten Generationen haben sich einzelne Wölfe von Menschen zähmen lassen: Der Mensch schätzt an seinem neuen Begleiter, der von Generation zu Generation mehr zum Haustier mutiert, dass er Jagdbeute aufspüren, treiben und fassen kann und vor Gefahr warnt. Der Hund schätzt an der Gesellschaft des Menschen, dass er zuverlässig mit Nahrung versorgt wird. Trotzdem wird die Jagd immer schwieriger – warum?

Rückblende: Was ist in der Zwischenzeit mit dem Klima, der Pflanzen- und Tierwelt geschehen? Das Ende der Eiszeit hatte sich vor ca. 18 000 Jahren mit dem langsamen Ansteigen der Temperaturen angekündigt. Die großen Gletscher, die sich über Nordeuropa erstreckten, tauten ab und ließen flache Mulden zurück, die sich mit Schmelzwasser füllten. Auf einem breiten Landschaftsgürtel, der von Irland über Schottland, die nordöstlichen Niederlande, Niedersachsen und Südschweden bis ins Baltikum reichte, bildeten

Mesolithisches Jagdcamp am See – Rückblick in die Welt vor rund 9000 Jahren

sich bewaldete Seenlandschaften – wie heute noch die Finnische und die Mecklenburgische Seenplatte –, aus denen später zum Teil riesige Moorflächen entstanden.

Nach einem kleineren Auf und Ab erreichte das Klima in Mitteleuropa um 7000 v. Chr. den heutigen Stand. In den folgenden Jahrtausenden, dem so genannten postglazialen Wärmeoptimum, wurde es in Intervallen von einigen Jahrhunderten sogar immer wieder um bis zu zwei Grad Celsius wärmer als heute. Die Eisdecke, die jährlich um 50 bis 300 m zurückging, verlief von der Südküste Norwegens bis zur Südküste Finnlands. Südlich davon erstreckte sich von den Britischen Inseln über die heutige Nordsee, die dänischen Inseln und Südschweden bis zum Baltikum durchgehend Festland.

In Mitteleuropa wurden Tundren und Kältesteppen allmählich verdrängt: anfangs von Strauchwerk wie Sanddornbüschen und Weiden, dann von Birken und Kiefern, die sich schließlich zu flächendeckenden Wäldern entwickelten. Langfristig wurde den großen Säugetieren wie Rentier, Wollnashorn und Riesenhirsch die Lebensgrundlage entzogen; sie wanderten ab oder starben aus.

Vor diesem Hintergrund vollzog sich der Übergang von der Alt- zur Mittelsteinzeit. Denn die Menschen, die anfangs vom Jagen der großen Rentierherden lebten, stellten sich nach und nach auf die neuen Verhältnisse ein. Der Wechsel zwischen den einzelnen Phasen ging dabei allerdings unterschiedlich schnell vonstatten. Besonders in Nordeuropa entstanden im Umkreis der Ufer von Seen und Meeren vielfältige Ökosysteme, die ideale Lebensräume für halbnomadische Jäger und Sammler bildeten. Das Jagen stellte nur noch eine von drei Tätigkeiten für den Nahrungserwerb, dazu kamen nun gleichwertig das Fischen und das Sammeln.

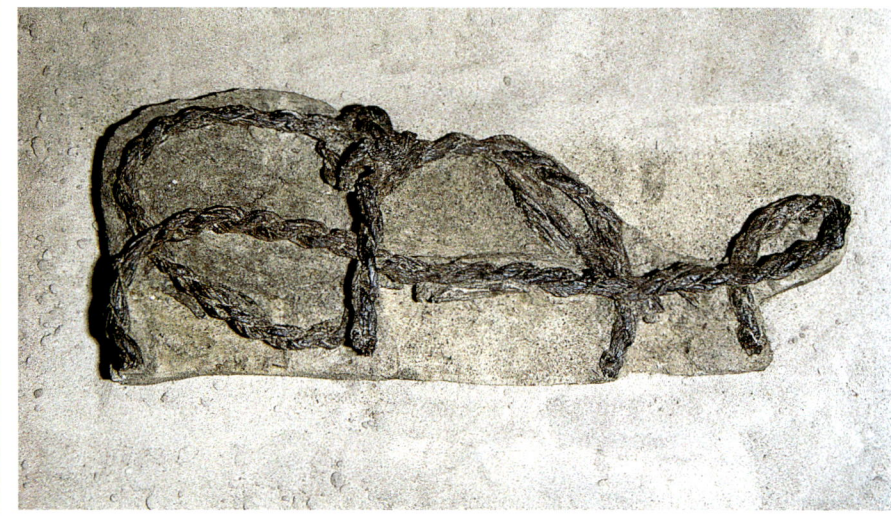

Mit Sicherheit hat die mesolithische Gemeinschaft ein großes Wissen über essbare Pflanzennahrung akkumuliert und je nach Verfügbarkeit gezielt Beeren, Pilze, Früchte und Nüsse gesammelt. So wurden Haselnüsse, die reichlich vorkamen und viel Energie liefern, in großem Stil aufgelesen und konserviert. Mengen angebrannter Schalen, die die Archäologen um Feuerstellen herum verstreut entdecken, beweisen: Hier wurde geröstet.

Und je mehr sich die dichten Wälder ausbreiteten, desto mehr rückte der Fischfang an die Stelle der Jagd. Unser Seecamp zeigt, wie weit sich die Mesolithiker schon in dieser Kunst spezialisiert haben. Sie haben Angelhaken entwickelt, mit denen sie speziell nach Hechten und dem Wels fischen. Für Harpunen und Speere stellen sie gezähnte Spitzen aus Knochen her, die in den Fischkörpern stecken bleiben.

Und für kleine Fische und Schwärme haben sie eine ganz neue Technik des Fangens entwickelt. Bei den Ausgrabungen in Friesack trauten die Archäologen ihren Augen kaum: Beim Durchsieben des Erdmaterials

↑ **Wichtige mesolithische Innovation – ein fast 10 000 Jahre altes Seil aus Weidenbast**

← **Verbesserter Fischfang dank Widerhaken – mesolithische Speerspitzen aus Knochen**

↗ **8500 Jahre alte Schamanen-Utensilien – Beigaben des Grabes von Bad Dürrenberg**

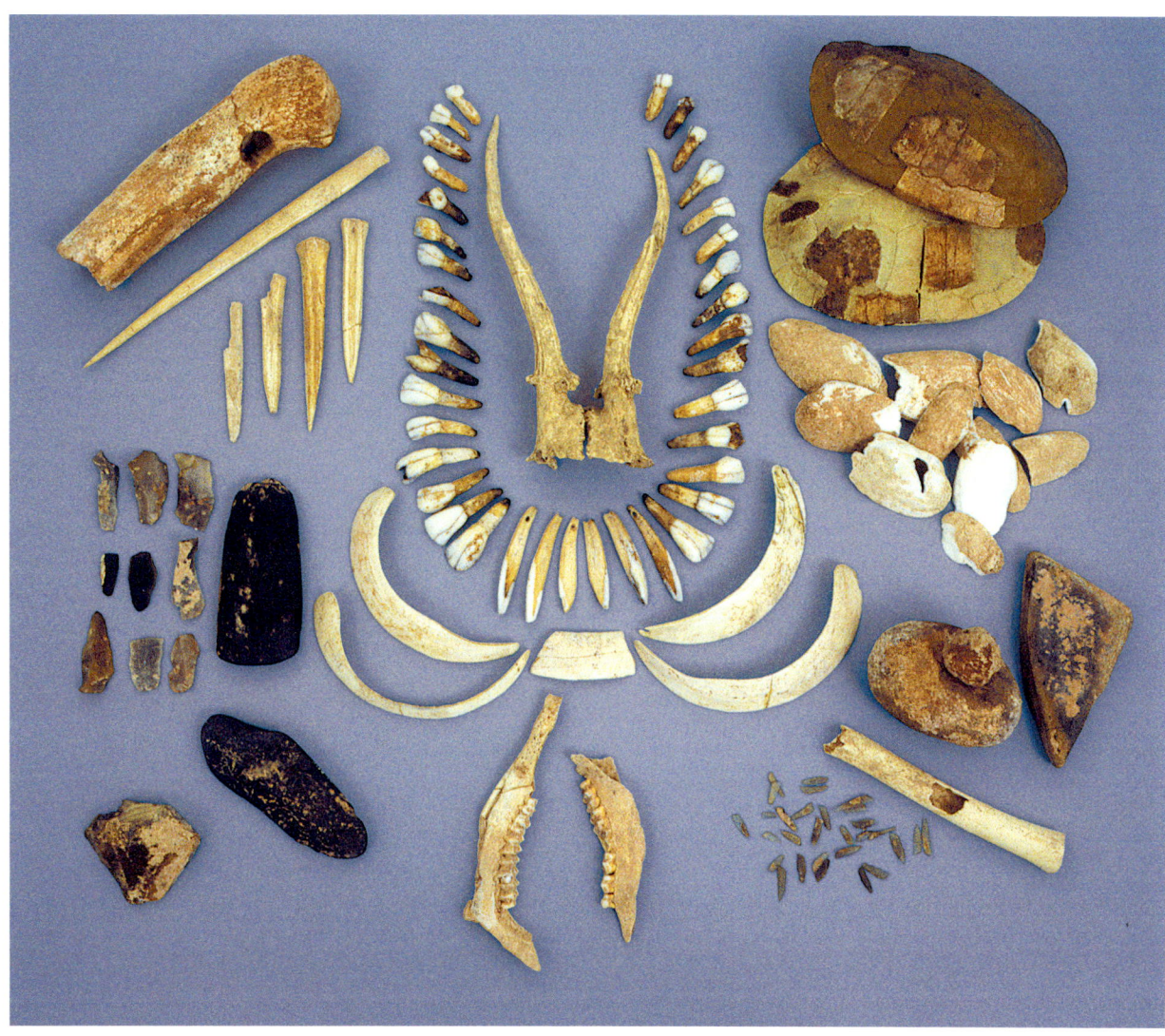

stießen sie auf kleine Netzstrukturen, die sie nur mit Hilfe von Lupen erkennen konnten. Auf diese Weise bargen sie die ältesten aus Pflanzenfasern hergestellten Fischnetze der Welt. Das grundlegend Innovative an einem Fischnetz: Man muss als Erstes überhaupt einmal die Idee haben, dass das Aufstellen einer großräumigen Falle, in der sich die Beute nach und nach verfängt, effektiver ist, anstatt nach einzelnen Fischen Ausschau zu halten. Dann die Umsetzung: Passende Schnüre müssen hergestellt werden, die dünn und doch belastbar sind. Mit der richtigen Verknüpfungstechnik müssen Maschen gefertigt werden, so groß, dass sie nicht auffallen und so klein, dass sie die Beute halten können.

Damit nicht genug – draußen auf dem See wird ein harpunierter Hecht gerade mit einen Käscher eingeholt, dessen Halterung kunstvoll aus einem biegsamen Ast geformt wurde.

Die beiden Fischer sind mit dem Einbaum unterwegs, den sie mit Paddeln steuern. Zwar wurden in Friesack selbst nur Paddel gefunden, doch können wir davon ausgehen, dass der Einbaum sicherlich kein grober Klotz war. Die Mesolithiker konnten bereits auf eine vieltausendjährige Erfahrung im Bau von Booten zurückblicken, denn das älteste bisher bekannte Boot – der aus einem niederländischen Moor geborgene Einbaum von Pesse – wurde auf den Zeitraum 8040 bis 7510 v. Chr. datiert.

Schädelnester und Schamanenkulte

Ein Großteil der zahlreichen Funde in den ehemaligen Seenregionen hat nicht zufälligerweise »überlebt«, sie wurden in den Seen regelrecht »deponiert« und von den später entstandenen Mooren konserviert. Wenn die Gemeinschaften – nur ein- bis zweimal im Jahr – in einem zentralen Camp am See zusammenkamen, fanden zu diesen Anlässen schon vor 8000 Jahren Opferungen in die Seen statt. Die Steinzeitjäger versenkten ganze Tiere im stehenden Gewässer, aber auch Hirschgeweihe, die eigentlich Rohstoff für Nägel, Hämmer und Messergriffe abgaben. Und sie opferten ihren eigentlichen Reichtum: Pfeilspitzen, Beile und Messer aus Feuerstein. »Tausende von Funden in den Seen und späteren Mooren«, urteilt der Hannoveraner Urgeschichtler Stephan Veil, »die können nicht einfach verloren worden sein.« Vermutlich gingen diese Opferungen mit einer Reihe von Ritualen einher, wie sie von Schamanen bis in die heutige Zeit praktiziert werden. Zumindest denken die Archäologen angesichts der Beigaben des Grabes einer Frau und eines Kleinkindes aus Bad Dürrenberg (Sachsen-Anhalt) aus der Zeit um 6500 v. Chr. an Schamanen-Utensilien: Hier fanden sich neben zahlreichen

Schmuckobjekten wie durchbohrten Zähnen und Krallen, Teile eines Hirschschädels mit Geweih, die Panzer von Sumpfschildkröten, Feuersteinabschläge in verschiedensten Formen, ein geschliffenes Beilchen und ein ausgehöhlter Kranichknochen, der mit Mikrolithen gefüllt war. Während im ostdeutschen Raum Ganzkörperbestattungen vollzogen wurden, fanden sich in der bayrischen Höhle Große Ofnet zwei Schädelnester, die mit mehreren Tausend durchbohrten Schneckenhäusern geschmückt waren. Die Köpfe waren – auch hier vermutlich aus rituellen Gründen – von den Körpern getrennt und allein beigesetzt worden.

Um ca. 6000 v. Chr. (im so genannten Atlantikum) führten die hohen Temperaturen – es war in Nordeuropa deutlich wärmer als heute – dazu, dass die nordische Eisdecke auf ein Minimum schmolz. Die großen Mengen an zirkulierender Feuchtigkeit verursachten gewaltige Niederschläge und einen deutlichen Anstieg

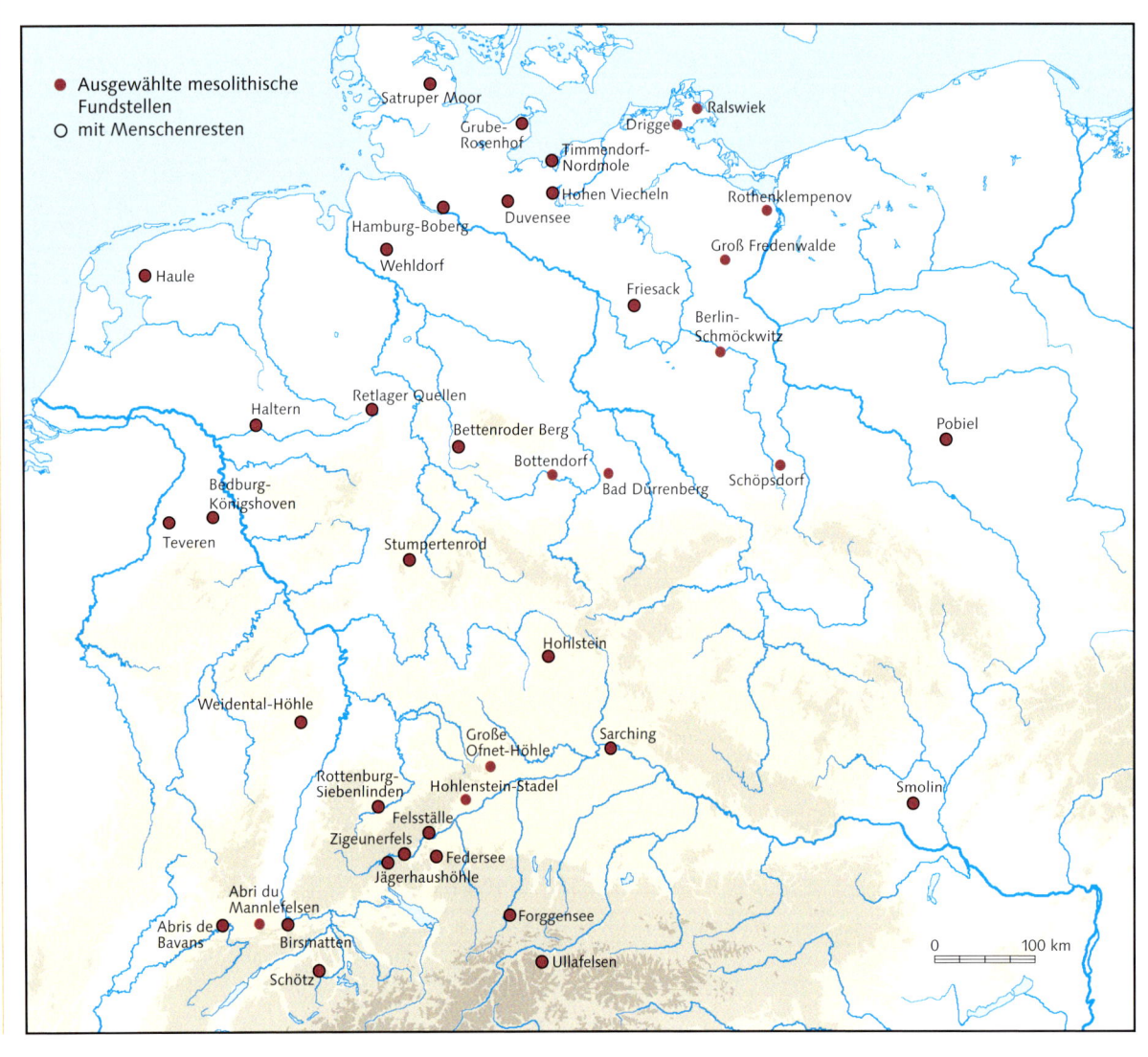

↗ Schneider und Pfeilspitzen – Mikrolithen des frühen Mesolithikums aus Rottenburg (ca. 7500 v. Chr.)

← Übersicht über die wichtigsten mesolithischen Fundplätze in Deutschland des Meeresspiegels, der rund einen Meter höher lag als heute. Britannien wurde zu einer Inselwelt, die vom Kontinent durch den Ärmelkanal getrennt wurde, dessen Pegel unaufhörlich stieg.

Währenddessen gesellten sich zu den offenen Kiefern- und Birkenwäldern – je nach Boden- und Klimaverhältnissen – Eichen, Ulmen und Linden. Sie bildeten bald dichte Wälder, unter deren Blattdächern nur noch

Farne und Efeu gedeihen konnten. Viele Säugetiere zogen endgültig ab und den jagenden und sammelnden Menschen wurden damit die Nahrungsquellen entzogen.

Nur die Menschen an den nordischen Seenplatten und Küsten konnten weiterhin ein halbnomadisches Dasein als Jäger, Fischer und Sammler führen. Ihre Nahrungsbasis war derartig vielfältig und gesichert, dass sie den »Sprung« zur nächsten Kulturstufe auch ohne Ackerbau und Viehzucht vollzogen. Als Hauptverbreitungsgebiete dieser so genannten Ertebølle-Kultur – benannt nach ihrem Hauptfundort am Ufer des Limfjordes in Nordjütland – galten bisher vor allem Südschweden, Dänemark und Schleswig-Holstein. Doch neue Forschungen an der Küste Mecklenburg-Vorpommerns – besonders die der Unterwasserarchäologie im Bereich der erst vor 7000 Jahren überfluteten Areale – entdeckten Reste etlicher Siedlungen aus diesem Kulturkreis am Meeresboden.

Die Ertebølle-Kultur fußte im Wesentlichen auf der Jagd mit Pfeil und Bogen, Fischfang und dem Sammeln von weiteren Nahrungsmitteln. Vor allem die Sammeltätigkeit hinterließ im Küstenbereich eindrucksvolle, von den Archäobiologen auf diese Zeit datierte Überbleibsel: Muschelabfallhaufen im nördlichen Dänemark, die bis zu 200 m lang, 20 m breit und 2 m hoch sind. In ihnen finden sich Schalen von Austern, Miesmuscheln, Herzmuscheln, Strandschnecken (Sommernahrung) und Knochen von Schwänen,

Gänsen und Enten (Winternahrung). Letztere sind ein Hinweis darauf, dass die Siedlungen kleiner Häuser aus Baumstämmen und Schilf ganzjährig bewohnt waren. Außerdem legten die Menschen der Ertebølle-Kultur Friedhöfe an, die über ihre eigentliche Funktion hinaus, auch dazu dienten, die ertragreichen Küstengebiete als ihre Territorien zu markieren.

Dagegen verschlechterten sich die Bedingungen im Süden zunehmend. Es gibt Anzeichen dafür, dass die Bevölkerungszahl in Mitteleuropa in diesem Zeitraum abnahm – im Durchschnitt lebten weniger als 35 000 Menschen auf dem Gebiet der heutigen Bundesrepublik. Die Bereitschaft wuchs, eine neue Lebensweise anzunehmen.

Langhäuser und Linienband-Mode – neolithische Zeitenwende

Nicht Kleckern, sondern Klotzen – so muss bereits das Motto der ersten richtigen Häuslebauer auf deutschem Boden gelautet haben. Denn sie errichteten nicht etwa zunächst Hütten, die sie allmählich im Laufe der Jahrhunderte zu großen Häusern weiterentwickelten. Nein, sie bauten sofort die zutreffend so genannten Langhäuser, die 20 bis 25 m, manchmal jedoch auch bis zu 45 m lang waren, bei einer Breite von 5 bis 8 m.

Wie die Häuser und Siedlungen aussahen, wissen wir heute ziemlich genau, weil die Archäologen in den vergangenen 50 Jahren einige gut erhaltene Stätten – wie beispielsweise bei Vaihingen/Enz oder in Köln-Lindenthal – freilegen konnten. Die in Pfostenbauweise errichteten Häuser hinterließen im Boden genau überall dort kleine runde Verfärbungen, wo einst die Pfosten in den Boden gerammt worden waren. Daneben fanden sich häufig Spuren verbrannten Lehms, mit dem die Menschen die Seitenwände der Bauten ausgekleidet hatten.

Früher glaubte man, die Langhäuser seien deshalb so groß gewesen, weil bis zu 100 Bewohner, also ganze Gemeinschaften, in ihnen gelebt hätten. Doch heute wissen wir, dass es nur einzelne Familien waren: Eltern, Kinder, Großeltern und ein Onkel oder eine Tante vielleicht. Fünf, sieben, höchstens neun Personen lebten in den geräumigen Häusern. Und weil wir frühere Entwicklungsstadien mit beengten Wohnverhältnissen assoziieren, sieht es in einem solchen Langhaus für uns befremdend leer aus. Als hätten da Menschen ohne viel Habe in einer Lagerhalle Unterschlupf gesucht.

Warum also waren die Häuser so groß? »Es waren Einhaushöfe«, erklärt der Frankfurter Vorgeschichtler und Grand Old Man der deutschen Jungsteinzeit Jens Lüning, »sie besaßen keine Nebengebäude, sondern bei ihnen geschahen Wohnen, Wirtschaften und Arbeiten, Verbrauch und Vorratshaltung unter einem Dach.«

Begeben wir uns doch einfach einmal in solch ein Langhaus: Wir befinden uns im mittleren Teil des Gebäudes, dem Wohn- und Arbeitsbereich. Die Frauen sind mit der Vorbereitung des gemeinsamen Mahls beschäftigt. Das Getreide wird gedroschen, gesiebt und anschließend entweder in einem großen Mörser weiterverarbeitet oder in einer steinernen Mühle zu Mehl vermahlen. Dieses Mehl wurde im gedeckten Backofen zu Fladen verarbeitet – mit dem Backofen, der im Hintergrund steht, wurde übrigens im Winter auch das Haus gewärmt. Oder das zerquetschte Getreide wurde an der offenen Herdstelle in einem Topf zu Brei verkocht. Die Töpfe zum Kochen und zur Aufbewahrung gegarter Gerichte stehen auf einem Wandregal (Das haben die Archäologen anhand der Fundlage der Scherben festgestellt.). Aus dünnem Ton fertigten die ersten Ackerbauern Mitteleuropas rundbodige Gefäße wie Schalen, Flaschen, große Vorrats- und Transportgefäße und verzierten sie mit Linien und Linienbändern, die sie einritzten, -stachen oder auch auf die Gefäße stempelten. Nach den Scherben dieser Feinkeramik, die die Archäologen von Südosteuropa bis nach Westfrankreich fanden, benannten sie auch diese Kultur, mit der die Neolithische Revolution nach Deutschland gelangte: Man spricht von Linienbandkeramik, hin und wieder auch von Bandkeramik oder Linearkeramik.

Aber nicht nur die Keramik weist diese Linienverzierung auf – auch der Hocker, auf dem die Köchin sitzt, ist in dieser Weise verziert. Ja selbst die Kleidung der Frauen – sie tragen meist Hosen und Hemden – wurde mit den modischen Linien versehen. Die Langhäuser waren in der Regel in Richtung Nordwest–Südost ausgerichtet und in drei Bereiche unterteilt: Der Nordwestteil war der Schlaf- und Wohnbereich, der Mittelteil der Wohn- und Arbeitsbereich und der Südostteil der Speicherraum.

Im Hintergrund sehen wir, dass in den Südostbereich des Hauses auf doppelten Pfostenreihen eine

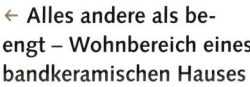
← Alles andere als beengt – Wohnbereich eines bandkeramischen Hauses

→ Kugelbauch mit gepunkteten Linien – bandkeramische Gefäße (im Original und als Nachbildung) aus der Zeit 5500 bis 5000 v. Chr.

Zwischendecke eingezogen wurde. Oben befand sich der Speicherboden, auf dem man das ungedroschene Korn aufbewahrte. Auf diesem im Durchschnitt 40 m² großen Speicher wurden die Ernten trocken und einigermaßen sicher vor Schädlingen wie Mäusen gelagert: In der Regel kamen gut 1200 kg Kornähren bei der herbstlichen Ernte pro Familieneinheit zusammen.

Langweiliges Leben im Langhaus?

So schön geräumig die Langhäuser auch aussehen – das Leben der ersten sesshaften Bauern kommt uns Zivili-

sationsmüden gegenüber den aufregenden Zeiten des Jagens, Fischens und »Herumstreunens« doch eher langweilig vor. Das ganze Leben richtet sich nach den zyklischen Abläufen der Aussaat, Pflege und Ernte der Pflanzen: anstrengende, monotone Arbeit auf den Feldern und in den Küchen, und das bei einseitiger Ernährung durch täglich Brotfladen und Getreidebrei.

Alles überschaubar und geregelt – Langeweile pur wie im Wohncontainer von Big Brother? Keineswegs, denn diese Menschen waren echte Revolutionäre. Und so geordnet das Leben in den Langhäusern auch ablief, in den benachbarten Erdwerken vollzogen sie Rituale, die uns heute erschauern lassen.

Zunächst aber zur Revolution: Für das Auge unmerklich, doch in historischem Maßstab – also in extremem Zeitraffer – gesehen, hatte sich von Südosten her die neue Lebensweise in atemberaubendem Tempo Richtung Nordwesteuropa ausgebreitet. Mit einer Geschwindigkeit von 1,10 km im Jahr stieß sie nach Wes-

ten vor und erreichte um 5500 v. Chr. Mitteleuropa.

Ihren Anfang nahm die Neolithische Revolution um ca. 9000 v. Chr. im Nahen Osten, dort wo die Levante zusammen mit der türkischen Ostküste und den Rändern des Taurus- und Sargosgebirges den so genannten fruchtbaren Halbmond bildet.

Erstens verfügte die Region mit ihrem mediterranen Klima über die größtmögliche Pflanzen- und Tiervielfalt. So lebten vier der fünf wichtigsten Haustierarten (Ziege, Schaf, Schwein und Rind, nicht jedoch der Hund) als Wildtyp im fruchtbaren Halbmond.

Zweitens begünstigten die großen Klimaschwankungen zwischen Sommer und Winter die Evolution

einjähriger Pflanzen wie Wildgräser, die die Voraussetzung zur Entwicklung des Getreideanbaus bildeten. Von den acht Gründergewächsen (Emmerweizen, Einkornweizen, Gerste, Linsen, Erbsen, Kichererbsen, Linsenwicke und Flachs) kamen nur zwei auch außerhalb Vorderasiens vor.

Schließlich führte die ständig wachsende Bevölkerungsdichte in Vorderasien dazu, dass sich nach einer rund 3000-jährigen Experimentierphase Ackerbau und Viehzucht als erfolgreiche sesshafte Lebensformen durchsetzen und von Vorderasien aus ihren Siegeszug in ganz Eurasien antreten konnten.

Bis vor einigen Jahren glaubte man noch, Einwanderer aus Südosteuropa hätten die Idee des Ackerbaus um 5500 v. Chr. nach Westeuropa gebracht. Jüngere Forschungen, wie genetische Reihenuntersuchungen, bekräftigen dagegen, dass die neue Bauernbevölkerung überwiegend aus den mesolithischen Ureinwohnern hervorging.

Die Linienbandkeramik breitete sich in den folgenden 100 Jahren relativ schnell in Mitteleuropa – von Ungarn bis zum Rheintal – aus; bis um 5000 v. Chr. erstreckte sich diese einheitliche Kultur sogar von der Ukraine bis ins Pariser Becken. Dabei drang die neue Lebensweise entlang der Flussläufe, den bestmöglichen Wanderwegen in dieser stark bewaldeten Landschaft, vorwärts. Besonders im Süden wurde der Ackerbau durch die Eigenschaften des Bodens begünstigt. Grau- und braunhuminsäurereiche Böden, versehen mit Lössbeimengungen aus der Kaltzeit, bildeten ein Gemisch für eine überdurchschnittlich lang anhaltende Frucht-

barkeit. In nahezu allen Regionen mit Lössboden in Mitteleuropa entwickelten sich Siedlungen, die fast immer auf halber Talhöhe lagen. »Wird an einer Talflanke in einer Lösslandschaft heute eine Baugrube ausgehoben, kann man mit größter Wahrscheinlichkeit die Überreste einer jungsteinzeitlichen Siedlung finden«, urteilt der Geobotaniker Hansjörg Küster. Der neolitischen Nutzung war das Steppenklima vorausgegangen, das in einigen Gebieten zur Schwarzerdebildung führte. So beschreiben die bei den Ausgrabungen in Vaihingen/Enz beteiligten Geologen die Erdqualität: »Auffällig waren die sehr dunklen, teils schwarzen Bodenrelikte im Grabungsfeld, die an Steppenschwarzerden der Ukraine oder amerikanischer Prärien erinnern.«

→ Friedliche Koexistenz – La-Hoguette-Hirten treffen Bandkeramik-Bauern.

← Einkorn, Emmer, Spelzgerste und Dinkel – das Korn der frühen Bauernjahre

← Steinzeit-Feuerzeug – Feuersteinkern, Flussmuschel, Zunderschwamm, Markasitknolle und Knochenpfriem

Die Bandkeramiker bewohnten ihre Langhäuser nur rund 20 bis 25 Jahre, obwohl sie zu diesem Zeitpunkt in der Regel noch gar nicht baufällig waren. In der ersten Hälfte des 20. Jhs. sahen die Forscher darin ein Indiz, dass die Bandkeramiker einst Wanderbauerntum betrieben: Demnach seien sie, nach Ablauf der rund 20-jährigen Wohndauer, in einem großen Bogen rund 10 km weitergezogen, um unverbrauchtes Land zu beackern, und nach 10 bis 20 Jahren wieder weiter, bis sie erneut an die alte Stelle gelangten. Doch das Hauptargument für diese Theorie – die zunehmende Auslaugung der Böden – stimmt gar nicht. Langzeitstudien mit den fruchtbaren Lössböden zeigten, dass diese nicht so schnell auslaugen. Selbst nach 70 Jahren immer gleicher Bepflanzung sanken die Erträge nur um 20, höchstens aber 40 %. Das wäre also kein Grund gewesen, weiterzuziehen, neue Flächen zu roden und neue Dörfer zu bauen.

Deshalb sind sich die Archäologen sicher: Es war eine Tradition, mit jeder neuen Generation ein neues Haus am Ort zu errichten. So kam es dazu, dass die Siedlungen sich nur allmählich verlagerten. Erst wurden Haus 1 und 2 gebaut, in den folgenden zwei Jahrzehnten die Häuser 3 bis 6. Nun wurden 1 und 2 aufgegeben und die neu gegründeten Familien zogen mit Großeltern in Haus 7 und 8 und so fort …

Die Linienbandkeramik-Kultur gilt als »vollneolithisch« – das heißt, ihre Bewohner ernährten sich fast ausschließlich vom Ackerbau: Emmer, Einkorn, Gerste und Hülsenfrüchte. Es gab aber auch hin und wieder Fleisch auf dem Tisch.

Eine Zeit lang dachte man, die Linienbandkeramiker hätten im nordwestlichen Bereich ihrer Häuser, wie es in mittelalterlichen Bauernhöfen der Fall war, Ställe unterhalten. Doch neue Analysen der Böden widerlegen dies: Wo jahrelang Tiere lebten und koteten, hätte das Erdreich auch nach einigen Tausend Jahren noch erhöhte Phosphatwerte aufweisen müssen. Dem war jedoch nicht so! Trotzdem wurden die Linienbandkeramiker keine Zwangsvegetarier. Einige jagten wohl auch weiterhin, vornehmlich Kleinwild. Noch entscheidender: Die Linienbandkeramiker hielten selber wahrscheinlich wenig Vieh, doch sie schlossen Freundschaft mit einem anderen benachbarten Kulturkreis, der sich auf die Viehzucht spezialisiert hatte und später sogar das Vieh der Linienbandkeramiker in Obhut nahm.

Hirten der La-Hoguette-Kultur

In einem Frühjahr zwischen 5500 und 5000 v. Chr. irgendwo westlich der Linie Hannover–Regensburg …

Hirten der so genannten La-Hoguette-Kultur sind – wie schon seit mehreren Generationen – zu der befreundeten Bauernfamilie der Linienbandkeramiker gewandert. Sie wollen das Vieh der Bauern übernehmen, um es auf weit entfernte Sommerweiden zu bringen. Die Bauern können oder wollen diese Aufgabe nicht selbst übernehmen, denn sie benötigen alle ihnen zur Verfügung stehende Kraft zur intensiven Pflege ihrer Felder. Um die gegenseitige Freundschaft symbolisch zu erneuern, übergibt das Familienoberhaupt der Bauern den Besuchern eine Axt und erhält im Gegenzug ein für die La-Hoguette-Kultur typisches spitzbodiges Gefäß – zahlreiche davon wurden bei Ausgrabungen in Linienbandkeramik-Siedlungen gefunden.

Benannt wurde die Hirtenvolk-Kultur, die sich in Westeuropa ausbreitete, – wen wundert's noch – nach jenem nordfranzösischen Ort, in dessen Nähe man den ersten Grabfund gemacht hatte, nämlich La Hoguette. Doch heute ist klar, dass diese Kultur eigentlich vor 6000 v. Chr. an der französischen und spanischen Mittelmeerküste entstanden war und von dort über den Landweg direkt nach Westfrankreich driftete und sich bereits um 5800 v. Chr. auch östlich des Rheins

ausbreitete. Die östlichste La-Hoguette-Siedlung fanden die Archäologen in Bad Cannstatt nahe Stuttgart.

Im Gegensatz zu den Bauern, die Textilien aus Leinen tragen, sind die Hirten vor allem mit Hosen und Mänteln aus Fellen und Leder bekleidet und führen selbstverständlich Pfeil und Bogen mit sich.

Sie leben weiter als Nomaden, denn im Mittelpunkt ihres Treibens stehen die besten Weideplätze für das Vieh, anfangs vor allem Schafe und Ziegen, später auch Rinder. Dazu sammeln sie systematisch in ihrem jeweiligen Terrain Pflanzen – im Frühjahr wilden Lauch, im Sommer Wildobst und im Herbst Nüsse. Doch zu einem nicht unerheblichen Teil jagten sie auch – die

Untersuchung von Tierknochen an ihren Lagerplätzen ergab, dass ungefähr ein Fünftel dieser Knochen von Jagdbeute stammt. Zumindest in der späteren Zeit (5500–5000 v. Chr.) stellten sie auch spitzbodige Keramikgefäße her, deren Charakteristikum wellenförmige Wülste sind, die außerdem mit Stichreihen verziert wurden.

Um 5500 v. Chr. trafen Bauern der Linienbandkeramik und Hirten der La-Hoguette-Kultur aufeinander und besiedelten fortan gemeinsame Gebiete, ohne ihre kulturelle Eigenständigkeit aufzugeben – rund 500 Jahre dauerte dieses friedliche Nebeneinander von Bauern und Hirten.

Sternmarsch nach Herxheim

Aber nicht nur mit Nachbarn fremder Kulturen hatten die Bandkeramik-Bauern Kontakt. Sie lebten nicht einfach ereignislos in kleinen Gruppen – den Archäologen

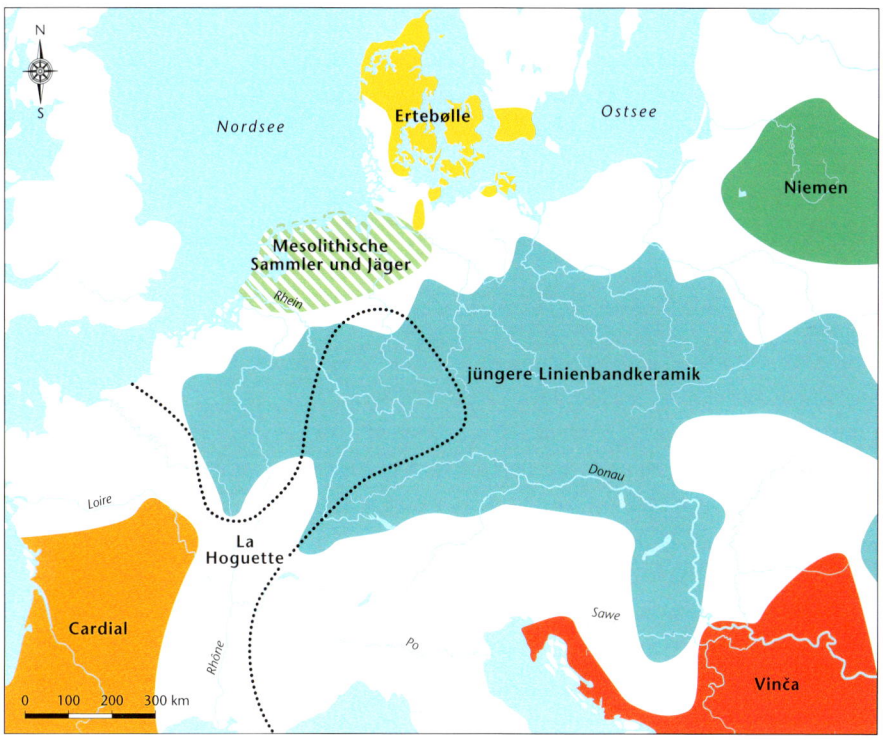

N
S

Nordsee

Ostsee

Erteb\u00f8lle

Niemen

Mesolithische Sammler und Jäger

Rhein

jüngere Linienbandkeramik

Donau

Loire

La Hoguette

Rhône

Po

Sawe

Cardial

Vinča

0 100 200 300 km

↑ **Crash der Kulturen – drei Kulturen trafen zur Megalithzeit im westlichen Nordeuropa aufeinander.**

←← **Experimentelle Archäologie – Das Brotbacken in jungsteinzeitlichen Erdöfen wurde erfolgreich rekonstruiert,**

← **Nachfolger der Bandkeramik – Geschirr und Vorratsgefäße der Michelsberger Stils (4300–3600 v. Chr.)**

zeichnet sich dank neuer Funde ein immer deutlicheres Bild, wonach die Linienbandkeramiker untereinander eine Art Netzwerk unterhielten: In regelmäßigen Abständen fanden sie sich an zentralen Treffpunkten ein. Dort errichteten sie gewaltige Anlagen aus Gräben, Wällen und Pfahlreihen und dort bestatteten sie auch ihre Toten – für einen gewissen Zeitraum zumindest.

Nicht nur ein paar dieser so genannten Erdwerke, sondern über 800 wurden bisher von Südost- bis nach Nordeuropa hinauf in den vergangenen 120 Jahren geortet. Und die Zahl ist vorläufig, denn Erdwerke weisen keine aus dem Boden ragenden Baureste auf. Ihre Holzpalisaden verfielen und vermoderten, ihre Wälle und Gräben wurden von der Witterung eingeebnet. Doch die einstigen Erdbewegungen haben im Boden Verfärbungen hinterlassen, die nur aus der Vogelperspektive erkennbar sind. Besonders auf Ackerflächen, denn die Pflanzen wachsen auf dem lockereren Boden der alten Gräben schneller. Am besten lassen sich die Erdbewegungen durch geomagnetische Untersuchungen dokumentieren. Was die Wissenschaftler dabei entdecken, ist enorm, denn über viele Hundert Meter wurden die Gräben und Wälle hauptsächlich in vier Grundformen angelegt: runde oder trapezförmige Anlagen mit einem Graben, ovale Anlagen mit zwei parallel verlaufenden Gräben sowie runde oder ovale Anlagen mit drei Gräben.

Wozu aber dienten diese Formationen? Neue Hinweise auf die rätselhaften Rituale, die in Zusammenhang mit diesen Erdwerken stehen, fanden die Archäologen auf einem Areal bei Herxheim, das 1995 als Baugrundstück freigegeben wurde. Normalerweise führen die Ausgräber bei diesen Erdwerken lediglich zahlreiche Querschnitte an den Gräben durch – und denken sich den Rest idealtypisch hinzu. In Herxheim dagegen legten sie mehrere Längsschnitte an und entdeckten dabei, dass die Ausschachtungen auf verschiedenen Höhenniveaus verliefen und mehrfach unterbrochen waren. Sie bildeten keine durchgehenden Gräben, die zur Absicherung der Anlage hätten dienen können. Die Gräben bestanden aus einzelnen, ineinander übergehenden Gruben. Und diese Gruben dienten Bestattungen, zu deren Ritus auch die Entfleischung und Zerteilung der Skelette sowie das Zertrümmern der Knochen gehörten. Denn in den Gräben fanden die Archäologen zahlreiche Torsi und Schädelkalotten, jedoch kaum Knochen von Armen und Beinen – klare Zeichen für Zweitbestattungen. Aus diesen Bergen an Knochen und Schädelstücken haben die Anthropologen bisher 450 unterschiedliche Individuen identifiziert (Erst ein Drittel der Anlage ist ausgegraben.). Die Verstorbenen wiesen keine Spuren von Mangelernährung und keine tödlichen Hiebverletzungen auf. Außerdem konnten die Anthropologen diagnostizieren, dass die Leichen in verschiedenen Verwesungszuständen hierher gebracht worden waren.

Und woher die Bestatteten einst stammten, konnten die Archäologen anhand der Grabbeigaben zurückverfolgen. Das Einzugsgebiet dieser Grabanlage reichte vom Pariser Becken im Westen, über die Region des heutigen Belgien im Norden, die Schwäbische Alb im Süden und Böhmen im Osten.

Innerhalb dieses riesigen Areals gab es vermutlich in regelmäßigen Abständen eine wie auch immer geartete Verabredung, die Toten – ob gerade verstorben, halb- oder ganz verwest – aus ihren Gräbern zu holen und nach Herxheim zu bringen.

Rund 50 Jahre wurde dieses Ritual dort praktiziert, dann verlor die Stätte im allgemeinen Untergang des bandkeramischen Neolithikums ihre Funktion. Welche Riten dort im Einzelnen zu welchem Zweck durchgeführt wurden, wissen wir nicht. Doch so viel ist klar: Die Grabanlage diente der Identitätsstiftung, förderte das Gefühl der Gemeinsamkeit und half vielleicht dabei, Frieden untereinander zu wahren – das änderte sich erst um 5000 v. Chr. Wie das Leben am Ende der bandkeramischen Zeit ablief, zeigt ein Blick auf die hessische Wetterau, eine lössbodenreiche und deshalb dicht besiedelte Region.

Die hessische Wetterau aus der Vogelperspektive, im Juni 5030 v. Chr. …

Eine dörfliche Idylle breitet sich scheinbar entlang des Flusses und seiner Zuflussbäche aus. Zwischen den sechs Langhäusern wurden kleinere Felder angelegt, die nun in Blüte stehen. Weißbläulich leuchtet der Schlafmohn, lilabläulich der Flachs und weißlich die Hülsenfruchtblüten. Das auf den größeren Feldern gesäte Getreide bildet gerade seine grünen Ähren aus. Alle Pflanzen brauchen ständige Pflege, dazu verwenden die Frauen Werkzeuge wie Haken und Schaufeln aus Holz.

Zum Dorf gehören noch ein kleiner Friedhof und eine gewaltige, in Gemeinschaftsarbeit errichtete Grabenanlage. Trapezförmig und mehrfach von Zugängen unterbrochen haben die Dörfler Gruben ausgeschachtet und mit dem Aushub Wälle angelegt, auf deren Kämmen sie Holzpalisaden errichtet haben. Dieses lokale Erdwerk dient rituellen Versammlungen und Festen – vielleicht werden die gefüllten Schweine hier zur Sommersonnenwende oder Mittsommer-Feier gegrillt.

Mehrere Höfe des Dorfes verfügen über Vieh, das sie gemeinsam weiden und beaufsichtigen lassen. Verschiedene kleine Herden sind auf dem Bild zu sehen – eine weidet innerhalb einer Umfriedung, die anderen auf Lichtungen am Waldrand. In früheren Jahren wurde das Vieh zur Sommerweide in hoch gelegene, lichte Wälder und in den Hintertaunus getrieben. In diesem Jahr jedoch wird es ununterbrochen in Sichtweite gehalten, denn die Zeiten sind zu unsicher geworden: Immer häufiger verspüren die Dorfbewohner Anzeichen sozialer Spannungen.

So wurde im Hintergrund dieser Idylle ein Dorf überfallen und in Brand gesteckt. Noch tagelang liegen Rauch und Brandgeruch in der Luft.

War es ein Kampf der Kulturen – wurden die Bandkeramik-Bauern von Hirten oder einheimischen Jägern angegriffen? Zum Ende des 6. Jtsds. v. Chr. berührten sich mindestens drei Kulturkreise im deutschen Raum: die Restbevölkerung der Jäger und Sammler der Ertebølle-Kultur an den norddeutschen See- und Meeresufern, die aus Südosten kommenden Nachlinienbandkeramik-Bauern sowie die aus Südwesten vordringende La-Hoguette-Kultur.

Die Erdwerke, die seit der späten Linienbandkeramik angelegt wurden, waren zwar – entgegen jahrzehntelang geäußerter Vermutungen – überwiegend keine Verteidigungsanlagen, an anderen Stellen jedoch fanden die Archäologen untrügliche Zeichen von Gewaltanwendung.

Tatort Talheim

Tatort Talheim bei Heilbronn: In einer nur 2,50 m × 1,70 m × 1,50 m großen Grube lagen die Skelette von 34 Erwachsenen, Jugendlichen und Kleinkindern. Die Anthropologen ermittelten einen Massenmord, verübt um ca. 5000 v. Chr. vermutlich an einem gesamten

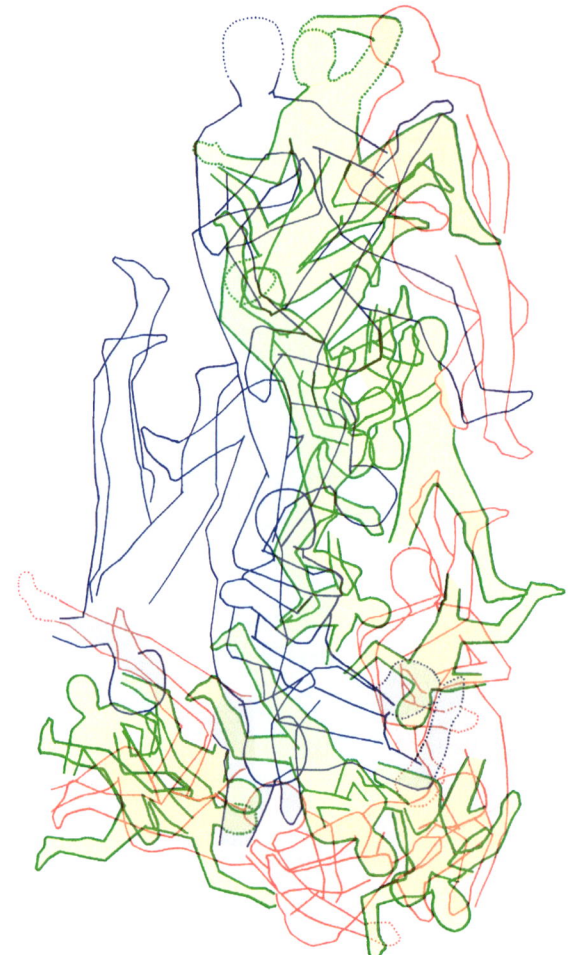

→ Brot und Spiele anno 5030 v. Chr. – Bandkeramiker betreiben in der hessischen Wetterau Ackerbau und Viehzucht sowie rituelle Feiern innerhalb ihrer Grabenanlage.

← Der erste archäologisch nachgewiesene Tatort um 5000 v. Chr. – in einer Grube bei Talheim fand man die Überreste von 34 erschlagenen Menschen.

Dorf. Die Menschen – egal ob jung oder alt – wurden erschlagen.

Allerdings – das wissen gute Krimifreunde – waren die Täter keine Unbekannten einer fremden Kultur. »Der Überfall muss so plötzlich erfolgt sein, dass kei-

ne Gegenwehr möglich war. Die Bewohner versuchten wohl zu entkommen, fast alle wurden jedoch auf der Flucht von hinten mit quergeschäfteten Beilen und Keulen erschlagen und zwei von ihnen mit Pfeilen erschossen«, erklärt Lüning. Daraus folgern die Archäologen, dass Täter und Opfer Linienbandkeramiker waren.

Diese sozialen Reibungen innerhalb der Bauerngesellschaften führen die Archäologen mittlerweile auf mehrere Ursachen zurück: Die reichlichen Ernten hatten in den vergangenen Jahrhunderten eine verstärkte Bevölkerungszunahme begünstigt. Doch für die wachsende Bevölkerung reichte nun der fruchtbare Boden nicht mehr aus. Außerdem wurden genau zu diesem Zeitpunkt aus bisher noch nicht geklärten Gründen die so begehrten Rohstoffe wie Feuersteinprodukte knapp. Der Kampf um die begrenzten Ressourcen eskalierte und die Linienband-Kultur, die den Ackerbau nach Mitteleuropa gebracht hatte, ging ihrem Ende entgegen.

Die Welt des Spätneolithikums zerfiel in kleinere kulturelle Einheiten: Die Bauern betrieben Ackerbau und Viehzucht, lebten unter anderem auch in Blockhütten und fingen an, ihre Dörfer mit Gräben und Zäunen zu bewehren. Eine besondere Ausprägung bildete dabei die Kultur im norddeutschen Raum.

Megalithgräber und magische Landschaften

Den Menschen im Norden sagt man sprichwörtlich eine »lange Leitung« nach, was in der Regel allerdings eher ein Vorurteil ist.

Mit der Neolithischen Revolution aber ließen sie sich tatsächlich etwas Zeit – was jedoch an den unvorteilhaften ökologischen Bedingungen lag. Die nordeuropäische Landschaft war geprägt von großen Seengebieten und sandigen Gletscherablagerungen. Wenn diese Areale auch im Laufe der Zeit von Laubwaldböden überzogen wurden, so bestanden sie doch vor allem aus quarzreichen, sandig-kiesigen Substraten. Wurden sie zur Landwirtschaft genutzt, konnten sie nach einer kurzen, aber heftigen Fruchtbarkeit auslaugen. Zahlreiche Heidegebiete in Nordeuropa zeugen von einer Übernutzung der Areale schon in der Jungsteinzeit.

Nur mit erheblicher Verzögerung drangen Ackerbau und Viehzucht deshalb aus Mitteleuropa in die Moränenlandschaften Norddeutschlands und Süd-

skandinaviens vor. Die früheste Neolithisierung dieses Raumes fand nach heutigem Wissen um 4100 v. Chr. im Uelzener Becken statt – dort gab es hochwertigen lössartigen Boden. Auch an anderen Stellen fanden sich fruchtbare Lehmböden, die sich für eine anhaltende Bearbeitung eigneten. Doch der größte Teil der norddeutschen Landschaft bestand aus der Geest, höher gelegenen, trockenen Altmoränen aus Sandböden. Diese konnten zwar leicht mit der Hacke bearbeitet werden und lieferten vorübergehend auch Erträge, doch dabei wurden die wenigen Nährstoffe des Bodens ausgewaschen und seine Oberfläche ausgebleicht – übrig blieb der unfruchtbare Sand, unter dem abgesackte Eisenpartikel eine harte Schicht bildeten, die den Stoffaustausch des Bodens unterband.

So trat die Neolithisierung hier nur schrittweise ein – wie der Lüneburger Archäologe Jan Joost Assendorp feststellt: »Die an den Küsten ohnehin schon halb sesshaft lebenden Jäger und Sammler der Ertebølle-Kultur übernahmen eine Reihe von nützlichen Neu-

→ Hand- und Hebelarbeit –
Bau eines Hünenbettes

↙ Utensilien der Trichterbecherkultur Schleswig-Holsteins: Neben den namengebenden »Trichterbechern« wurden auch zahlreiche Feuersteinklingen für Äxte, Beile und Meißel gefunden.

erungen wie die Herstellung von Keramikgefäßen, den Anbau von Getreide in Gärten oder Viehhaltung in ähnlich begrenztem Umfang, ohne ihre eigentliche Lebensweise ganz aufzugeben.«

Nach einem halben Jahrtausend hatte sich die neolithische Lebensweise schließlich auch im Norden etabliert. Spätestens um 3400 v. Chr. breitete sich ebenso im Hinterland der schleswig-holsteinischen Ostseeküste offenes Land aus – und zwar durch Brandrodung, wie in Bodenprofilen gefundene Holzkohlepartikel beweisen.

Allerdings war diese Landwirtschaft häufig zeitlich begrenzt; Untersuchungen der Bodenentwicklung an der Gieselan bei Albersdorf durch Ökologen der Universität Kiel ergaben: Ständig wurde hier die Ackerfläche verlagert, um halbwegs akzeptable Ernten zu erzielen. Trotz dieser Hindernisse blieben die Geestgebiete Norddeutschlands und Westdänemarks bis in die Gegenwart hinein Bauernland.

Trichterbecher, Trichterschalen, Trichterflaschen

Anhand ihrer Keramik lassen sich die Megalitherbauer des Nordens als Angehörige der so genannten Trichterbecherkultur identifizieren, die sich zwischen ca. 4300 und 2700 v. Chr. vor allem in Norddeutschland, Dänemark und Südschweden, teilweise aber auch in Mittel- und Südosteuropa wie Süddeutschland, Süd-

polen, Böhmen und Mähren ausbreitete: Ihre Becher, Schalen, Kragenflaschen und Schultergefäße erhielten bevorzugt eine Gestalt in Trichterform.

Die reichlichen archäologischen Funde dieser Zeit stammen überwiegend aus Gräbern, die man getrost als »Panzerschränke der Jungsteinzeit« bezeichnen kann: die Großsteingräber. So wurden im Großsteingrab bei Emmeln im Emsland 25 Ztr. Keramikscherben geborgen, und aus den 8 Ztr. Keramikscherben des Großsteingrabes im oldenburgischen Dötlingen konnten fast 400 Gefäße rekonstruiert werden.

Allerdings wurden diese dauerhaften Grabanlagen nicht überall errichtet – ab ca. 3800 v. Chr. verlief mitten durch das Verbreitungsgebiet der Trichterbecherkultur eine klare Trennlinie, die der Gletschergrenze der Eiszeit folgte: Südlich davon, wo es keine Findlinge gibt, wurden Grabhügel mit Mauerkammergräbern oder mit Holzkammern errichtet wie beispielsweise die 1979 in Odagsen bei Einbeck entdeckte Hügelgrabanlage. Nördlich davon wurden Dolmen und Ganggräber gebaut – mit manchmal erstaunlicher Dichte: südwestlich von Haaßel (Kreis Uelzen) ein lang gestrecktes Megalithfeld mit über 40 Ganggräbern und Hünenbetten. Hier war die Landschaft übersät mit Findlingen jeder Größe: von kleinen Kieselsteinen bis zu gewaltigen Felsbrocken.

Wie sahen die Großsteingräber aus? Den Urdolmen zeichnet eine kleine, rechtwinklige Grabkammer aus,

die nicht größer als 2 m × 1 m × 1 m ist und ursprünglich nur für einen Toten gedacht war. Sie besteht in der Regel aus vier bis sechs liegenden Blöcken, auf denen ein Deckstein ruht. Demgegenüber fällt die Grabkammer des so genannten erweiterten Dolmens etwas größer aus und besteht aus fünf bis sechs stehenden Blöcken, auf denen zwei Decksteine quer liegen. Die Grabkammer eines Großdolmens schließlich ist in der Regel mindestens 8 m lang, 2,50 m breit und 1,50 m hoch und wurde aus acht bis zwölf stehenden Steinblöcken errichtet, auf denen drei bis fünf Decksteine quer ruhen. Der Eingang, der sich immer an einer Schmalseite befindet, kann als simple Lücke, mit Schwellen- und Türsteinen oder als Gang angelegt sein. Im Gegensatz zu den Dolmen zeichnen sich die so genannten Ganggräber dadurch aus, dass sie einen Gang aufweisen, der eigenständige bauliche Details wie Schwellen- und Decksteine oder Verzierungen aufweist.

Die steinernen Grabkammern nahezu aller Dolmen und Ganggräber in Nord- und Westeuropa lagen nicht wie heute offen zu Tage, sondern sie wurden von Grabhügeln aus Erdschichten bedeckt. So bildet der äußere Steinring des Teufelsbackofens im Everstorfer Forst nahe Wismar nicht etwa einen separaten Steinkreis, sondern er ist die übrig gebliebene Einfassung des einstigen Grabhügels, der die Grabkammer ummantelte.

Findlinge als Baumaterial waren also reichlich vorhanden, doch was war sonst noch alles notwendig, um ein Ganggrab wie beispielsweise in Kleinenkneten, bei Wildeshausen, einzurichten?

Schauen wir uns eine Ganggrabbaustelle in Kleinenkneten aus der Nähe an. Zunächst einmal mussten die Menschen der Trichterbecherkultur einen geeigneten Platz aussuchen: Eine Anhöhe etwa, möglichst mit Baumaterial im näheren Umfeld, wäre nicht schlecht. Als Nächstes musste der Platz für die Großsteinanlage begradigt werden, besonders die Fundamentstellen für die Trag- und Umgrenzungssteine wurden speziell präpariert, 60 m³ Sandgruben wurden dafür ausgehoben. Dann wurden die tonnenschweren Steine für die rund 50 m lange und 6 bis 8 m breite Steineinfassung herangeschafft – rund 90 Findlinge wurden dazu benötigt, darunter auch die elf Trag- und drei Decksteine für die Kammer und die vier Steinblöcke für den Gang. Die meiste Arbeit bestand im Aufrichten der Steine und Auflegen der Decksteine.

Dann wurden die Zwischenräume zwischen den einzelnen Tragsteinen und zwischen Trag- und Decksteinen mit kleinen Steinen und Steinchen verfüllt – insgesamt 80 m³ Geröll wurden allein dafür benötigt. Und zum Schluss mussten rund 700 m³ Erde – das entspricht 45 Eisenbahnwaggon-Ladungen – für den Hügel aufgeworfen werden.

Das hört sich alles nach mörderisch viel Arbeit an – und das mit primitiven Mitteln: nur mit Schaufeln aus Geweih, Feuersteinwerkzeugen, Seilen, Holzstämmen als Hebeln und Schlitten. Und schätzen Sie einmal schnell, bevor Sie weiterlesen: Wie viele Jahre haben die damaligen Menschen für den Bau des riesigen Hünenbettes Kleinenkneten I benötigt? Mit Hilfe der genauen Grabdokumentation, experimentellen Nachbauten von Megalithgräbern und ethnologischen Studien bei Steinzeitvölkern unserer Zeit hat der Vorgeschichtler Johannes Müller den Arbeitsaufwand berechnet. Während nur 1400 Stunden für die Rohstoffgewinnung benötigt wurden, waren es 74 490 für den Transport der Materialien und 33 160 Stunden für den eigentlichen Bau. Macht summa summarum: 110 000 Arbeitsstunden, die von 100 Personen bei 10 Stunden-

Schichten in rund dreieinhalb Monaten erbracht werden konnten. Erstaunlich, nicht? Doch wer waren die Menschen, die diese ersten kulturellen Bauwerke im deutschen Raum errichteten?

Große Gräber – kleine Häuser

Was vom Alltag der Menschen, die unzählige imposante Großsteingräber bauten, von den Archäologen zu Tage gefördert wird, macht einen bescheidenen Eindruck. So waren ihre Häuser deutlich kleiner als die der Linienbandkeramiker; der in Flögeln bei Cuxhaven freigelegte, vollständige Grundriss eines Hauses misst nur 12,75 m Länge und 4,80 m Breite. Das Haus wies Löcher für jeweils sechs Seitenpfosten und in der Mitte fünf Doppellöcher für die Zentralpfosten auf, die die Dachkonstruktion stützten. Die Wände bestanden vermutlich aus Flechtwerk, das mit Lehm bestrichen wurde, und im Inneren teilten Trennwände das Haus in Wohn-, Arbeits- und Lagerbereich auf.

Schrittweise wurden Keramikherstellung und Haustierhaltung übernommen, doch die Trichterbecher-

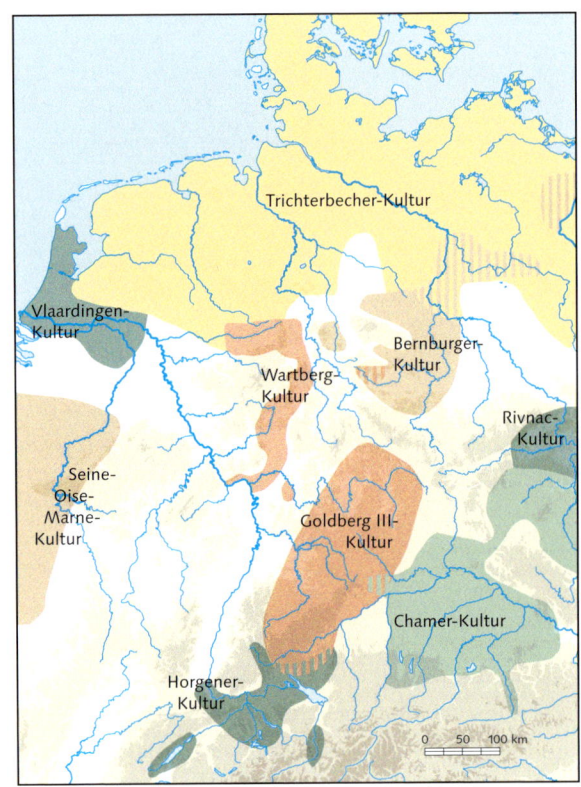

Menschen gingen weiterhin – das zeigt die Untersuchung der geborgenen Tierknochen – auf die Jagd: Ur, Elch, Rothirsch, Reh, Wildschwein und Biber stellten fast 60 % der erlegten Tiere. Nur 2,4 % der gefundenen Knochen gingen auf die Haustiere Rind, Schwein, Ziege oder Schaf zurück. Trotzdem: Müsli und Fladenbrot haben auch hier Einzug gehalten. Zweiseitige Flintbeile, Sicheln, Rund- und Klingenschaber sowie Mahlsteine beweisen, dass der Ackerbau zur Hauptnahrungsquelle wurde. Um Getreide – Emmer und Gerste – anpflanzen zu können, mussten sie die Waldflächen mit Feuersteinbeilen und durch Feuerlegung roden. Ein einfacher Furchenstock erlaubte zumindest in Ansätzen ein Pflügen. Aus mit Mahlsteinen zerriebenem Getreide wurden Fladen gebacken oder ein Brei gekocht, der mit Fleisch und Fisch, mit Nüssen oder Wildfrüchten angereichert wurde.

Die Großsteingräber aber, die diese Menschen errichteten, konnten sich sehen lassen: Mit ihren bis zu über 100 m langen, bis zu 10 m breiten und einige Meter hohen (wie hoch genau, lässt sich nicht mehr nachvollziehen) Erdhügeln waren diese Bauwerke unübersehbar und langlebig. Die steinernen Grabkammern vieler Megalithen haben Jahrtausende überdauert.

Wenn wir uns darüber hinaus noch vergegenwärtigen, dass die Megalithgräber häufig auf Anhöhen er-

richtet wurden und diese – anders als heute – waldfrei waren, dann lässt sich ungefähr erahnen, welch gewaltige Landmarken diese Monumente gewesen sein müssen. »Viele Megalithbauten markieren wohl die einzelnen Territorien (Feldmarken) der neolithischen Bauern, andere aber scheinen sich eher an Wegführungen zu orientieren und damit auf die Bedeutung von Verkehr und Kommunikation zu verweisen«, erklärt Jan Joost Assendorp. »Es ging den Erbauern der Großsteingräber zweifelsohne darum, die vorhandene Landschaft durch Monumentalbauten für die Ahnen neu zu zeichnen.«

So wurde diese weitgehend flache Landschaft von den Hunderten, ja Tausenden von Grabhügeln neu geprägt. Mit ihrer Hilfe sollten die Geister der Ahnen ihre schützenden Hände über das der Natur abgetrotzte Ackerland legen.

Gleichzeitig vollzogen die Megalithbauern den Übergang zur Kollektivbestattung. Die vielen Knochen, die in noch intakten Gräbern gefunden wurden, beweisen das: Hier wurden nicht einzelne Personen, sondern ganze Gemeinschaften beigesetzt.

Eine Gesellschaft der Gleichen – dafür sprechen auch die wenigen Siedlungen, die bisher gefunden wurden.

Grabenanlagen und Großsteingräber

Doch die Megalithiker beschränkten sich bei der Errichtung sakraler Stätten nicht nur auf Großsteingräber – mindestens 30 Erdwerke, die denen der Linienbandkeramik ähneln, sind mittlerweile auch im nördlichen Kerngebiet der Megalithkulturen, in Norddeutschland und Dänemark, aus der Zeit der Trichterbecherkultur geortet worden. Es sind die Bodenabdrücke gewaltiger ehemaliger Erdwerke, die einen Umfang von bis zu 120 Fußballfeldern annehmen konnten.

Zwischen 3200 und 3000 v. Chr. – ein Raubvogel gleitet über einen für die Megalithkultur typischen Siedlungsraum hinweg …

Verstreut liegen die Häuser der Trichterbecher-Menschen in der stark bewaldeten Umgebung. Auch ihre kleinen Felder und Weiden haben sie patchworkartig hier und dort angelegt. Netzartig verbinden häufig benutzte Wege und Trampelpfade Häuser, Felder, Großsteingräber und die als Zentrum errichtete große Grabenanlage. Deren äußere Gräben ziehen sich in drei

→ Die Trichterbecherkultur aus der Vogelperspektive: zentrale Grabenanlage, periphere Großsteingräber

↖ Neben der Trichterbecher-Megalith-Kultur existieren im späten 4. Jtsd. v. Chr. in Deutschland auch nicht-megalithische Kulturen.

Reihen, die jedoch immer wieder unterbrochen sind, ringförmig um das Gelände. Sie dienten nicht als Verteidigungsgräben, sondern müssen kultische Funktion gehabt haben. Am zentralen Zugang sind drei Trichterbecher-Häuser in typischer Pfostenbauweise errichtet worden. Zwei Pfostenreihen umgrenzen den großen Kultplatz, der nach allem, was wir heute wissen, nahezu leer war. Diente er für kultische Versammlungen aller Bewohner der Region?

Nur Reste von Brennöfen haben die Archäologen entdeckt, in denen die typische Keramik der Trichterbecherkultur gebrannt wurde. Haben die Megalithiker hier die Gefäße gebrannt, die sie so zahlreich in den Großsteingräbern den Verstorbenen beilegten?

Die Großsteingräber selbst liegen etwas abseits, jedes Dorf scheint seine eigenen Anlagen gebaut zu haben.

Doch warum wurden Megalithgräber und Erdwerke zur gleichen Zeit erbaut und unterhalten? Wissenschaftlich nachgewiesen ist ein kultischer Zusammenhang bisher nur in Dänemark, auf der Insel Fünen: An der südwestlichen Spitze der Insel, in der Region um Sarup, liegen verstreut Baureste von über 100 Dolmen und Ganggräbern. Errichtet wurden sie im späten 4. Jtsd. v. Chr. von der auf eine Vielzahl von kleinen Siedlungen verteilt lebenden Inselbevölkerung. Trotzdem wurden hier im Zeitraum von 3400 bis 3200 v. Chr. zwei große Erdwerke errichtet, die von Palisaden und rechteckigen Gräben umgrenzt waren. – Warum, das fand der dänische Archäologe Niels H. Andersen mit seinem Team heraus: Die Erdwerke wurden zeitweise von einer verstreut lebenden Bevölkerung genutzt, die in rituellen Übergangsfeiern ihre Toten hier beisetzte, um sie später zu exhumieren und Teile ihrer Körper in Megalithgräbern zu bestatten, die näher an den jeweiligen Siedlungen lagen – also genau der umgekehrte Weg wie bei den Erdwerken der Linienbandkeramiker.

Doch der Sinn war vielleicht der Gleiche: War die Welt der Trichterbecher-Menschen eine Zeit lang auf diese Weise im umfassenden Sinne »befriedet« worden? Zum einen zwischen den Menschen und den höheren Kräften: Ein höchst differenziertes System aus Ritualen und Tabus, einem Zentralheiligtum und vielen Megalithgräbern sorgte für ein Gleichgewicht zwischen den lebenden Menschen, ihren Ahnen und den Naturgewalten. Zum anderen zwischen den Gemeinschaften: Anstatt sich mit den Nachbarn zu streiten und zu bekriegen, unterhielten sie gemeinsam rituelle Erdwerke, in denen die Toten in Ritualen zu Ahnen »reiften«, bevor sie dann in den Megalithgräbern der einzelnen Dörfer bestattet wurden.

Allerdings handelte es sich hierbei nur um ein – historisch gesehen – kurzlebiges Gleichgewicht, denn die Megalithkultur, die zwischen 3200 und 3000 v. Chr. in Nordeuropa ihren Höhepunkt erreicht hatte, brach schnell wieder zusammen. Die Kollektivbestattung wurde bald wieder aufgegeben – schon in der Spätphase der Trichterbecherkultur, spätestens jedoch in der Bronzezeit wurde die Individualbestattung zur Regel.

1940 v. Chr. auf einer leichten Anhöhe in
Nordthüringen nicht weit von der Stelle, wo
die Lossa in die Unstrut fließt …

In den vorangegangenen Tagen haben die Anwohner
hier ein kleines, aus Balken bestehendes Satteldach errichtet,
das sie mit Stroh bedeckten. Ganz wie bei einem Hausbau – mit dem
Unterschied, dass es nur etwas mehr als 4 m Länge misst und direkt auf dem
mit kleinen Felsbrocken bedeckten Boden aufliegt.
Es ist eine Totenhütte, in welcher der Verstorbene nun beigesetzt wird. Ge-
kleidet in ein helles Gewand mit Zierborten, liegt er auf einer kunstvoll ge-
fertigten Decke und um ihn herum wurde seine wertvolle Habe als Gabe für
seine Reise ins Jenseits ausgebreitet. Neben zwei Steingegenständen, die
uns später noch beschäftigen werden, handelt es sich vor allem um etliche
bronzene Waffen und Werkzeuge: Dolche, Beile, Meißel und die Klinge eines
Stabdolches. Das Wertvollste – ein goldenes Schmuckensemble – trägt er am
Leib: einen Armring, zwei Noppenringe und eine kleine Spirale sowie zwei
zum Ende hin gebogene Nadeln, die in seinem Gewand stecken.
Die Bestattungszeremonie ist bereits im Gange. Der Priester, auf dessen nack-
tem Oberkörper religiöse Symbole tätowiert sind, trägt die Zeremonialaxt vor
sich her. Eine nahe Verwandte hält ein Tongefäß in den Händen, das sie zu
Füssen des Verstorbenen stellt – ob es Getreide für die lange Reise enthielt,
wissen wir nicht.

Eine Totenhütte und großes Abschiedsgeleit für
den »Fürsten von Leubingen«

Hügelgräber, Höhenfestungen und reiche Horte voller Metall

Die Bronzezeit

Reise ins Jenseits

1877 wurde das zuvor beschriebene Grab unversehrt entdeckt. Der darüber aufgeschüttete Hügel hatte nahezu 4000 Jahre unberührt in der Landschaft gethront. Lediglich einige weitere Gräber waren hier angelegt worden.

Doch Ende des 19. Jhs. ging man dazu über, Grabhügel als Lieferanten für Baumaterial auszubeuten und abzutragen, so wurde beispielsweise der Hügel von Leubingen als Lehmgrube genutzt. Dabei stieß man auf eine Grabanlage, allerdings zunächst gar nicht auf die bronzezeitliche. Unter Leitung des herbeigerufenen Jenaer Frühgeschichtlers und Universitätsprofessors Friedrich Klopfleisch wurden als Erstes im oberen Hügelbereich 70 slawische Gräber aus der Zeit von 700 bis 1100 n. Chr. freigelegt. Erst viel tiefer, auf Bodenniveau, stießen die Ausgräber auf das unversehrte Bronzezeitgrab.

Während die Totenhütte an die Tradition der jungsteinzeitlichen Begräbnisformen anknüpft, weicht die Ausrichtung des Toten selbst davon ab: Anstelle der traditionellen Ost-West- war er in Nord-Süd-Lage gebettet worden, zudem in ausgestreckter Rückenlage und nicht wie seit der Jungsteinzeit üblich in Hocklage.

Schon Klopfleisch fiel auf, dass die Steine, mit denen die Totenhütte ummantelt war, unterschiedliche Farben hatten und folglich aus verschiedenen Materialien bestanden, die aus ganz unterschiedlichen Regionen der Umgebungen herbeigebracht worden sein mussten: weißer Sandstein aus der Umgebung Nebras, roter Sandstein von der Rothenburg beim Kyffhäuser, Kalkstein von der Hainleite und Tuffstein von Greußen.

Und damit sind wir wieder bei der Szene: Menschen aus allen Himmelrichtungen und – wie die Wissenschaftler anhand der Herkunft der Steine berechneten – aus bis zu 30 km Entfernung sind zur Bestattung herbeigereist. Auf ihren von Ochsen gezogenen Wagen haben sie das Steinmaterial herbeitransportiert.

Damit wurde das Grab bald verschlossen, denn als die Archäologen es rund 3720 Jahre später (Die Datierung konnte später anhand der Jahresringe der Holzreste vollzogen werden.) freilegten, fanden sie keine Störungen im Grabbefund; folglich konnte es nicht lange offen gelegen haben. Die Totenhütte war also mit größter Wahrscheinlichkeit gleich unter dem

Bronzezeit in Deutschland

Gegenüber dem östlichen und mittleren Mittelmeerraum, wo die Bronze zuerst entdeckt und verarbeitet wurde, galt das nördliche Mitteleuropa bronzezeitlich gesehen eher als unterentwickelte Randerscheinung.

In Deutschland währte die Bronzezeit ungefähr von 2200 bis 700 v. Chr. – mit regionalen Unterschieden.

Die ältesten Bronzefunde stammen aus Süddeutschland (Gewandnadel aus Singen, ca. 2100 v. Chr.), aus Mitteldeutschland (Gewandnadel und Dolch aus Kyhna, ca. 2050 v. Chr.), Nord- und Ostdeutschland (Melz II, ca. 2000 v. Chr.). Allerdings sind diese Zahlen immer mit Vorsicht zu genießen. Denn während sich Bronze – wie alle Metalle – zwar gut auf ihre Zusammensetzung und teilweise auch auf ihre Herkunft hin analysieren lässt, kann sie zeitlich nicht absolut bestimmt werden. Die Archäologen sind deshalb auf begleitende Funde wie Keramik oder organisches Material angewiesen. Oder sie suchen nach vergleichbaren Funden, die bereits zeitlich eingeordnet sind.

Neue Funde und Erkenntnisse, besonders aus der mittleren Bronzezeit wie die Goldfunde von Bernstorf, die Untersuchung der Zusammensetzung und Herkunft der Metalle und schließlich die Himmelsscheibe von Nebra rücken die Bronzezeit im deutschen Raum aus dem Randbereich in den Mittelpunkt einer eigenständigen Entwicklung.

↑ Die Kunst der Metallverarbeitung verbreitete sich von Südosteuropa aus zunächst als Kupfermetallurgie.

↓ Zerbrochene Bronzegegenstände des Brucherzdepots von Pfeffingen (Baden-Württemberg) aus der späten Bronzezeit

Die Magie der bronzezeitlichen Metallurgie

Über eines jedoch besteht kein Zweifel: Der Tote war eine herausragende Persönlichkeit. Doch was zeichnete ihn aus? War er einer der neuen Häuptlinge, ein Fürst (wie es ihm im 19. Jh. angedichtet wurde, daher sein Titel) oder ein Kriegsherr, ein hoher Priester oder – dahin gehen aktuelle Überlegungen – ein Metallurg?

Denn unter seinen Grabbeigaben befanden sich drei Meißel, und bei einem der früher weniger beachteten »Steingegenstände« – dem glatten rechteckigen Stein – handelt es sich um einen kleinen kissenförmigen Amboss.

Sollte es nur ein Schmied gewesen sein? Eines darf man dabei nicht vergessen: Die Fähigkeit, die Bronze in der richtigen Zusammensetzung zu schmelzen und in die gewünschte Form zu gießen, war in der damaligen Zeit eine angesehene und magische Kunst. »Der ›Fürst‹ von Leubingen war jedoch selbst wohl kein Schmied«, urteilt der Thüringer Archäologe François Bertemes abschließend, »vielmehr symbolisieren die Werkzeuge den wirtschaftlichen Hintergrund seines Reichtums: die Kontrolle über die wertvollen Metalle, ihre Verteilung und ihre Verarbeitung.«

Die Entwicklung der Bronzeverarbeitung – so steht es in den Geschichtsbüchern – stellt einen so bedeutenden Schritt in der kulturellen Entwicklung der Menschheit dar, dass eine entscheidende Epoche der Menschheitsgeschichte nach ihr benannt wurde: die Bronzezeit. Mit der Bronzezeit – so die Lehre weiter – entstanden Arbeitsteilung und Fernhandel; die ungleiche geografische Verteilung der Erzlagerstätten machte den Handel notwendig.

Die Metallverarbeitung – das Zusammenstellen, Schmelzen und Gießen der Metalle – verlangte Spezialisten wie Erzsucher, Bergleute, Kräfte, die über die Kenntnis des Ausschmelzens des Metalls verfügten, sowie einen Schmied. Und mit Arbeitsteilung und Handel entstand eine soziale Neuheit: die Hierarchisierung der Gesellschaft.

So kann man sich fragen: Das hing alles nur von der Einführung kleiner metallener Gegenstände ab? Na ja, ganz stimmt diese strenge Kausalität nicht, diese Gegenüberstellung ist zu schwarz-weiß gezeichnet. Einzelgräber gab es auch schon in der Jungsteinzeit, vor und nach der Megalithkultur, und Ansätze zu Hierarchien sicherlich schon im Neolithikum. Doch betrachten wir einmal den Fernhandel und die Arbeitsteilung.

Steinmantel von gut 210 m³ begraben worden. Die Aufschüttung des Hügels mit Erdreich (gut 3000 m³) wird jedoch wohl erst langsam vorgenommen worden sein – er erreichte schließlich 8 m Höhe und thronte gut 4000 Jahre über der Landschaft.

In der Grabkammer fand sich noch ein weiteres, kleineres Skelett, das die Ausgräber quer über dem ersten Skelett liegend vorfanden. Die Leiche des etwa zehnjährigen Kindes war dem Greis über den Unterleib gelegt worden. Daraufhin zogen im späten 19. Jh. einige Forscher daraus sogleich den Schluss: Das Kind war getötet und dem Verstorbenen als Totenopfer beigelegt worden. Doch genauso gut – so argumentieren die Wissenschaftler heute – könnte es sein, dass beide gleichzeitig an einer grassierenden Krankheit verstarben. Wir werden es nicht erfahren, denn als das Grab geöffnet wurde, hatte man noch keine Archäobiologen und -zoologen zur Seite, die mögliche Spuren gesichert hätten.

Die Feuerstein-GmbH vom Lousberg

Rückblende ins späte Neolithikum: Während des ganzen Neolithikums waren Feuersteinklingen für Beile und Schneidegeräte bei den Bauern und Hirten begehrt. Doch ähnlich wie bei der Bronze waren auch die Gebiete, wo das begehrte Feuersteinmaterial gewonnen werden konnte, sehr ungleichmäßig verteilt.

Lousberg im Spätneolithikum (3500–2800 v. Chr.) …

Am Lousberg, der heute mitten in einem Aachener Stadtpark liegt, wird der Feuerstein, der hier in dünnen Schichten im Untergrund liegt, regelrecht industriell abgebaut. Die Männer haben im Laufe der letzten Jahre einen stufenförmigen Schacht angelegt. Mit Steinäxten schlagen sie das Material aus der Wand und mit einer Art Winde werden Abraum und Feuerstein nach oben transportiert. Dort schlagen andere Männer, die geschickte Handwerker sind, die Feuersteinbrocken zu kissenförmigen Rohlingen zurecht, die sich später gut weiterverarbeiten lassen.

Allerdings waren die Männer keine Vollzeit-Erzbergleute. Saisonal – wenn ihre Arbeitskraft auf den Feldern nicht benötigt wurde – taten sie sich aus einem oder mehreren Dörfern zusammen und legten neue Feuersteinschichten frei, aus denen sie Rohlinge schlugen und in ihre Dörfer brachten, wo sie daraus Beile und Klingen fertigten. Diese Werkzeuge wurden dann an Bauern, die über keinen Zugang zu Feuersteinressourcen verfügten, gegen Getreide, Vieh oder Keramik getauscht. Anhand der Feuersteinfunde, die sich auf gemeinsame Herkunftsorte zurückführen lassen, konnten die Archäologen rekonstruieren, dass diese ersten Handelsnetze Reichweiten von bis zu 300 km erreichten.

Auch in der Bronzezeit verschwanden die Feuersteinäxte und -klingen nicht von heute auf morgen, sondern wurden noch Jahrhunderte lang weiter als Alltagswerkzeuge genutzt. Und darüber hinaus dienten sie als Symbole der Tradition weiterhin rituellen Zwecken. So ist einer der zwei steinernen Gegenstände der Grabbeigaben von Leubingen eine Steinaxt, die den so genannten Schuhleistenkeilen ähnelt. Diese Art Äxte wurde bereits von den ersten jungsteinzeitlichen Bauern Thüringens um 5000 v. Chr. hergestellt.

Seit dem 5. Jtsd., am Übergang von der Stein- zur Bronzezeit, verwendeten die jungsteinzeitlichen Bauern in Europa gelegentlich Kupfer. In den deutschen

↑ **Beigaben für das Grab eines Großen –**
aus dem Hügelgrab von Leubingen

← **Feuerstein-GmbH –**
bereits im 4. Jtsd. v. Chr. bauten Steinhandwerker gemeinsam Feuerstein im Tagebau am Lousberg in Aachen ab und fertigten daraus Klingen für den Handel.

Raum gelangte die Kenntnis zur Verarbeitung von Kupfermetallurgie erst später um ca. 4000 v. Chr.

Bronze: härter als Kupfer und leichter zu gießen

Obwohl Kupfer schon länger genutzt wurde, wechselten die Menschen erst mit der Kenntnis der Bronze von Stein- zu Metallwerkzeugen. Denn Kupfer blieb in Mitteleuropa bis in die Zeit um 2000 v. Chr. ein seltener und daher kostbarer Werkstoff. Die Beilklingen aus dieser Zeit sind teilweise aus einer Legierung aus Kupfer und Arsen gefertigt, die viel härter wird als reines Kupfer.

Bronze schließlich ist eine Legierung aus Kupfer und Zinn. Auch sie kam zunächst als natürliche, aber äußerst seltene Legierung vor. Doch die Menschen lernten, die Legierung selbst herzustellen – dazu werden 4 bis 10 % Zinn dem Kupfer beigemengt. Die so entstehende Bronze verfügt gegenüber dem reinen Kupfer über drei entscheidende Vorteile: Sie wird härter, hat einen niedrigeren Schmelzpunkt und lässt sich dichter gießen.

Umso überraschender: Während Geräte und Waffen weiterhin aus Kupfer bestanden, wurde die erste Bronze für Schmuck und Zierat verwendet – »Gegenstände, an denen die Werkstoffeigenschaften eigentlich nicht zum Tragen kommen«, so der Archäometallurge Ernst Pernicka. Der Grund: Die Bronzegegenstände, die heute durch die Oxidation eine grüne Patina haben, glänzten zur Zeit ihrer Herstellung verführerisch golden.

Es war in der Frühbronzezeit vor allem nur die sich gerade herausbildende kleine Oberschicht, die von dem neuen Metall profitierte. Erst rund 700 Jahre nach Beginn der Bronzezeit (um 1550 v. Chr.) wurden Geräte und Waffen aus Zinnbronze zur Standardausrüstung.

Während der gesamten Bronzezeit bestand die Mehrheit der Bevölkerung aus Bauern, die mit Ackerbau und Viehzucht die Nahrungsmittel der Gesellschaft erwirtschafteten: Vor allem wurden neben Emmer und Einkorn nun Gerste, Dinkel und Hafer, in der späten Bronzezeit auch Hirse und Saubohne angebaut. Zu dieser Zeit gab es zu Getreidebrei oder Brot erstmals auch Käse – aus Kuhmilch hergestellt. Trotzdem fiel das Leben nicht allzu üppig aus wie Analysen der Grabskelette ergaben: Die Lebenserwartung lag im Schnitt bei unter 40 Jahren, die Menschen waren kleiner als heute, die Männer zwischen 1,60 und 1,70 m, die Frauen zwischen 1,50 und 1,60 m groß, und litten fast durchgehend an Mangelerscheinungen, schlechten Zähnen und Arthrose.

Nur der von nun an verwendete Pflug half den Ernteertrag zu steigern, doch sogleich (in der mittleren Bronzezeit) wuchs die Bevölkerung und die Nutzflächen wurden knapp.

Grabsitten, Keramik- und Schmuckfunde (auch vorwiegend aus Gräbern) vermitteln den Archäologen das Bild einer in der frühen und mittleren Bronzezeit (2300–1600 v. Chr.) einheitlichen, sich leicht wandelnden Kultur. Die Aunjetitzer Kultur (benannt nach dem Fundort Únětice – deutsch: Aunjetitz – nordwestlich von Prag) zeichnet sich durch eine einfach gestaltete Keramik aus. Die kaum verzierten Tassen, Töpfe, Schüsseln, Krüge und Becher haben anfangs eine bauchige Form, die mit der Zeit immer eckigere Züge annimmt.

Größerer Aufwand wird vor allem bei der Herstellung der Bronzegegenstände betrieben: schwerer Ringschmuck, Armmanschetten, Stabdolche und Doppeläxte, die auch als Zeremonialäxte dienten. Doch für die Häuser und Siedlungen lassen sich keine Idealtypen beschreiben.

Je nach Standort, je nach Zweck: das Bild einer Siedlung

Anders als für das Neolithikum können die Archäologen in der ganzen Bronzezeit weder einheitliche Haustypen noch einheitliche Siedlungsmuster feststellen. Die Häuser waren einmal größer, einmal kleiner, es gab Einzelhöfe, kleine Dörfer, auch größere Siedlungen – je nach Standort, je nach wirtschaftlichen, politischen oder sozialen Erfordernissen.

So finden sich in Süd- und Ostdeutschland Ansammlungen großer, lang gestreckter Häuser – ähnlich den Langhäusern der bandkeramischen Bauern – fast ausschließlich auf lang gestreckten, trockenen Arealen, in Süddeutschland häufig als Einzelgehöfte. Demgegenüber entstanden an den Seen die Pfahlbausiedlungen mit eher dicht nebeneinander stehenden kleinen Häusern. In Norddeutschland schließlich überwogen mittelgroße Pfostenhäuser, die sehr große Ähnlichkeit mit den Häusern der Trichterbecherkultur haben.

Allein in der Holzbearbeitung lässt sich in der Bronzezeit eine neue Qualität feststellen: Für den Hausbau wurden die Hölzer häufig gespalten, die Oberflächen geglättet und die Kanthölzer mit Kerben oder Zapfen verbunden. Einzelne dieser Häuser wurden in Museumsdörfern wie beispielsweise in Hitzacker aufwendig und liebevoll rekonstruiert. »Waren sie tatsächlich so schlicht mit unverzierten grauen Lehmwänden gestaltet wie uns viele Rekonstruktionsversuche in Freilichtmuseen vermitteln?«, fragt der Bronzezeit-Archäologe Knut Rassman. Er glaubt eher, dass die Hausinnenwände – wie es einzelne Funde am Bodensee und in Südosteuropa zeigen – verputzt, die freiliegenden Holzbalken plastisch verziert waren.

Doch wie man es auch dreht und wendet – es finden sich in dieser frühen Bronzezeit keinerlei Häuser oder Bauwerke in den Siedlungen, die sich gegenüber ihren Nachbarn in Größe, Baumaterial oder Ausstattung herausheben. Für feste Machtstrukturen fehlen den Archäologen jegliche Anzeichen und sie schlussfolgern: Macht war in der Bronzezeit vor allem persönliche Macht, gebunden an einen bestimmten Häuptling oder Priester, der mit seinen Fähigkeiten und seiner Aura seine Untergebenen an sich band. Nur in den Grabbauten kommt die besondere soziale Stellung einzelner Führer zum Ausdruck: Während einzelne Personen in Grabkammern unter Hügeln in gestreckter Rückenlage und mit reichlich Beigaben bedacht bestattet wurden, wurde die Mehrheit der damaligen Gemeinschaften in Hockstellung in flachen Gräbern beigesetzt. Doch in demselben Maße wie das Andenken und die Achtung vor dem Toten von Leubingen allmählich erlosch, schwand auch die Konzentration der Macht, die er einst innehatte.

← Hieb- und Stichwaffen in größter Formenvielfalt – Schwerter der Bronzezeit

↗ Langhaus unter gewaltigem Reetdach – Rekonstruktion eines bronzezeitlichen Hauses in Hitzacker

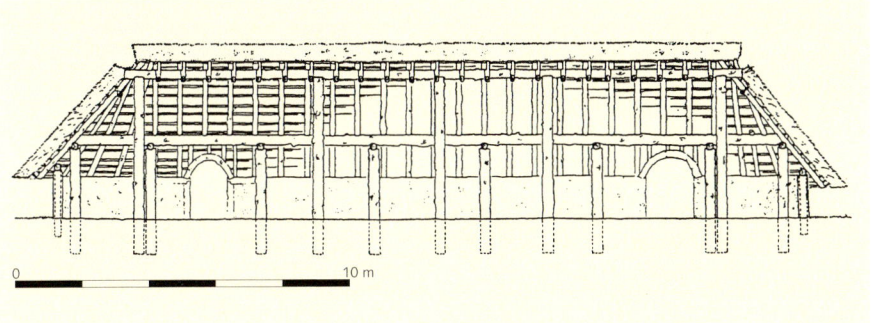

Wird also stark übertrieben, wenn von der Bronzezeit als einer neuen Epoche gesprochen wird? In Bezug auf die Frühbronzezeit vielleicht schon, doch mit der mittleren Bronzezeit ändern sich die Verhältnisse gewaltig.

Siedlungsberge und Felder kleiner Grabhügel – die mittlere Bronzezeit

In der mittleren Bronzezeit (ca. 1600–1250 v. Chr.) wurden zunehmend nicht nur die Führer, sondern ebenso ein größerer Teil der Bevölkerung unter Grabhügeln beigesetzt. Folglich wurden die Hügel kleiner und zahlreicher; in der Nähe der Siedlungen entstanden große Hügelgräberfelder.

Aber abgesehen von dieser Gemeinsamkeit weisen sie keinen einheitlichen Kulturstil auf: Rund zehn regionale Kulturgruppen lassen sich allein in Süddeutschland anhand des Grabbaus – Grabformen, die Zusammensetzung der Beigaben und der Trachten-

ausstattung – unterscheiden wie beispielsweise die Bodensee-, die Donau-, die Isar-, die Oberrhein- und die Lechgruppe.

Obwohl es also lange dauerte, bis die Bronze zur Herstellung verschiedenster Alltagsgegenstände verwendet wurde, erhielt die Gesellschaft, vermittelt durch das Metall, eine neue Qualität, eine bis dahin nicht bekannte Komplexität. »Die ungleiche Verteilung der Erzlagerstätten schafft erstmals in der Geschichte Europas grundsätzliche, historisch wirksame Unterschiede zwischen Rohstoffbesitzern und Rohstoffabhängigen, zwischen produzierenden und konsumierenden Regionen«, erläutert der Prähistoriker Stefan Winghart, »Handel, der zwingend aus der ungleichen Verteilung der Rohstofflagerstätten entsteht, bedingt die Verbreitung von seriellen Produkten und belegt archäologisch somit erstmals organisierte Interaktion.«

Anfangs wurde die Bronze in Form von Ösenringen oder Spangenbarren gehandelt, später, als man dazu überging, ihr Gewicht zu messen, als Brucherz oder in jeder beliebigen Form. Mit Bronze und Gold wird es erstmals möglich, unerschöpflichen Reichtum anzuhäufen. Die naturbedingte Ungleichheit im Zugang zu diesen wertvollen Rohstoffen einerseits und andererseits der Umstand, dass diese sich leicht transportieren ließen, verführten jedoch auch zum Raub.

Es gab zwar schon in der Altsteinzeit und im Neolithikum Anzeichen für Gewalt- und Greueltaten, doch angesichts der wenigen diesbezüglichen Spuren gehen die Archäologen davon aus, dass solche kriegerischen Auseinandersetzungen nicht die Regel waren. Das änderte sich mit der Bronzezeit, was zwei Hinweise untrüglich dokumentieren: die Bronzeschwerter und die Wehranlagen zum Schutz der Siedlungen.

Neben den Dolch tritt ab dem 16. Jh. v. Chr. das Schwert, das bereits seit dem 3. Jtsd. im Vorderen Orient bekannt war. Es wies eine bis zu 70 cm lange, beidseitig geschliffene Klinge auf. Anfangs hatten diese Schwerter noch Griffe aus organischem Material wie Horn, doch Ende des 15. Jhs. v. Chr. wurden auch die Griffe schalenförmig aus Bronze gegossen. Diese Schwerter eigneten sich nicht zur Jagd, sondern nur zu einem Zweck: dem Einsatz gegen andere Menschen.

Das Mitführen dieser Waffen wurde für Männer zum Kennzeichen eines gehobenen Sozialranges und signalisierte Wehrbereitschaft. »Der Kult der Kriegswaffen« konnte nur in einem »Kult des Krieges« gedeihen – so der Sachbuchautor Martin Kuckenburg: »Hauptziel dieses Krieges, der natürlich von kleineren bewaffneten Gruppen oder Gefolgschaften und noch nicht von Massenheeren wie in historischer Zeit geführt wurde, war vermutlich der organisierte, gewaltsame Raub fremden Besitzes, wie ihn noch Homer besang. Und zu rauben gab es ja nun in der Tat mehr als in den vorangegangenen Epochen.«

Der zweite Hinweis auf die Kultur des Krieges sind die zahlreichen Siedlungen, die um die Mitte des 2. Jtsds. v. Chr. zu Wehranlagen aufgerüstet wurden. In Süddeutschland, im sächsisch-thüringischen Raum, in Oberösterreich und in der Schweiz entstanden befestigte Siedlungen auf Anhöhen in der Nähe von Flusstälern und Niederungen wie beispielsweise auf dem Runden Berg bei Urach, dem Freising-Domberg, dem Maladers-Tummihügel bei Graubungen und die erste Befestigungsanlage auf der Heuneburg, die vor allem für ihre keltische Zeit berühmt ist. Sie alle lagen innerhalb landwirtschaftlich erschlossener Gebiete und bildeten die Zentren größerer Siedlungsgemeinschaften und gleichzeitig Knotenpunkte überregionaler Handelswege. Das zur so genannten Lechgruppe gehörende Bernstorf bei Allershausen im bayrischen Landkreis Freising bildete ein typisches Beispiel für eine zentrale Wallanlage, bis Archäologen hier auf außergewöhnliche Funde stießen.

Bernstorf – das bayerische Troia

Beim Vergleich mit Troia sollte man vorsichtig sein; zu oft wird er benutzt, ohne dass die Umstände ihn tatsächlich rechtfertigen.

Doch im Falle von Bernstorf scheint er wirklich angebracht: Ein Hobbyarchäologe stößt auf Schätze, die einen bis dahin wenig beachteten Siedlungshügel in den Focus der Aufmerksamkeit rücken.

Die für die Region und die Bronzezeit typische Wallanlage von Bernstorf – eine Anhöhe nahe Allershausen – hatten Lokalarchäologen und Mitarbeiter der Prähistorischen Sammlung Bayern bereits drei Jahre lang eingehend untersucht. Im Herbst 1998 galten die Grabungen als abgeschlossen, und der Platz wurde für die Erweiterung der benachbarten Kiesgrube freigegeben. Der Zufall wollte es, dass der Arzt und Hobbyarchäologe Manfred Moosauer anwesend war, als eine Planierraupe die obersten Erdschichten abtrug. Was da nach Jahrtausenden aus dem Boden kam, hätte ein Laie nämlich für Messing oder Schokopapier gehalten – doch Experte Moosauer war elektrisiert. Aus

dem aufgewühlten Erdreich lugte ein Goldblech hervor – eingebettet in Wurzelwerk.

Nach dieser Zufallsentdeckung erkundeten die Archäologen die Fundstelle systematisch. Zu Tage traten insgesamt acht Objektgruppen, einige davon in mehrere Teile zerbrochen, darunter eine goldene Nadel und verzierte Goldbleche in Form von Diademen. Den größten Gegenstand bildet eine Krone – die fünf Zacken und das Laufband sind aus verziertem Goldblech gefertigt. Ein weiteres Goldband wurde um einen Holzstab gewickelt vorgefunden.

Doch bevor wir uns dem sensationellen Fund intensiv widmen, noch einige Angaben zum Fundort selbst, der Wallanlage Bernstorf.

Rund 40 000 Eichen fällten die Bewohner für die 1600 bis 1800 m lange Wallanlage, die aus einem Holzkern (Die genaue Bauweise werden wir weiter unten am Bullenheimer Berg kennen lernen.) bestand, der mit Lehmwänden ummantelt wurde. Geborgene Holzreste konnten auf die Zeit um 1360 v. Chr. datiert werden.

Ähnlich wie im bronzezeitlichen Troia oder Mykene breitete sich zu Füßen der Burg am Flussufer eine Unterstadt mit Toranlage aus. Am westlichen Rand des Bergplateaus, das dort zur Amper hin abfällt, vermuten die Archäologen die »Zitadelle« der Anlage. Geomagnetische Untersuchungen des Untergrundes zeigen eine

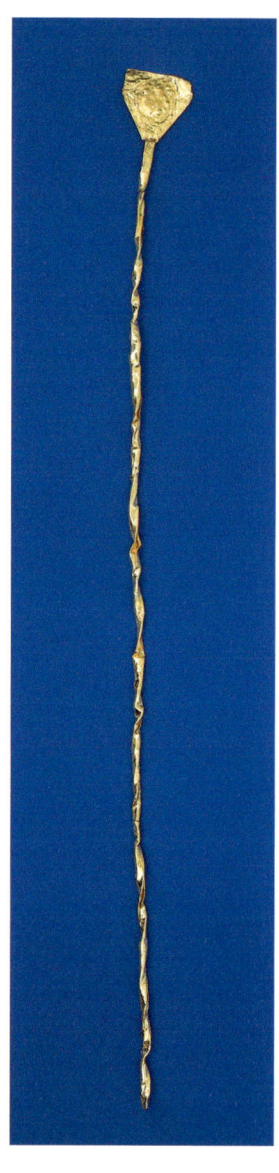

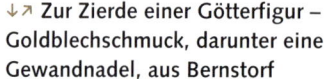
↓↗ **Zur Zierde einer Götterfigur – Goldblechschmuck, darunter eine Gewandnadel, aus Bernstorf**

sehr breite Schuttzone, die auf viel größere Gebäude hinweist als an den übrigen Stellen. Hier könnte der Wohnbereich der Oberschicht gelegen haben.

Am höchsten Punkt der Anlage schließlich weisen die Goldfunde auf einen Kultbereich hin; die Gegenstände wurden aus Goldblech gefertigt, was dafür

Bernsteinfunde von Bernstorf: ein Gesicht und ein Siegel mit Schriftzeichen aus dem minoisch-mykenischen Kulturraum

spricht, dass sie entweder als zeremoniales Kleidungszubehör oder zur Schmückung eines Kultbildes dienten. Die extreme Empfindlichkeit der dünnen Bleche spricht in den Augen der beteiligten Archäologen für Letzteres.

An den Goldfunden von Bernstorf finden sich Verzierungsmuster, die den astronomischen Zeichen gleichen, mit denen die berühmten Goldkegel wie der so genannte Berliner Goldhut und der Goldhut von Schifferstadt verziert sind: Diese Kulthüte, die vielleicht einst von Priestern getragen wurden, sind aus dünnstem Goldblech gefertigt und stammen auch aus der Mitte des 2. Jtsds. v. Chr. Mit ihnen erreicht ein differenzierter Sonnen- und Mondkult, der in ganz Europa praktiziert wurde, seinen Höhepunkt.

Da Stabumwicklung, Krone und die Muster auf den Diademen gleichzeitig eine erstaunliche Ähnlichkeit zum mykenischen Totenkult aufweisen, denken die beteiligten Archäologen an ein Kultbild, das sich an der griechischen Mondgöttin Selene orientiert.

Andere Wissenschaftler wiederum zweifeln an der Stichhaltigkeit dieser Interpretation, denn sämtliche Kultgegenstände der süddeutschen Bronzezeit zeichnen sich bisher durch eine strikte Bilderfeindlichkeit aus. War der Goldschatz von Bernstorf also ein Import, eine Handelsware?

Dieser Überlegung widerspricht seine Machart: Während die Muster auf mykenischem Gold viel kräftiger sind – sie stammen von harten Metallwerkzeugen –, wurden sie in unserem Fall nur mit weichen, vermutlich hölzernen Werkzeugen eingedrückt.

Es bleibt die Frage: Wie kann die Idee des mykenischen Totenkultes nach Mitteleuropa gelangt sein? Denn bisher galt, dass die regionalen Kulturkreise der süddeutschen Frühbronzezeit zwar durch Handel mit den Nachbarn Wertgegenstände wie Metalle austauschten, jedoch keine Fernkontakte unterhielten.

Doch wer bisher noch nicht überzeugt ist, der muss sich angesichts des letzten neuen Fundes geschlagen geben: 2000 fanden die Archäologen zwei kleine Bernsteinartefakte, darunter eines, das sich als die Darstellung eines Gesichtes entpuppte und auf der Rückseite drei Bildzeichen zeigt. Bei dem anderen nur 3,1 cm großen Exemplar entdeckten die Archäologen ähnliche Gravuren: Es handelt sich eindeutig um Zeichen der Linear-B-Schrift, die im Ägäisraum von der minoisch-mykenischen Kultur verwendet wurde, datiert um 1360 v. Chr. – damit sogar um die ältesten, lesbaren Linear-B-Schriftzeichen.

Während Kupfer an vielen Stellen in Europa und Kleinasien gewonnen werden konnte, waren die Lagerstätten von Zinn, Gold, Lapislazuli und Bernstein recht ungleich verteilt.

Von Mesopotamien über Anatolien, entlang der südwestlichen Schwarzmeerküste und der Adria bis nach Süddeutschland erstreckte sich ein Areal kleiner Fürstentümer, zwischen denen diese knappen Güter getauscht wurden. »Aus einer Welt kleinräumiger Kulturen auf der Grundlage einer einfachen Subsistenzwirtschaft wird von 2000 v. Chr. an ein Geflecht kultureller, politischer und wirtschaftlicher Kontaktpflege auch über erhebliche Entfernungen«, so der Frühgeschichtler Bernhard Hänsel. »Der einsetzende Prozess eines geregelten Tauschverkehrs wurde durch die Entstehung neuer Oberschichten begünstigt, die sich kontinentweit ähnlich gaben, sich durch ähnliche Gegenstände wie Schwerter, Streitäxte, edle Gefäße und sogar verwandte kronenartige Kopfbedeckungen aus Gold präsentierten. Es entstanden in Europa Großsiedlungen als Anlaufstätten im Tauschverkehr und als Produktionsstätten für die benötigten Kulturgüter der neuen Oberschicht.«

Doch diese begehrten Statussymbole wurden nicht nur durch friedlichen Handel erworben: Die Wallanlage und Siedlung von Bernstorf wurden schließlich durch ein großes Feuer vernichtet – Feinde von außerhalb oder nachbarschaftliche Konkurrenz haben dem kleinen Fürstentum ein Ende gesetzt.

Ganz Europa bereits in der Bronzezeit von einem einheitlichen Kulturbild geprägt? Nein, der Norden – obwohl er als letztes Glied und einzige Bernsteinquelle in die europaweite Handelskette integriert war – entwickelte seine eigene »Ritualkultur«.

Lurenklänge am Opfersee

Im 2. Jtsd. v. Chr. an einem See im heutigen Mecklenburg …

In der Morgendämmerung haben sich Männer zu einer Opferungszeremonie am Ufer versammelt. Die Opfernden haben Schäfte und Klingen von Beilen und Stabdolchen getrennt und jeweils zu Bündeln geschnürt. Mit einem Einbaum sind sie auf den See hinausgefahren und übergeben diese Gaben der jenseitigen Welt, für die die tiefen Wasser stehen. Dazu – so vermuten die Archäologen heute – tragen sie festliche Kleidung, vielleicht haben sie sich vorher noch in eine Art Trance versetzt. Vom Ufer aus wird die ernste Zeremonie von Hornbläsern begleitet und von einem Priester überwacht.

Auch in Süddeutschland wurde in Seen und Flüssen geopfert, jedoch nicht in dieser Ausschließlichkeit wie im Norden. Dazu führt der Kieler Ur- und Frühgeschichtler Michael Müller-Wille aus: »Während in den südlichen Gebieten Heiligtümer und Tempel an festgelegten Stellen zur Verehrung von Göttern die religiöse Topographie bestimmten, waren es im Norden stets ähnliche Situationen – Stelen am oder nahe beim Wasser –, die das Bild bestimmten. Von Tempeln können wir jedenfalls nicht sprechen.«

Seit der mittleren Steinzeit hatten die Menschen hier zu besonderen Anlässen ganze Tiere, aber auch Hirsch-

geweihe, Pfeilspitzen, Beile und Messer aus Feuerstein in die stehenden Gewässer versenkt. Aus der Übergangszeit zum Neolithikum – 4. bis 3. Jtsd. v. Chr. – finden sich ganze Feuersteindepots und Prachtgefäße aus Ton, die vermutlich mit Getreide gefüllt waren.

In den folgenden Jahrtausenden legten die Menschen beim Opferkult mehr Nachdruck auf leblose, aber sehr kostbare Gegenstände. Metalle spielten in der Bronzezeit (ca. 2100–750 v. Chr.) im Alltag als Werkzeuge und Waffen, bei Festen als Schmuck und in der Religion als Opfergabe eine zunehmend wichtigere Rolle. Zu den Metallfunden aus den späteren Mooren gehören auch einige Gießformen für Bronzebeile. Sie beweisen: Die Bronze wurde vor Ort verarbeitet. Genauso wie Bronzewaffen und -schmuck als Opfergaben sagen Lederschuhe und -mützen sowie Prachtmäntel von gut erhaltenen Moorleichen etwas über die soziale Hierarchie aus: Die betreffenden Personen konnten Bronze erwerben und sich von diesem Reichtum trennen. Dabei musste das Metall nach Nordeuropa importiert werden – die in Frage kommenden Erzlagerstätten befanden sich beispielsweise im Erzgebirge oder dem Harz und vielleicht sogar auch in weiter entfernten Gebieten wie den Alpen.

Südskandinavien dagegen, an dessen Küsten die Routen der Seehandelswege verliefen, profitierte vom friedlichen Tausch mit Fellen, Salz, Keramiken und Metallen. Es war eindeutig reicher als Niedersachsen und die nordöstlichen Niederlande. Allein in Dänemark und Südschweden sind für die ältere Bronzezeit (2000–1100 v. Chr.) über 1300 Horte bekannt – Horte, prall gefüllt mit wertvollen Gegenständen: darunter der berühmte Sonnenwagen von Trundholm, Gold- und Bronzeschmuck sowie aus Bronze gegossene Luren.

Bisher galten die Funde aus Skandinavien zusammen mit den Goldhüten als Höhepunkte der mitteleuropäischen Bronzezeit. Doch sie wurden auf den zweiten Platz verdrängt durch einen 1999 freigelegten Fund, der unser bisheriges Bild von dieser Zeit in ein neues Licht rückt: die Himmelsscheibe von Nebra.

Den Nachthimmel auf eine Scheibe gebannt

Vom Gipfel des Mittelbergs bei Nebra geht der Blick in westliche Richtung über das sich weit erstreckende Unstruttal und reicht bei guter Sicht bis zum Kyffhäuser und sogar zum Brocken.

Den Mächten der Tiefe übergeben – bronzezeitliches Opferritual am See

Die Raubgräber, die hier 1999 nach Militaria suchten, stattdessen eine große Bronzescheibe bargen, die sie dabei mit ihrem Hackbeil beschädigten, hielten sie zunächst für einen unbedeutenden Deckel, den sie achtlos beiseite legten. Erst als sie an der Seite der Scheibe deponierte Bronzeschwerter fanden, ahnten sie etwas.

Die Prunkschwerter sind sehr sorgfältig gegossen und geschmiedet und wurden verziert mit Kupfereinlagen und Goldmanschetten am Halbschalen-Griff.

Auf abenteuerlichem Weg und nur durch die Einschaltung der Polizei gelangten die Archäologen schließlich in den Besitz der Himmelsscheibe.

Der ursprüngliche Fundzusammenhang war zerstört, doch indem die Schwerter einem vergleichbaren Fund zugeordnet werden konnten, ließ sich damit auch die Scheibe als Teil eines für die jüngste Frühbronzezeit typischen Bronzeschatzes bestimmen: Um ca. 1600 v. Chr. auf dem Gipfel des Mittelbergs bei Nebra deponiert, dürfte die Scheibe selbst um einiges älter sein.

Doch woher wollen die Archäologen wissen, dass die Scheibe wirklich in Mitteldeutschland gefertigt und benutzt wurde?

Hier beginnen die Auswertungen der Naturwissenschaftler und Astronomen. Der Archäometallurg Pernicka hat durch eingehende Materialanalysen herausgefunden, dass das Kupfer für die Bronze der Himmelsscheibe vom Mitterberg bei Bischofshofen in Österreich stammt.

Die Himmelsscheibe ist die weltweit älteste anschauliche Darstellung des beobachtbaren Nachthimmels. Auf der Bronzescheibe sind verschiedene Symbolelemente aus Goldlegierungen aufgetrieben: ein Vollmond, ein zunehmender Sichelmond und 32 Sterne, von denen zwei durch die später aufgebrachten zwei Horizontstreifen überdeckt werden. Außerdem befindet sich im unteren Teil ein weiterer Goldbogen.

»Die Scheibe ist eine Festplatte«, erklärt der Archäoastronom Wolfhard Schlosser, der sich ausgiebig mit ihr beschäftigt hat, »sie ist ein Datenspeicher der Bronzezeit – ihrer Kultur und ihrer religiösen Vorstellungen.«

25 Sterne sind lose über die Scheibe verteilt und sollen den Sternenhimmel repräsentieren. Sieben der Sterne jedoch sind so gruppiert, dass sie das Sternbild der Plejaden wiedergeben. Wenn dieses Sternbild nach dem 9. März am Nachthimmel (zur Zeit des Neumondes) verschwand, kam die Zeit der Aussaat. Tauchten sie Mitte Oktober (zur Zeit des Vollmondes) wieder auf, mussten die Bauern sich auf den nahenden Winter einstellen.

Die Horizontbögen mit ihrem Winkelumfang von 82 Grad dagegen geben den Jahreslauf der Sonne wieder, denn der Abstand des Sonnenuntergangs der Wintersonnenwende zu dem der Sommersonnenwende bildet in Sachsen-Anhalt genau 82 Grad – ein zusätzlicher Hinweis darauf, dass die Scheibe auf dem Mittelberg angefertigt worden sein muss.

Bei dem Goldbogen im unteren Teil der Scheibe gehen die Archäologen davon aus, dass es sich um ein Boot handelt. Die Verbindung zur ägyptischen Totenbarke erwies sich als unzutreffend, da im bronzezeitlichen Ägäisraum als notwendigem Vermittler die Idee eines Himmelsschiffs vollkommen unbekannt war. Fiederungen wie beim Schiffbogen der Himmelsscheibe finden sich jedoch auch auf skandinavischen kultischen Felsbildern und Schiffsmodellen. »Felsbilder und bronzezeitliche Figurenensembles aus Skandinavien öffnen uns die Tür zur Welt bronzezeitlicher Rituale, in deren Mittelpunkt das Schiff als bewegliche Bühne, als ›segelnder Tempel‹ mit seiner illustren Besatzung steht«, urteilt Flemming Kaul. Doch hier haben die Archäologen gerade erst begonnen, die Zusammenhänge zu erkunden.

← Die erste konkrete Darstellung des Kosmos – die Himmelsscheibe von Nebra

→ Schwerstarbeit für die Gemeinschaft – die Errichtung der Befestigungsanlage auf dem Bullenheimer Berg

Burgenbau – Gewalt in der späteren Bronzezeit

Der Übergang von der mittleren zur späteren Bronzezeit Süddeutschlands wird gekennzeichnet durch eine zunehmende Metallverarbeitung, ein erneutes Anwachsen der Bevölkerung und eine dadurch bedingte Verknappung der Ressourcen. Diese inneren Spannungen verstärkten sich vermutlich noch durch Angriffe fremder Gruppen.

Jedenfalls wurden im östlichen Süddeutschland vor allem zwischen 1300 und 1000 v. Chr. Wehrsiedlungen errichtet, während der Burgenbau im westlichen Süddeutschland erst in der folgenden Zeit (1000–800 v. Chr.) seinen Höhepunkt erreichte.

Wir befinden uns in der so genannten Urnenfelderzeit (12.–8. Jh. v. Chr.). Dieser Name bezieht sich auf die damals vorherrschende Sitte, die Toten zu verbrennen und in Tongefäßen auf Flachgräberfeldern beizusetzen.

Gleichzeitig werden die Metallhorte vielfältiger und größer, sie enthalten häufig auch Bronzebruch. Die dabei deponierten Statussymbole sind nun durch drei Themenbereiche gekennzeichnet. Zu der »Waffenausstattung« aus der älteren Bronzezeit treten die Komplexe »Gastmahl« und »Reiten und Fahren«. Letzterer ist durch einen ganzen Zeremonialwagen des Grabes von Poing bei München und durch zahlreiche Hortfunde, die Bronzebeschläge von Fuhrwerken enthielten, belegt – beispielsweise bei Hortfunden auf dem Bullenheimer Berg.

In der Spätbronzezeit auf dem Bullenheimer Berg, einer sanften Bergkuppe am Rande des bayrischen Steigerwaldes …

Auf der Bergkuppe sind in den letzten Generationen eine Siedlung und ein Heiligtum entstanden. Aus Schutzbedürfnis haben sich die Bewohner nun entschlossen, die gesamte Bergkuppe – das sind gut 30 ha – mit einem lehmverkleideten Holzwall zu sichern. Auf von Ochsen gezogenen Karren werden Baumstämme als Baumaterial herangeschafft. Einige Arbeiter sind gerade dabei, die Stämme mit Bronzeäxten zu zerlegen. Benötigt werden große, zugespitzte Stammstücke, die als Außenpfähle in den Boden gerammt werden, und kleinere, die geschichtet den soliden Sockel der Wallanlage bilden. Zwischen den Außenpfählen errichten sie ein Weidengeflecht, und abschließend wird der gesamte Wall mit Lehm verputzt. So entsteht eine monumental wirkende Mauer mit Wehrgang, aus deren Balustrade Pfahlspitzen ragen und mögliche Angreifer abschrecken.

Während die Wallanlage des Bullenheimer Berges aus lehmverputzten Holzpalisaden bestand, wurden in anderen Fällen einfache Zäune aus Holzbrettern oder Holzpalisaden, hinter denen Erdwälle aufgeschüttet waren, Mauern aus Bruchstein oder Kombinationen aus Holz, Stein und Erdwall verwendet.

Welcher Aufwand war erforderlich, um den Wall auf einer Länge von rund 3000 m um das Bergplateau zu errichten? Eine vergleichbare Berechnung liegt für die Wallanlage Biskuip in Polen vor: Für den Holzwall einer 700 bis 1000 Einwohner umfassenden Siedlung, bei dem 8000 m^3 Holz und 8000 m^3 weiteres Baumaterial verarbeitet wurden, erforderte einen Arbeitsaufwand von 50 000 bis 80 000 Tagen Arbeitsleistung. Das heißt, die vielleicht 400 einsatzfähigen Arbeiter mussten 125 bis 200 Tage freigestellt und nicht nur – wie im Bild – mit Wasser, sondern auch mit Nahrung versorgt werden.

In der Siedlung haben zeitweise bis zu 1000 Menschen gelebt. Der Herrschaftsbereich dieses Zentrums muss zwischen 50 und 150 km^2 betragen haben. Menschen, die innerhalb dieser Regionen siedelten, waren sicherlich abgabepflichtig, konnten jedoch in kriegerischen Zeiten in die sichere Festungsanlage fliehen. Auf dem Bergplateau fanden sich auch zahlreiche Belege für die Verarbeitung von Bronze – vom Rohmaterial bis zu den verarbeiteten Stücken in zahlreichen Depots. Die zahlreichen Depots und besonders die Funde an Goldbeschlägen darin sprechen außerdem dafür, dass sich hier ein Heiligtum befand, das von den Bewohnern der Region verehrt und besucht wurde.

Die systematische Erforschung des Berges in den 1980er Jahren hat gezeigt, dass das Plateau während der späten Bronzezeit (Urnenfelderzeit) dreimal mit Befestigungsanlagen gesichert wurde. Allein aus der Zeit des 9. und 8. Jhs. v. Chr. sind mittlerweile mindestens 17 Depotfunde bekannt. Diese enthielten insgesamt über 400 Bronzeobjekte sowie einige Goldfunde, die unsere Vorfahren als freiwilliges Opfer oder als Weihgabe für immer dem Boden anvertraut wissen wollten. Lässt sich das als Zeichen zunehmender Unsicherheit deuten? Tatsache ist, dass die letzte Umwallungsanlage des Berges schließlich in einer Katastrophe unterging.

Mit viel Wissen und Geschick gehen die Männer einer mittlerweile gut 900 Jahre alten Tradition nach. In größeren Abständen setzen sie einen schon mehrfach genutzten Lehmofen in Gang, um Eisen für den eigenen Bedarf zu produzieren.

Herren über Salz und Eisen

Kelten und ihre Nachbarn in Deutschland

Unterm Rasen liegt das Eisen

Zu Anfang der Eisenverarbeitung – im 6. Jh. v. Chr. – wurde das Roheisen noch in Barrenform aus Süddeutschland importiert. Doch bald merkten die Menschen, dass sich Eisenrohstoff im Gegensatz zur Bronze (deren Ausgangsrohstoffe Kupfer an einigen, Zinn jedoch nur an ganz wenigen Stellen gewonnen werden konnte) an vielen Orten im Boden befand. Die Männer in unserer Szene verarbeiten so genanntes Raseneisenerz, je nach Umgebung auch Sumpferz genannt.

Warum liegt dieser Rohstoff so gut verteilt im Boden? Als sich nach der letzten Eiszeit das Klima erwärmte, lösten Fluss- und Grundwasser Eisen aus den tieferen Gesteinsschichten und lagerten es dicht unter der Bodenoberfläche in Mineralböden und Mooren ab, wo es sich in bis zu 1 m dicken Schichten absetzte.

Dieses Raseneisenerz haben die »Schmiede« in der nahen Umgebung an einer lohnenden Stelle mit Rammhölzern und Schaufeln aus dem Boden gebrochen. Gleich an Ort und Stelle werden die Brocken aus Brauneisenstein ein erstes Mal über einem offenen Feuer geröstet, um möglichst viel Wasser aus dem Material zu treiben. Das so gewonnene, noch stark verunreinigte »Luppeneisen« wird anschließend mit dem Hammer in kleine Stücke zerklopft, die so entstehenden Körner haben eine größere Oberfläche und lassen sich daher effektiver erhitzen.

Zusammen mit Holzkohle werden sie in einen Brennofen aus Lehm geschüttet, der in einer flachen Arbeitsgrube postiert ist. So lässt sich der Ofen von unten gut mit einem Blasebalg anfachen; erledigt wird die Aufgabe von einem Mann, der sich mit einer Lederweste vor Hitze und Funkenflug schützt. Das Holzkohleerz-Gemisch glüht in der zugeführten Luft auf – Ei-

sen schmilzt erst bei über 1500 Grad Celsius. Durch das gemeinsame Erhitzen von Erz und Holzkohle ist das glühende Material jedoch stark mit Schlacken verunreinigt. Diese Verunreinigungen können die Schmiede nur »ausklopfen«, das heißt, durch das Behämmern des glühenden Materials wandert das schwerere Eisen in den Kern, die leichteren Abfallprodukte an die Oberfläche und können dort abgeschlagen werden. Aus 4 kg Luppeneisen gewannen die Schmiede gerade einmal etwas mehr als 1 kg reines Eisen.

Alles in allem also eine sehr mühsame Arbeit, denn um eine Ofenfüllung Erz/Holzkohle in brauchbares Eisen umzuwandeln, waren ein Schmied mit zwei Gehilfen – das zeigen Beispiele aus dem heutigen Afrika – gut eine Woche beschäftigt; die Herstellung der dafür benötigten Holzkohle ist in diese Rechnung noch gar nicht einbezogen.

Von dieser aufwendigen Tätigkeit konnten die Schmiede allein nicht leben, sondern zugleich waren sie auch Bauern – aufgrund der guten Fundlage konnten die Archäologen für Joldelund genau berechnen, dass hier im Schnitt nur 20 kg Eisen pro Jahr gewonnen wurden. Jeder Hof benötigte ungefähr 5 bis 10 kg Eisen für die Grundausstattung mit unterschiedlichen Werkzeugen und Waffen; Verluste und Grabbeigaben mussten jährlich durch 2 kg Eisen ersetzt werden. Wenn also hier jährlich 20 kg Eisen gewonnen wurden, reichte dies für rund zehn Gehöfte – also gerade einmal den Jahresbedarf dieser Siedlung.

Auch wenn unsere Szene erst im 3. Jh. n. Chr. spielt (Die Vorgänge in Joldelund konnten die Archäologen besonders gut dokumentieren.), so sind die Gegebenheiten der Eisenverarbeitung gültig für die gesamte vorrömische Eisenzeit, die im norddeutschen Raum im 6. Jh. v. Chr. ihren Anfang nahm.

Etliche Arbeitsgänge führen vom Raseneisenerz zum schmiedfähigen Metall, hier im 3. Jh. n. Chr. bei Joldelund.

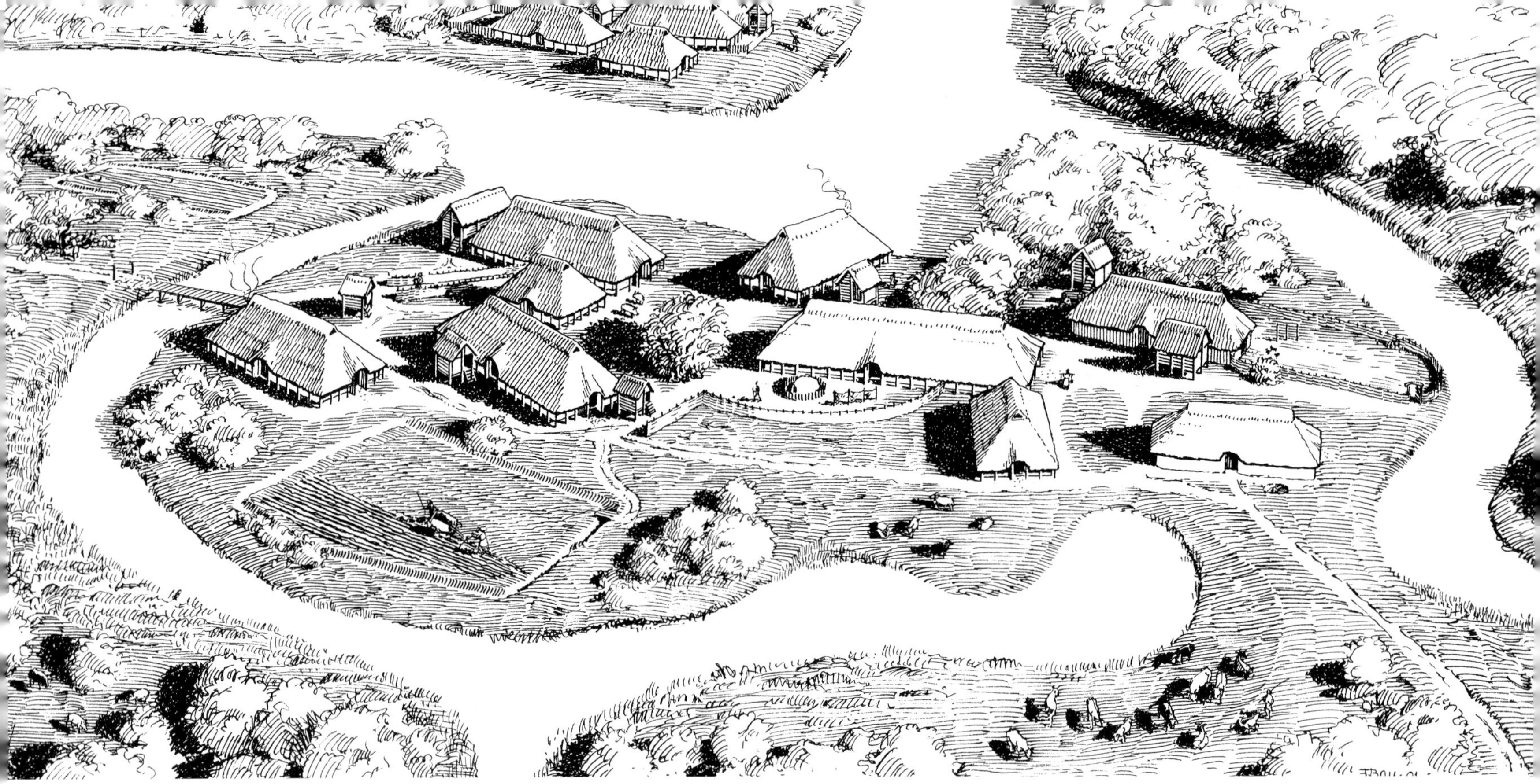

Eisen war zwar schon seit dem 8. Jh. v. Chr. bekannt, doch noch bis ins 7. Jh. v. Chr. wurden vor allem Werkzeuge, Waffen und Schmuck nach wie vor aus Bronze gegossen.

Dass eine Zeit lang beide Werkstoffe zeitgleich benutzt wurden, beweist der Depotfund von Barsinghausen. Hier lagen neben aus Bronze gegossenen Tüllenbeilen solche aus geschmiedetem Eisen und neben bronzenen Wendelringen eiserne. Die Kontinuität von der Bronze- in die Eisenzeit zeigt sich in Norddeutschland auch darin, dass die Bauern der Eisenzeit ungefähr die gleichen Siedlungsräume wie ihre Vorfahren in der Bronzezeit nutzten.

Erste Germanen?

Wie die Menschen in Norddeutschland in dieser Zeit lebten, lässt sich anhand einer der wenigen entdeckten Siedlungen beim Boomberg-Hatzum am Unterlauf der Ems erklären. Die im 6. Jh. v. Chr. gegründete Siedlung lag mitten im Marschgebiet – aufwendig durch Gräben entwässert, die die Ackerflächen umgaben. Zahlreiche Priele, die das von der Nordseeflut herangetragene Wasser bei Ebbe wieder über die Ems ins Meer zurückführen, umgrenzten wurmartig das Gelände. Die Siedlung umfasste zwischen 10 und 14 Gehöfte, die zwischen 10 und 17 m, in einzelnen Fällen bis zu 21 m lang und in Wohn-, Stall- und Speicherbereiche unterteilt waren. In den bis zu 14 Viehboxen der Stallbereiche wurden – so die Knochenfunde – vor allem Rinder (80 %) und Pferde (13 %) als Fleischlieferanten gehalten. Im 3. Jh. v. Chr. zwangen dann Sturmfluten, die kontinuierlich höhere Pegelstände erreichten, die Menschen zur Aufgabe der Siedlung.

↑ Spielball der Gezeiten – die Siedlung Boomberg-Hatzum mitten im Marschgebiet

↙ Kleinsthügel, Steine oder Hölzer kennzeichnen die Urnengräber. – Einäscherung auf dem Gräberfeld von Lanz

→ »Setzkasten« eisenzeitlicher Bestattungsvarianten – Aquarell (Mitte 19. Jh.) freigelegter Gräber aus Hallstatt

Zu den Kontinuitäten zwischen Bronze- und Eisenzeit, die die Wissenschaftler wegen der klaren Fundlage nachweisen können, zählen auch eine ähnliche Opfertradition und die Nutzung der gleichen Gräberfelder – zu nennen sind unter anderem die Nekropole von Pestrup (Niedersachsen), die mit ihren über 5000 Hügeln das größte Hügelgräberfeld in Mitteleuropa darstellt, und das Gräberfeld von Lanz in Brandenburg. Von der Bronze- bis in die vorrömische Eisenzeit hinein haben die Menschen hier jeweils ihre Toten bestattet.

Gräberfeld von Lanz im 5. Jh. v. Chr. …

Eine Frau und ein Junge säubern einen der kuhlenförmigen Verbrennungsplätze. Hier wurde vor kurzem eine Leiche – begleitet von den entsprechenden Begräbnisritualen – eingeäschert. Auf dem abgekühlten

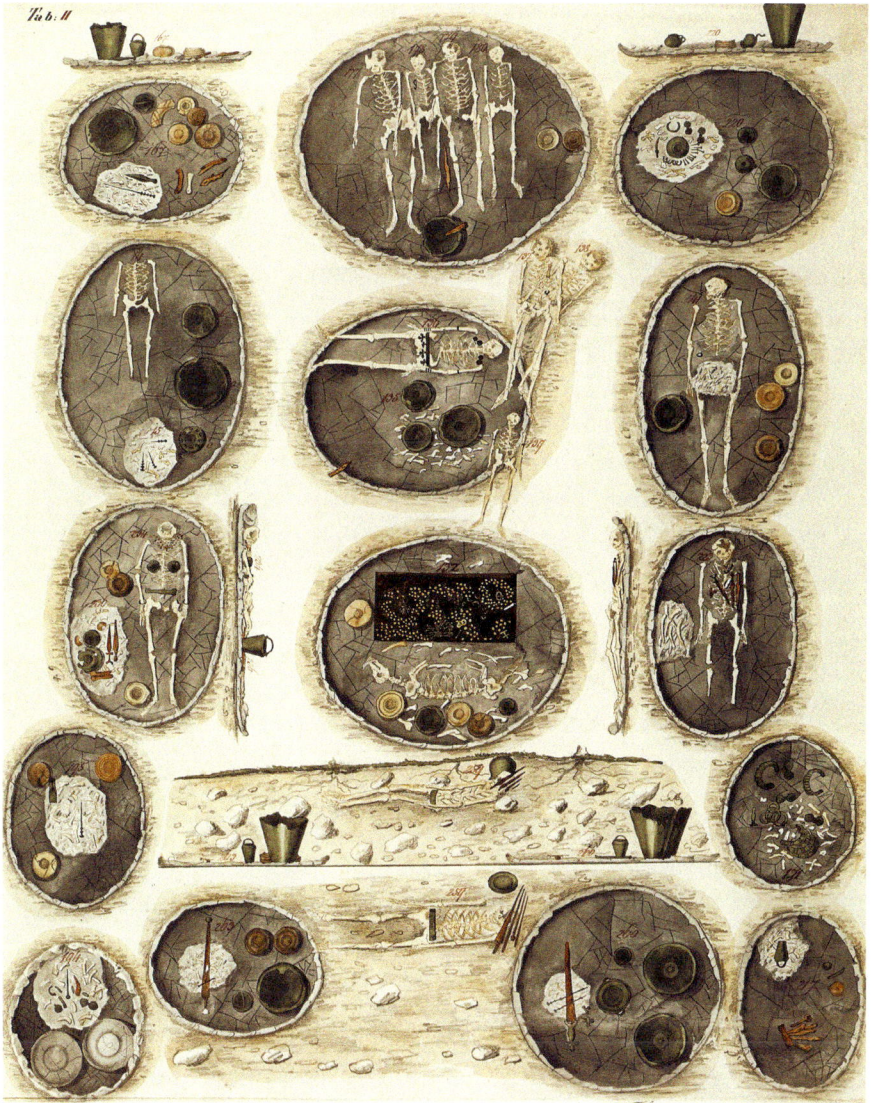

Gelände sammeln die beiden – vermutlich Angehörige – Asche, Knochen und metallene Teile der Kleidung des Verstorbenen ein und füllen sie in ein Urnengefäß. Diese Urne wird später unter einem kleinen Erdhügel beigesetzt, der mit Steinen oder einer Holzstele gekennzeichnet wird. Familien oder Clans haben auf dem Gräberfeld ihr eigenes Areal, innerhalb dessen nur Angehörige bestattet werden.

Das Urnenfeld von Lanz, das in der Nähe einer Siedlung lag, wurde von der jüngeren Bronzezeit bis in die römische Eisenzeit hinein genutzt und bestand damit über ein Jahrtausend lang.

Neben einigen regionalen Eigenständigkeiten erkennen die Archäologen anhand der Grabfunde, dass sich bereits im Laufe des 6. Jhs. v. Chr. Elemente eines einheitlichen Kulturstiles herausbildeten: Typisch für diese so genannte Jastorf-Kultur ist handgefertigte, unverzierte Keramik in Form von bauchigen Gefäßen mit breitem Hals und Kragen, die sowohl im Haushalt als auch bei Bestattungen – als Urne – verwendet wurden. Neben dem Leichenbrand gab man in diese Urnen noch etwas Schmuck wie die so genannten Segelohrringe, und, als Überbleibsel der Trachten, Gürtelhaken und Gewandnadeln – alles aus Eisen. Anhand der Tracht lassen sich Entwicklungen ablesen: Die Gürtelhaken waren zunächst schmal, ihre Endbeschläge wurden im Laufe der Zeit zu breiten Platten geformt, und die Gewandnadeln, die die Obergewänder zusammenhielten, wurden später von Fibeln abgelöst.

Haben wir in dieser Jastorf-Kultur die ersten archäologisch fassbaren Germanen vor uns, die in Norddeutschland siedeln? Einige Zeit glaubten das etliche Historiker und Archäologen, doch inzwischen wurde dieses Bild wieder korrigiert: Wie vorher schon der Begriff »Germanen« wurde hier nun auch die Bezeichnung »Jastorf-Kultur« über die archäologischen Befunde hinaus erweitert. So können die wenigen nachweisbaren Gemeinsamkeiten in Kleidungsstil und Begräbnisform nicht als Zeugnisse einer kulturellen und ethnischen Einheit interpretiert werden. Dagegen lassen sich die Siedler der frühen Eisenzeit im Süden eindeutig identifizieren: Es ist die Kultur der Kelten, die sich hier zur Blüte entfaltet.

Kelten aus dem Salzland

Die meisten Geschichtsbücher über die Kelten lassen diese Kultur mit der so genannten Hallstattzeit beginnen. Das ist verständlich, weil die Eisennutzung in diesem Kulturkreis in Mitteleuropa ihren Anfang nahm. »Tatsächlich waren die 350 Jahre der Hallstattzeit in vielerlei Hinsicht eine Epoche des Umbruchs und der Neugestaltung. Am Anfang stand eine fundamentale Neuerung im technologischen Bereich, nämlich die Übernahme der Eisenmetallurge«, urteilt der Kelten-Experte Martin Kuckenburg.

Benannt ist diese Zeit nach dem Ort Hallstatt im österreichischen Salzkammergut, wo die Archäologen gewaltige historische Bergwerke entdeckten, in denen vom 8. bis ins 5. Jh. v. Chr. Salz (Halle = Salz) abgebaut worden war. Gleich neben den Bergwerken stießen die Archäologen schon im 19. Jh. auf einen gewaltigen Friedhof, dessen Freilegung für damalige Verhältnisse gut dokumentiert wurde. Unter den rund 1000 Gräbern befanden sich einige großartige Bestattungen führender Männer – mit üppigen Beigaben: Waffen und Fibeln aus Eisen, Keramik und etruskische Bronzegefäße, anhand derer die Gräber ins 7. und 6. Jh. v. Chr. datiert werden konnten.

Wen wundert es also, dass diese Kultur den Namen »Hallstatt« erhielt? Doch ist aus heutiger Sicht diese Namensgebung etwas kurzsichtig, denn durch sie werden die Kontinuitäten zur Bronzezeit einfach außer Acht gelassen.

»Die Ausstattung reicher Gräber der Hallstattzeit mit Waffen, Geschirr und Zeremonialgut erweist sich somit als zeitbedingt gewandelter Gestus einer sozialen Gruppe, die bruchlos von den spätbronzezeitlichen Fürsten des 13. und 12. Jhs. v. Chr. abgeleitet werden kann«, erklärt der Archäologe Stefan Winghart. »Der Kulturbruch zwischen Bronze- und Eisenzeit reduziert sich in Teilen auf eine Änderung im Totenbrauchtum der Führungsschicht, der gleichwohl tief greifende geistige Umwälzungen anzeigt. Er spiegelt den Wandel von einem gruppen- oder clanorientierten, eher kollektiven Selbstverständnis zu einem sehr seiner selbst und seiner Macht bewussten Individuum.«

Kontinuität und Neuerungen kennzeichnen also den Aufstieg und die Ausbreitung der Keltenkultur – doch wen meinen wir eigentlich, wenn wir von den »Kelten« sprechen? Die Kelten – das war kein homogenes Volk, das sich seiner ethnischen Identität bewusst war; die Kelten – das waren Völkergruppen, einander verbunden durch ihre Sitten und Gebräuche, Kunst und Kultur und vor allem eine gemeinsame Sprache.

Diesen Aufstieg verdankten die Kelten vor allem zwei Rohstoffen, die uns heute trivial und vollkommen uninteressant erscheinen: Salz und Eisen. Das Salz, auch weißes Gold genannt, das vom 8. bis ins 5. Jh. v. Chr. in Hallstatt, danach im benachbarten Dürrnberg abgebaut wurde, war ein begehrter Konservierungsstoff für Lebensmittel wie Fleisch und Fisch. Es wurde über weite Wegstrecken und entlang der Flüsse gehandelt, und über diese Handelskontakte, die bis nach Südfrankreich (Marseille) und Oberitalien reichten, gelangte umgekehrt vielleicht auch das erste Eisen zu den Kelten.

Wie ein sich füllender, länglicher Ballon breitete sich die Keltenkultur vom 7. bis ins 5. Jh. v. Chr. von den Regionen mit Salzbergwerken – wie Hallstatt – in Richtung Ost, West und Nord aus. Dabei gewann sie als Mischung aus Tradition und Erneuerung auch in Süddeutschland entlang dieser neuen Handelswege die Oberhand. Anders als in Norddeutschland setzte sich im keltischen Süden, innerhalb von wenigen Generationen Eisen als Werkstoff durch. Spätestens ab dem 6. Jh. v. Chr. schöpfte man aus den reichen Salz- und Eisenvorkommen unter anderem Mitteldeutschlands. Der Wandel lässt sich besonders gut am Beispiel der Heuneburg, der besterforschten Anlage jener Zeit, verdeutlichen.

Lehmziegelmauern an der oberen Donau

Heuneburg an der oberen Donau um 540 v. Chr. …

Tapfer verteidigen die Kelten der Heuneburg ihre für Süddeutschland einzigartige Festung. Die Festungsmauer aus Lehmziegeln, gekrönt von einem überdachten Wehrgang aus Holz, ist ein Import aus der Mittelmeerregion und zeichnet sich durch zwei wesentliche Vorteile aus: Während die herkömmlichen Wallanlagen aus Holz und Erde in jeder Generation (20 bis 30 Jahre) erneuert werden müssen, hält die Lehmziegelmauer, wenn sie regelmäßig neu verputzt wird, rund 50 Jahre.

Von den Türmen und dem überdachten Wehrgang aus konnten die Bewohner ihre Festung gut verteidigen: Geschützt vor den Waffen der Angreifer konnten sie ihre Pfeile abschießen.

Doch diese Anlage war nicht die erste und sollte nicht die letzte Festungssiedlung sein, die hier errichtet wurde. Ihre Lage hatte geradezu nach einer Festung verlangt. »Dort, wo die Donau schiffbar wurde, errichtete man auf einem schon in der Bronzezeit befestig-

Der Feind kam von hinten. – Der Untergang der lehmziegelummauerten Heuneburg um 540 v. Chr.

ten Sporn am Ende des 7. Jhs. v. Chr. eine Stadtmauer, deren Kern aus mit Erde gefüllten Holzkästen bestand und an die Bauweise von Blockhäusern erinnert«, erläutert die Vorgeschichtlerin Susanne Sievers.

Interessanterweise war es eine kleine Schwäche der Geographie, die zu dieser imponierenden Festungsanlage führte: In östlicher Richtung, zur Donau hin, fällt der Sporn rund 60 m steil ab, doch zur westlichen Seite hin verläuft der Abfall viel zu sanft, um einer ausrei-

chenden Verteidigung zu genügen; er gleicht hier einer Rampe. Dieser naturbedingte »Mangel« verlangte geradezu nach einer mächtigen Verteidigungsanlage.

Das rund 3 ha umfassende Plateau ist zur Zeit der Lehmziegelmauer mit den für die Kelten typischen Häusern bebaut. Die hölzernen Gebäude mit lehmverputzten Fachwerkwänden und Strohdach sind 4 bis 7 m breit, 5 bis 12 m lang und stehen dicht an dicht in engen Zeilen.

Die Verteidiger waren nicht nur Bewohner der Burg, denn Erkundungen der weiteren Umgebung der Heuneburg in den letzten zwei Jahrzehnten haben zur Entdeckung von gleich zwei Außensiedlungen geführt: die große nördliche, die sich gleich hinter der Burg erstreckte und mit dem erst im Jahr 2000 erforschten Areal im »Greut« eine Siedlung bildete, und eine südliche, die nach heutigem Wissen gut 500 m entfernt lag. Außensiedlungen fanden die Archäologen auch zu den keltischen Festungen am Hohenasperg und am Glauberg, am Ipf und am französischen Mont Lassois.

Die Kunde über diese Festung an der oberen Donau muss im 5. Jh. v. Chr. bis nach Griechenland gedrungen sein. Denn viele Forscher sind mittlerweile davon überzeugt, dass Herodot mit der Erwähnung von »Pyrene am Istros« keinen anderen Ort als die Heuneburg gemeint haben kann.

Und, last not least, gehört zum Komplex der Heuneburg die Nekropole von Gießübel-Talhau; zwei der Großgrabhügel wurden 1993 neu aufgeschüttet und sind nun von der Heuneburg aus wieder gut zu sehen. Mit ihnen fing die Erforschung der Heuneburg überhaupt an. 1876/77 wurden die vier Grabhügel ausgegraben. In den Hügeln 1 und 2 legte der damalige Landeskonservator Eduard Pauls jeweils eine zentrale Grabkammer frei und angesichts der gewaltigen Grabhügel, der großen Grabkammern mit ihren üppigen Beigaben, prägte er den Begriff »Fürstengräber«.

In diesen Gräbern fanden die Archäologen goldene Ringe und Armreifen sowie unzählige Keramikscherben, Schalen und Töpfe aus Bronze und Eisen. Unter den Burgfunden waren auch Transportamphoren für Wein, die eindeutig aus Südfrankreich stammen, dazu noch Trinkschalen aus Keramik, die mit schwarzen Figuren verziert und in Griechenland hergestellt worden waren. Über Handelsniederlassungen an der Adria müssen sie nach Süddeutschland gelangt sein.

Mediterranisierung der Kultur?

Andere süddeutsche Prunkgräber aus der Hallstattzeit weisen vor allem etruskische Beigaben auf: Becken, Dreifüße, Becher, Schalen und Siebe. Doch werden mediterran geprägte Sitten und Gebräuche für das 6. Jh. v. Chr. unübersehbar – beispielsweise beim Grab von Hochdorf. Auf zahlreichen Abbildungen wird dort der mediterrane Symposiumgedanke – mit Trinken, Musik und Tanz – wiedergegeben. Bronzekessel mit riesigem Fassungsvermögen und Trinkhörner lassen erahnen, dass hier üppige Trinkgelage stattfanden – zumindest für die Oberschicht.

Die Mehrheit der Kelten, die überwiegend von der Landwirtschaft lebte, konnte sich kaum Luxusgüter leisten. Trotzdem: Ihre Lebenserwartung lag mit 35 bis 40 Jahren für Männer und 30 bis 35 Jahren für Frauen etwas höher als noch in der Bronzezeit und ihre Körpergröße (Männer im Schnitt 1,72 m, Frauen 1,60 m) legt nahe, dass sie sich gut ernähren konnten.

Zurück zu unserer Szene: Gute Versorgung der Bevölkerung, Luxus für die Oberschicht und bei Gefahr eine uneinnehmbare Fluchtburg – über mehrere Jahrzehnte und vermutlich etliche Angriffe hinweg ging dieses Konzept für die Heuneburg und ihre Außensiedlungen auf. Doch nun haben die Feinde eine unerwartete Taktik angewandt. Ihr Angriff nahm vielleicht den im Bild dargestellten Verlauf: Sie greifen von der Donauseite aus an, reißen ein Loch in die Mauer und stecken den Wall in Brand. Gegen das Feuer sind die Verteidiger machtlos, denn alle Bauwerke der Stadt sind aus Holz errichtet und die Bewohner verfügen innerhalb der Festung über keine ausreichenden Wasserreserven.

Auch nach der Zerstörung der Lehmziegelmauer wurde die Heuneburg wieder befestigt – doch in herkömmlicher Weise, und auch die innere Bebauung zeigte ein deutlich anderes Gesicht: Statt eng gedrängter Häuser war nun vor allem ein großes Herrenhaus im Südost-Teil der Burg errichtet worden. Importwaren aus Oberitalien sowie Burganlagen mit Un-

Beschützer oder Ebenbild des Fürsten? – Mehrere überlebensgroße Statuen, wie die 1,86 m hohe Sandsteinstatue, bewachten nach dem Begräbnis den Grabhügel vom Glauberg.

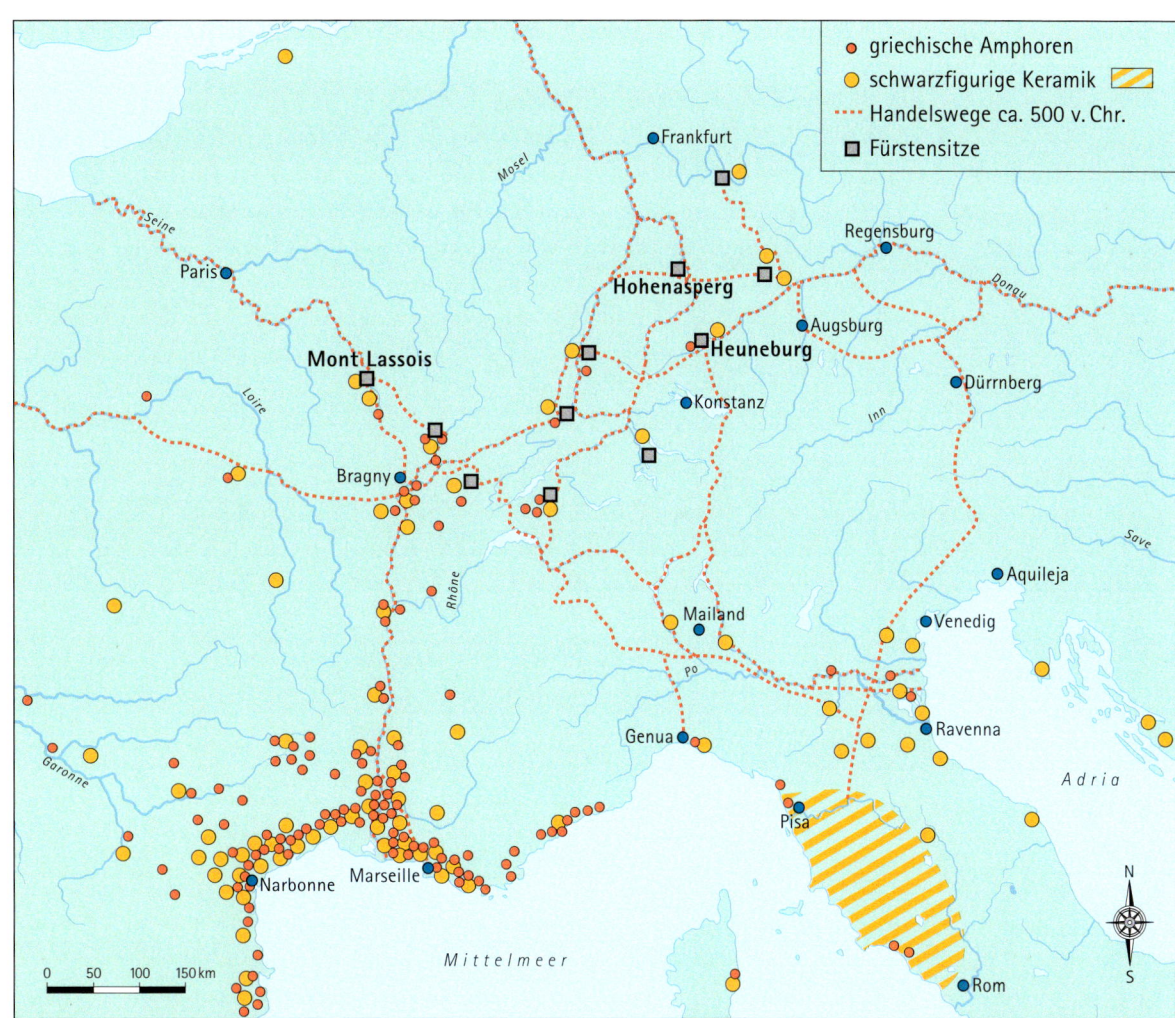

Keramik- und Amphoren-funde und Fürstensitze dokumentieren die kelti-schen Handelsrouten.

terstädten und großen Fürstengräbern kennzeichnen die keltischen Fürstenburgen, die vor allem im westlichen Hallstattkreis – von Nordbayern bis Ostfrankreich – verbreitet waren. In Südbayern dagegen wurden bisher mehr als 200 so genannte Herrenhöfe erfasst, die man auch gut als »Wehrhöfe« bezeichnen könnte: beinahe quadratische Anlagen mit mehreren Häusern, die von einer Palisade und zwei bis drei Gräben gesichert wurden. Und im östlichen Hallstattkreis – westlicher Balkan – fanden sich zwar Burgen und Großgrabhügel, jedoch keine Importgüter aus Südfrankreich und Norditalien.

Mit der Erfassung von Fürstenburgen, Herrenhöfen und Hügelgräbern schritt die Erforschung der Keltenzeit in den 1970er und 1980er Jahren kontinuierlich voran, auch die ehemalige Keltenfestung auf dem Glauberg wurde eingehend untersucht. Doch dann änderte sich alles mit einem Schlag: 1987 erkennen Mitglieder des Glauburger Heimatvereins auf Luftbildern eine

runde Bodenverfärbung, die den Weg zu einem ehemaligen, völlig eingeebneten Grabhügel weist – sieben Jahre später bergen hessische Archäologen die Großplastik des Fürsten vom Glauberg, die mit ihrer großen Blattkrone von weitem etwas an die Ohren von Mickey Maus erinnert.

Das Fürstengrab vom Glauberg und die Latènekultur

Um 500 v. Chr. am Glauberg nahe dem heutigen hessischen Glauburg nordöstlich von Frankfurt ...

Totenklagen hallen über die weite Ebene, in feierlicher Langsamkeit nähert sich der Leichenzug auf der 10 m breiten und 350 m langen Prozessionsstraße dem Mausoleum unterhalb der Burg. Druiden in weißen Gewändern führen den Zug an, gefolgt von einem Wagen,

auf dem der Tote mitsamt seinen Beigaben aufgebahrt liegt.

Der Glauberg: Vom 275 m (über dem Meeresspiegel) hohen Hügel, einem für sich stehenden Ausläufer des Vogelbergs am Ostrand der Wetterau, reicht der Blick bis in die Mainebene, den Hochtaunus und den Spessart. Der Glauberg wurde seit der Jungsteinzeit immer wieder besiedelt; sein Plateau bot bereits in der späten Bronzezeit einer größeren Siedlung Platz, in der frühen Eisenzeit wurde es mit einem mächtigen Ringwall versehen.

Der Prozessionszug hat den Bestattungsplatz erreicht: Die Grabkammer wird von einem 4 m tiefen und 10 m breiten, kreisförmigen Graben von 70 m Durchmesser eingefriedet (Dieser Graben wird den Archäologen 2500 Jahre später auf einer Luftaufnahme als Verfärbung im Boden den entscheidenden Hinweis zur Entdeckung liefern.). Nun stehen die Angehörigen und nächsten Vertrauten des Fürsten vor der Grabstätte, wo der Fürst auf einer Lederdecke für seine lange Reise ins Jenseits hergerichtet wird. Als Angehöriger der Führungselite trägt er einen unter anderem mit drei Knospen verzierten Halsring, einen Armring, einen Fingerring und zwei Ohrringe – alles aus Gold. Und er wird reichlich mit Waffen ausgestattet: ein Schwert in einer verzierten Bronzescheide, drei Lanzen, sechs Speere und ein Köcher mit Pfeilen.

Seine Gefolgsleute haben ein letztes rituelles Trinkgelage mit dem Fürsten abgehalten. Als »Weggetränk« oder als Geschenk an die Götter verpackt nun ein Mann, der dem Fürsten zu Lebzeiten nahe stand, eine bronzene Schnabelkanne in ein Leinentuch, das mit farbigen Bändern umwickelt wird. In dem Gefäß befindet sich Met – Reste davon werden die Archäobiologen 2500 Jahre später bergen und den dafür verwendeten Honig auf seine Herkunft hin analysieren. Er stammt aus einem Umkreis von 70 bis 100 km. So weit könnte auch das Herrschaftsgebiet des Glaubergfürsten gereicht haben.

Bei den 1994 begonnenen Ausgrabungen legten die Archäologen in den Überresten zweier Grabhügel insgesamt drei üppig ausgestattete Fürstengräber und 1996 die beinahe unversehrte 1,86 m große und 230 kg schwere Sandsteinskulptur sowie Fragmente von drei weiteren Figuren frei.

War der Glauberg nur einer von zahlreichen für diese Zeit typischen keltischen Herrschersitze? »Die Prozessionsstraße machte den Tumulus zu einem wahr-

haft monumentalen, landschaftsbeherrschenden Grabmal, das sich über Hunderte von Metern erstreckte«, urteilt der Ausgräber Fritz-Rudolf Herrmann. Und sie mündete im Süden in weitere Wall- und Grabenwerke ein; deshalb geht man heute von einem frühkeltischen Zentralheiligtum aus, das dem Fürstensitz vom Glauberg eine Sonderstellung zukommen ließ. Dafür sprechen auch die vier großen Statuen – die Archäologen vermuten, dass sie dem Ahnenkult in diesem heiligen Bezirk dienten. »Die unmittelbar neben dem Grabhügel aufgefundenen Statuen waren recht getreue Abbilder der Herrscherpersönlichkeiten ihrer Zeit in voller Rüstung und mit ihren Machtsymbolen«, so Herrmann.

Kurz nach der Bestattung wurde die Gruft durch mehrere Schichten schwerer Holzbalken und einen kleinen Steinhügel geschützt. Danach wurde der Hügel aufgeschüttet – 6 m hoch und 48 m im Durchmesser. Im Mittelpunkt des Grabhügels befand sich jedoch nicht die Grabkammer, die etwas abseits angelegt worden war, sondern eine leere Grube – sollten mögliche Grabräuber auf eine falsche Fährte gelockt werden?

Schließlich wurden die überlebensgroßen Stelen auf dem Grabhügel oder einer anderen geweihten Stelle aufgestellt. Im Laufe der Zeit zerfallen sie oder wurden zerstört, um nach über zwei Jahrtausenden wieder im Graben entdeckt zu werden.

Das Fürstengrab vom Glauberg dokumentiert den Übergang von der Hallstatt- zur Frühlatènezeit. Die Ausbeutung der Eisen- und Salzvorkommen in Süddeutschland und dem Mittelgebirgsraum bildete die materielle Grundlage für die Entstehung neuer Herr-

← Tod eines Fürsten – Abschied und Trauer am Glauberg

→ Mediterrane Einflüsse – griechischer Bronzekessel aus dem Fürstengrab von Hochdorf (Baden-Württemberg)

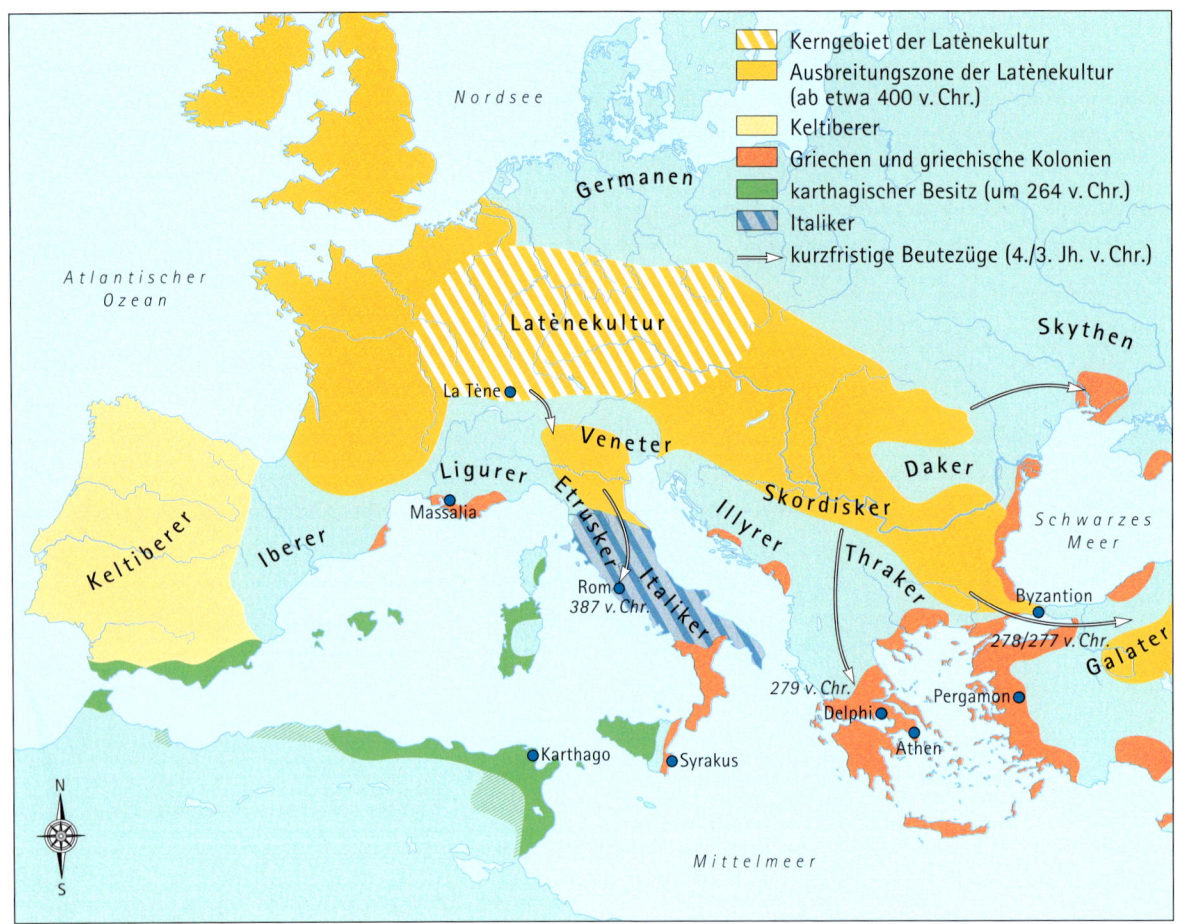

Kerngebiet der Latènekultur

Ausbreitungszone der Latènekultur (ab etwa 400 v. Chr.)

Keltiberer

Griechen und griechische Kolonien

karthagischer Besitz (um 264 v. Chr.)

Italiker

kurzfristige Beutezüge (4./3. Jh. v. Chr.)

Nordsee

Germanen

Atlantischer Ozean

Latènekultur

La Tène

Veneter

Ligurer

Massalia

Keltiberer

Iberer

Etrusker

Italiker

Rom
387 v. Chr.

Illyrer

Skordisker

Daker

Skythen

Schwarzes Meer

Byzantion

278/277 v. Chr.

Galater

Thraker

279 v. Chr.

Delphi

Pergamon

Athen

Karthago

Syrakus

Mittelmeer

← Europa im Griff der Kelten – Ausbreitung keltischer Völkerschaften

→ Unterwegs mit Sack und Pack – die Völkerwanderung der Kelten

schaftszentren. Die Handelswege verlagerten sich daher nun auch in Richtung Westen.

Die damit gewonnene neue Unabhängigkeit spiegelt sich gleichfalls in der Sachkultur wider: Mit dieser Zeit setzt sich die Latènekultur endgültig durch – ihre Namensgebung bezieht sich auf die ersten Funde Mitte des 19. Jhs. nahe der Ortschaft La Tène am Nordende des Neuenburger Sees in der Schweiz.

Bis Anfang des 20. Jhs. wurde dort in der Uferregion neben in den Seeuntergrund gerammten Holzpfählen eine große Zahl an Eisengegenständen geborgen: 166 Schwerter, 269 Speerspitzen, 29 Schilder und 382 Fibeln sowie etliche Gürtelschnallen, Werkzeuge und Eisenbarren. Auch hier gehen Historiker und Archäologen mittlerweile von einem Zentralheiligtum aus, nachdem sie zunächst dachten, es handele sich um einen Stapelplatz.

Doch was zeichnet diesen neuen Stil eigentlich aus? Ansätze hierfür sind schon beim Fürstengrab vom Glauberg erkennbar: Die Großplastiken zeigen nun eigenständige Motive. Wenn auch die Oberkörpergestaltung mit den vor der Brust verschränkten Armen noch an mediterrane Vorbilder erinnert, war das unverkennbare Ziel, trotz starker Stilisierung, die individuelle Gestalt der Herrscher mit ihren Machtinsignien darzustellen. Daraus entstand in der Mitte des 5. Jhs. v. Chr. ein völlig eigenständiger Zierstil – mit zwei westlichen Merkmalen: Ob Fingerringe, Schwertscheiden oder Trinkhornbeschläge, ob aus Gold, Silber oder Eisen – die Gegenstände wurden mit einer überbordenden Ornamentik verziert, die geometrische Figuren, Blüten und Blätter, aber auch sich in geometrische Elemente auflösende Gesichter abbilden.

Außerdem stellten die keltischen Künstler gern – ob auf Fibeln, an den Griffen von Schnabelkannen, Halsringen oder Gürtelschnallen – Symbolfiguren dar: Es entstand ein ganzes Universum aus Fabelwesen und Dämonen, die vor allem die Funktion hatten, böse Geister und ständig drohendes Unheil fernzuhalten.

Diese Lust an der Gestaltung verfeinerte darüber hinaus die alltägliche Kleidung: Die Kelten trugen ihre farbenfrohe Kleidung mit gestickten oder gewebten Mustern; spätestens um 500 v. Chr. wurde die keltische Hose Standard.

Völkerwanderung auf Keltisch

Aufbruchstimmung um 400 v. Chr. irgendwo in Süddeutschland …

Eine Gruppe von Kelten verlässt ihre Heimat. Alles was sich bewegen lässt, haben sie zusammengepackt und führen es auf ihren von Ochsen oder Pferden gezogenen Wagen mit: Werkzeuge, Geschirr, Vorratsgefäße, einen Teil der Ernte und Federvieh. Schweine und Rinder werden mitgetrieben.

Während die meisten Gruppenmitglieder laufen müssen, fahren kleine Kinder und Schwache auf den Wagen mit. Einige Männer haben das Privileg, auf Pferden zu reiten. Andere sind mit Speeren, Schwertern und Schilden bewaffnet. Sie werden angeführt, von einem Reiter, der eine Rüstung trägt – vermutlich ist er einer der Stammesfürsten, die häufig Anführer-, Richter- und Priesterfunktion in sich vereinten.

Von allen Seiten brechen Gruppen von Kelten in die Fremde auf – es kommt zu einer regelrechten Völkerwanderung, die zu einer gewissen Entvölkerung Süddeutschlands führt. Auf diese Weise wurden fast alle im 5. Jh. v. Chr. gegründeten Höhenburgen aufgegeben, oder sie wurden in Brand gesteckt.

Aus dem Kerngebiet – dem heutigen Westfrankreich, Süd- und Mitteldeutschland, Tschechien und Österreich – ziehen die Gruppen gen Westen, Süden

und Osten: Sie streben Richtung Südosteuropa bis zum Schwarzen Meer mit einzelnen Ausfällen nach Griechenland und Kleinasien. Dort lassen sich die keltischen Galater für einige Zeit nieder – ihr Kampf gegen Pergamon wurde im Pergamon-Altar verewigt. Ein anderer Teil der Kelten wanderte in Richtung Norditalien und drang bis nach Rom vor. Ebenso wurden nun Frankreich, mit Ausnahme der Mittelmeerküste, sowie die Iberische Halbinsel (Keltiberer) von Kelten besiedelt. Umstritten ist heute, ob die Kelten zu dieser Zeit tatsächlich auch schon nach Britannien übersetzten – im ganzen Westen ist nicht immer klar, ob die keltischen Einflüsse auf Einwanderung oder Diffusion zurückzuführen sind.

Warum sind sie aufgebrochen? Antike Autoren sahen nur den Aufbruch der Kelten in Richtung Süden und Osten – also dorthin, wo Länder liegen, die sich durch Reichtum und fruchtbare Böden auszeichnen. Deshalb nahmen sie an, vor allem die guten Lebensgrundlagen und kostbare Waren hätten die Kelten nach Süden gelockt – Plinius der Ältere listet Öl und Wein auf. Heute führen Historiker und Archäologen Überbevölkerung, Missernten, Klimaverschlechterung oder soziale Revolten als Beweggründe für die Migration an. Doch vermutlich handelte es sich um ein Zusammenspiel einiger oder aller dieser Faktoren, das so viele Keltengruppen zum Aufbruch veranlasste.

Diese Völkerwanderung glich keinem Feldzug – wenn möglich einigten sich die Kelten mit den Bewohnern der Regionen, die sie durchstreiften. Andererseits schreckten sie jedoch nicht vor Raubzügen in der Umgebung zurück.

Auch bei den Kelten hatte inzwischen die Kampfweise in geschlossenen Formationen mit einheitlich gekleideten Kämpfern mit Lanzen, Bronzehelmen, langen Schwertern und mannshohen Schilden den Einzelkämpfer mit Schwert abgelöst. Neben den Fußtruppen spielten Reiter, deren lange Schwerter als Hiebwaffen fungierten, und mit Speerwerfern besetzte Streitwagen eine zunehmend größere Rolle. Außerdem verstanden die Kelten etwas von »psychologischer Taktik«: Sie reizten die Gegner mit Schmähungen und Aufforderungen zum Zweikampf und ließen den »barbarischen Klang« (Diodor) ihrer Schlachttrompeten erklingen. Gefürchtet bei den Feinden war insbesondere der »furor gallicus« – eine Art Raserei, bei der sich die Kelten mit Todesverachtung in den Kampf stürzten.

In der Summe führte all dies letztendlich zu einer unkoordinierten Kampfweise, die es später den disziplinierten römischen Legionen leicht machte, die Kelten zu schlagen. Diese chaotische Kriegsführung spiegelte letztlich die gesellschaftliche Realität eines nur lose organisierten Stammesverbundes wider.

So fühlten sich die Römer ab 300 v. Chr. stark genug, die Kelten in ihre Schranken zu weisen und sich Richtung Norden auszubreiten. Neben den Etruskern unterwarfen sie darüber hinaus die dort sesshaft gewordenen Kelten beispielsweise in Mediolanum (Mailand). Diese verbündeten sich mit den Karthagern, doch nachdem Hannibal seinen berühmten Feldzug gegen Rom ver-

Keltenrenaissance

Welch hehre Vorstellungen sind in unserer Zeit mit den Kelten verbunden: Druiden, die vor Megalithtempeln ihre Riten zelebrieren, bedingungslose Kämpfer und eine bunte Folklore mit bunten Trachten und tierköpfigen Schlachttrompeten.

Vieles davon ist jedoch nur Mythos. Heute wissen wir, dass die Keltenkultur in der Hallstattzeit (ab 800 v. Chr.) in Mitteleuropa entstand, doch im 19. Jh. wurde die Bretagne für ihr Stammgebiet gehalten – vor allem wegen dreier wichtiger Indizien: die Megalithbauten, die bretonische Sprache und die bretonische Volkskultur, die alle drei bis in die keltische Zeit zurückreichen sollten.

1805 wurde dort die Académie celtique gegründet, die der Erforschung der keltischen Sprache und Traditionen dienen sollte; Jacques de Cambry wurde ihr erster Präsident.

Tatsächlich erfüllten vor allem Künstler diese neue Nationalromantik mit Leben: In Gedichten, Romanen und Gemälden wurde eine kolportierte Vergangenheit beschworen, in der Druiden in kunstvollen Gewändern vor den megalithischen Steintempeln ihre Riten vollzogen. Aus diesen Phantasieprodukten wiederum schöpften neu gegründete Druidenorden und Keltenfeste Ideen zum Zelebrieren ihrer Feierlichkeiten.

Ihre Mitglieder organisierten sich in logenartigen Bruderschaften und zelebrierten rituelle Feiern und Initiationen wie das »Gorsedd« zur Mittsommerwende, das sich von einer privaten Initiation zu einem nationalistischen Fest ausweitete. Dabei marschierten die Teilnehmer zunächst in ihren Festgewändern zum Festplatz. Nachdem ein Barde einen Dolmen erklettert, in alle vier Himmelsrichtungen in sein Horn geblasen und der »Große Druide« die Versammlung eröffnet hatte, wurden Gebete, Wortbeiträge und Gesänge auf Bretonisch gehalten, Rituale wie die Hochzeit des Schwertes, die Mistelzeremonie und die Initiation neuer Schüler durchgeführt. Die Veranstaltung endete mit dem Singen der bretonischen Nationalhymne.

Der Fotograf Emile Harmonic (1861–1943) hielt diese Feiern in Bildern fest, die als Postkarten weite Verbreitung fanden.

Alles Geschichte? Keineswegs. Auf dem Weltkongress der Druidenorden im schweizerischen Interlaken wurde 1987 verlautbart, dass es zu diesem Zeitpunkt weltweit rund drei Millionen Mitglieder der Keltenbewegung gab. In süddeutschen Keltenvereinen wird heutzutage weniger der religiöse als mehr der folkloristische Aspekt der Keltenkultur wiederbelebt.

loren hatte, zog sich ein Teil der Kelten wieder über die Alpen nach Süddeutschland zurück – mit der Idee im Gepäck, große Städte zu gründen.

Eine ummauerte Siedlung – 500 Fussballfelder groß

Blick über das Oppidium von Manching (keltischer Name unbekannt, 8 km südöstlich von Ingolstadt) im 1. Jh. v. Chr. …

Auf einer Fläche von 380 ha (Das sind über 500 Fußballfelder.) breitet sich die keltische Siedlung aus, die von einer rund 7000 m langen Mauer umgeben ist. Sie liegt strategisch günstig. Die Donau fließt zu dieser

Keltische Steinbockfiguren aus einem Brunnenschacht in Fellbach-Schmiden (Baden-Württemberg)

Zeit direkt an Manching vorbei. Hier kreuzen sich Ost-West-Wege zu Wasser und zu Land mit einer Süd-Nord-Verbindung.

Auch unter Sicherheitsaspekten ist der Platz gut gewählt: Der Ort wird durch das Donautal mit seinen vielen toten Flussarmen im Norden, dem Zufluss Paar im Westen sowie Moorgebieten im Süden auf natürliche Weise geschützt.

Historiker und Archäologen sind sich nicht einig, ob sie der ehemaligen Siedlung den Titel »Stadt« geben sollen. Größe und Ummauerung des Ortes sprechen dafür, doch es fehlt die für Städte typische dichte Bebauung. Denn trotz der Ummauerung ist die Siedlung eigentlich aus einem Kern gewachsen. Aus der genauen Untersuchung und zeitlichen Bestimmung der Funde haben die Archäologen abgeleitet, dass zunächst nur ein Areal von 10 bis 15 ha ungefähr ab Mitte des 3. Jhs. v. Chr. besiedelt war. In den folgenden 100 Jahren breitete sich die Siedlung im Bereich der Hauptsiedlungszone aus: Wie ein Korridor zieht sich die Hauptbebauungszone entlang der Ost-West-Straße und umfasst – so die Archäologen nach geophysikalischen Untersuchungen – 80 ha.

Die Ost-West-Straße und eine sie kreuzende Nord-Süd-Verbindung bilden die Hauptverkehrswege, die durch vier Tore hinaus auch in die vier Himmelsrichtungen führen. Ein Streitwagen erreicht in unserer Szene gerade das Osttor und fährt in eine der beiden Eingangstüren. Das Tor ist nicht nur gut bewacht, über dem Durchgang wurde darüber hinaus in aufwendiger Arbeit ein mehrgeschossiger Wehrbau errichtet, von dem aus der Eingang effektiv gegen mögliche Angreifer verteidigt werden kann.

Aber nicht nur die Tore sind aufwendig gestaltet – die ganze Siedlungsmauer weist drei Bauphasen auf; so fanden die Archäologen Folgendes heraus: In der ersten Periode bestand die Mauer aus von horizontalen Längs- und Querbalken gebildeten endlosen Holzkästen von 4 m Breite, die mit Schutt gefüllt worden waren. Als diese Umwallung reparaturbedürftig wurde, haben die Bewohner sie mit einer zweiten Mauer aus Holzpfosten und Mauerwerk überbaut.

Für diese zweite Umwallung hat der Prähistoriker Herbert Lorenz eine notwenige Arbeitsleistung von rund 500 000 Arbeitstagen errechnet – also waren 2000 Menschen 250 Tage im Einsatz oder 4000 Menschen an 125 Tagen, rund vier Monate.

Doch lebten tatsächlich so viele Menschen in der Stadt, dass 4000 kräftige Arbeiter zur Verfügung stan-

Eine gewaltige Stadtmauer aus einem massiven Balkengerüst
umgrenzt die dünn besiedelte Stadt von Manching.

den? Je nach Fundobjekten kommen die Wissenschaftler zu recht unterschiedlichen Ergebnissen: Nimmt man die durchschnittlich gefundene Menge an Tierknochen als Indikator – 250 g Fleisch pro Mensch und Tag – ergibt sich eine Bevölkerungszahl von 1700 Menschen. Nimmt man dagegen die über die Siedlung verstreuten Menschenknochen (Warum diese so gut verstreut lagen, werden wir etwas weiter unten erfahren.), so kommt man auf rund 3000 Menschen.

Dank groß angelegter Forschungen über Siedlungsdichten verfügen die Archäologen heute zusätzlich über weitere Richtwerte. Aus ihnen geht hervor, dass bei größeren Siedlungen eine Bevölkerungsdichte von 50 Menschen pro Hektar nicht unterschritten wird. Addiert man zu den 80 ha Hauptbebauungszone (mindestens 4000 Einwohner) noch die seit dem späten 2. Jh. v. Chr. teilweise besiedelten Randgebiete, dann müssen in der Hochphase von Manching 5000 bis 10 000 Menschen dort gelebt haben.

Wie aber bestritt nun eine so große Anzahl von Menschen ihren Lebensunterhalt? Waren sie in der Mehrheit Bauern oder Handwerker? Für die Versorgung einer so großen Bevölkerung mit Emmer, Dinkel, Gerste und Hafer fehlten ausreichende Anbauflächen – dazu waren auch die 380 ha der Siedlung zu wenig und die Umgebung bestand überwiegend aus Moorlandschaft. Der Platz zwischen den Herrenhöfen wurde zudem für weidendes Vieh genutzt. Die enormen Mengen an Tierknochen von Rind, Schwein, Schaf und Pferd unterstreichen die Bedeutung der Viehwirtschaft.

In einem der Randgebiete wurde ein regelrechtes »Industrieviertel« mit Brennöfen und Grubenhäusern aufgedeckt. In unserer Szene ist ein Handwerker in einem solchen Areal gerade dabei, lecke Kessel und anderes Altmaterial zu zerlegen, um es später wieder zu verwenden. In der Umgebung der Stadt findet sich zwar in den Mooren das Sumpfeisenerz, doch wir haben ja schon gehört, wie mühselig die Aufbereitung der Luppen ist.

Aber auch Bronze und Edelmetalle wie Gold und Silber wurden hier verarbeitet.

Von größerem Umfang muss auch die Keramikproduktion gewesen sein – davon zeugen jedenfalls die Funde. Allein im Grabungsjahr 1970 wurden 200 000 Tonscherben geborgen, die zu 20 000 bis 25 000 unterschiedlichen Gefäßen gehörten, die meisten auf der Töpferscheibe elegant geformt. Hochgerechnet auf die gesamte Anlage müssten hier also rund 500 000 Gefäße verstreut liegen – zu viele für den Eigenbedarf.

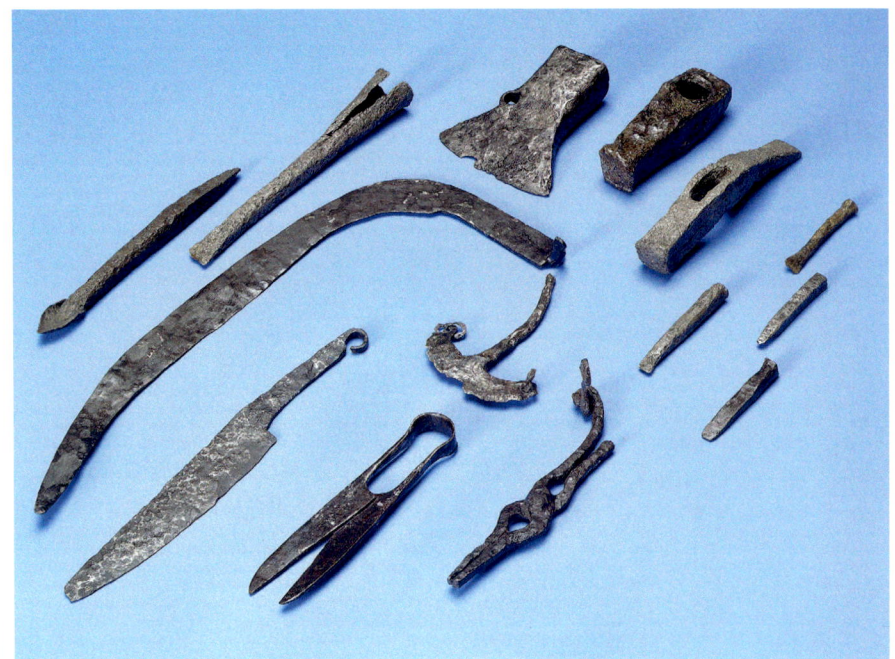

Viel Handwerk und der Bedarf an Lebensmitteln sind Voraussetzungen für einen Handel mit dem Umland. Umgekehrt bietet sich ein solcher Platz auch als Zentrum für weitreichende Handelsbeziehungen an. Dafür sprechen auch die vielen kleinen Münzen aus Gold, Silber und Bronze, die hier entdeckt wurden. Die Archäologen haben zudem Beweise dafür gefunden, dass die Bewohner von Manching hier selbst Münzen herstellten: 140 Bruchstücke von tönernen Gussformen, in deren kleine runde Löcher die »Münzschrötlinge« gegossen wurden. Anschließend wurden sie von zwei Metallstempeln – der eine in einen Amboss, der andere in einen Schlagbolzen eingelassen – geprägt.

Eigene Münzen, eine imposante Wallanlage und sogar einen Tempelbezirk können die Archäologen inzwischen nachweisen – spricht das nicht doch für ein bedeutendes Zentrum? Bei aller archäologischen Forschung lässt sich bis heute nicht ausmachen, welche Rolle die Oppidia (Diese Bezeichnung hat Caesar für die befestigten keltischen Siedlungen eingeführt.) in Friedenszeiten innerhalb des lockeren Verbundes keltischer Stämme spielten – so Susanne Sievers: »Wenn sich die Wissenschaftler darüber streiten, ob die Anlage großer Befestigungen die Reaktion auf eine akute Gefahr war oder ob vor allem ein Wille zur Machtdarstellung und indirekt die Kopie hellenistischer Befestigungen dahinter stand, die man ja im Mittelmeerraum ständig vor Augen hatte, so ist eine Kombination aller dieser Gesichtspunkte am wahrscheinlichsten.«

↑ Eisengeräte, teilweise mit gehärteten Klingen – aus Manching

→ Der »Weidenmann« wird mit lebenden Opfern verbrannt, so die Angaben von Caesar. (Darstellung aus dem 19. Jh.)

Eine Spur aber scheint direkt zu kriegerischen Auseinandersetzungen zu führen: rund 600 Bruchstücke von zum Teil unbrauchbar gemachten Waffen und ca. 5000 Knochen von mindestens 400 Menschen, die über die ganze Stadt verteilt lagen.

Die ersten Archäologen, die Manching untersuchten, waren der Meinung, Spuren des Untergangs der Stadt gefunden zu haben. Genaue Datierungen führten jedoch dazu, die Waffen dieser kriegerischen Auseinandersetzung schon in die Zeit um 130 bis 100 v. Chr. einzuordnen. In dieser Zeit flammte die Feindschaft zwischen Germanen und Kelten auf. Diese Unruhen waren wohl der Grund dafür, dass die Stadt anschließend mit einer Ringmauer umgeben wurde.

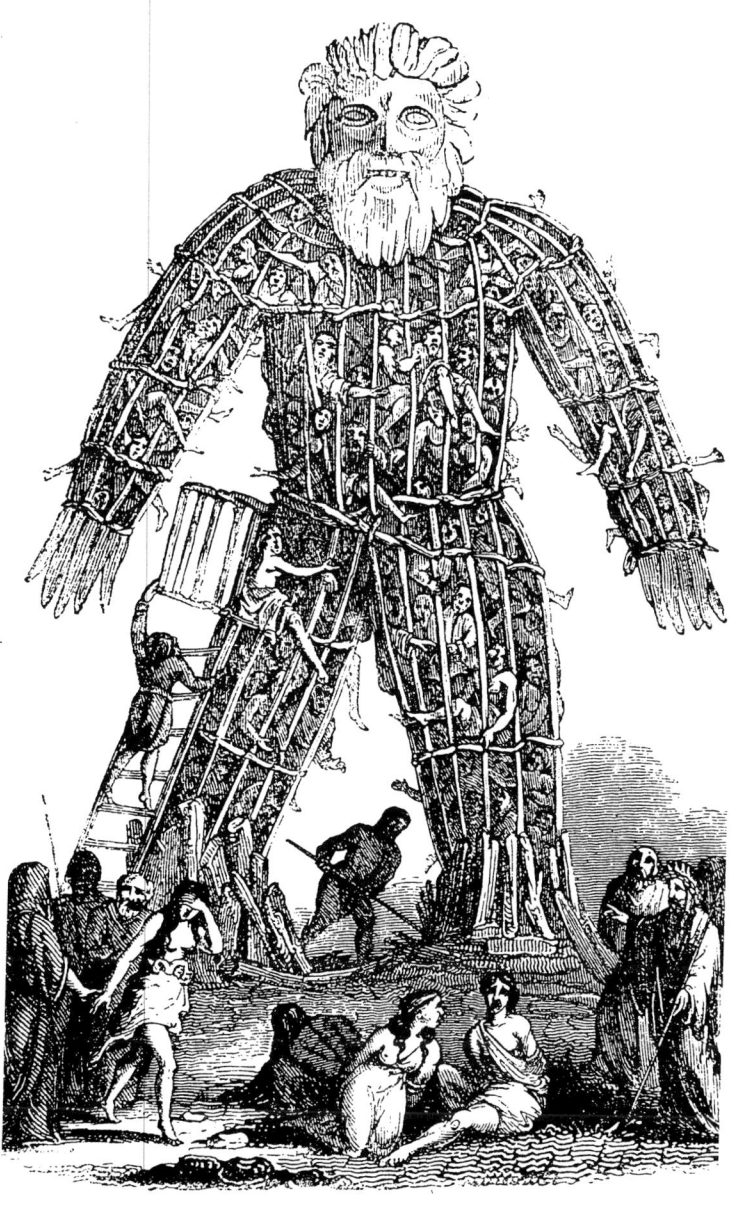

Enthauptete Krieger – zur Schau gestellt

Die Knochen wiederum führen zu einem anderen Kapitel der Keltenkultur – den rätselhaften Totenkulten. Von ihren Gegnern waren den Kelten grausame Rituale vorgeworfen worden. So schreibt Caesar: »Manche Stämme besitzen Standbilder von ungeheurer Größe, deren aus Ruten geflochtene Gliedmaßen sie mit lebenden Menschen anfüllen. Dann zünden sie sie von unten her an, so dass die Menschen von den Flammen eingeschlossen werden und in ihnen umkommen.«

Und tatsächlich konnten die Archäologen zahlreiche Kultstätten freilegen – etwa im südfranzösischen Entremont oder im westfranzösischen Gournay, wo hölzerne Tore oder Steinpfeiler mit menschlichen Schädeln geschmückt worden waren.

Die keltischen Krieger galten als besonders grausam, weil sie teilweise noch auf dem Schlachtfeld den besiegten Gegnern die Köpfe abschlugen. Diese grausamen Trophäen zeigten zum einen den Mut der Krieger, zum anderen glaubten die Kelten, die unsterbliche Seele wohne im Schädel und mit dem Besitz eines Schädels gehe die Gewalt über dessen Geist einher.

Den makabersten Fund machten die Archäologen im nordostfranzösischen Ribemont-sur-Ancre. Die in der weiteren Umgebung verstreut liegenden Menschenknochen deuteten auf ein Schlachtfeld hin. Aber im Randbereich einer 50 m × 50 m großen Rechteckanlage fanden die Archäologen auf 60 m² neben 600 Waffen über 10 000 menschliche Knochen – darunter keinen einzigen Schädel.

Die Archäologen hatten die Überreste eines »Tropaion« (Siegesmals) gefunden – wie es Diodor beschreibt. Die enthaupteten und mumifizierten Leichen der getöteten Gegner standen auf einem Holzpodest in voller Kriegsbewaffnung dicht beieinander – so wurden sie den Göttern präsentiert.

Die einzelnen keltischen Götter sind uns nur unzureichend bekannt. Zum einen wurden häufig lokal begrenzte Gottheiten verehrt – der Name eines »Teutates« (»Gott des Stammes«) könnte ein Sammelbegriff für mehrere solcher Lokalgottheiten sein. Zum anderen kennen wir die meisten Götter nur aus den Beschreibungen der griechischen und römischen Autoren, die sie mit ihren Göttern gleichstellten – so den Schutzgott Camulus mit Mars.

Doch zurück zu unserer Frage: Verfuhren die Kelten mit ihren getöteten Feinde besonders grausam? In Manching findet sich der Hinweis auf eine andere Sicht der Dinge. Der Archäologe Günter Lange fand heraus, dass unter den geborgenen menschlichen Knochen bestimmte Skelettteile überwiegen: vor allem Schädelstücke und große Langknochen. Außerdem zeigen viele der Knochen Schnitt- und Zertrümmerungsspuren. Alles weist darauf hin, dass es sich um Relikte eines Bestattungsritus handelt: Man brachte die Verstorbenen an Plätze außerhalb der Siedlung, wo sie verwesten. Die Extremitäten wurden anschließend abgetrennt, zertrümmert und über die Siedlung verstreut deponiert. Unter diesem Aspekt ist auch die Behandlung der Leichen ihrer Feinde im Rahmen ihrer kultischen Tradition zu verstehen.

Während römische Autoren diesen Kult als äußersten Ausdruck der Barbarei brandmarkten, stellen sie die drastische Unterwerfung der Gallier als Frieden stiftende Maßnahme dar. Schließlich stammt die ausführlichste Darstellung – Caesars »Gallischer Krieg« – von dem Mann, der diesen Feldzug dirigierte und vorantrieb.

Das Römische Reich hatte bis um 100 v. Chr. die etruskischen und gallischen Gebiete Oberitaliens sowie Teile Südfrankreichs mit der Landverbindung zur schon früher eroberten Iberischen Halbinsel eingenommen, bevor es aufgrund von Aufständen und Schwierigkeiten in den Ostprovinzen zu Rückschlägen kam.

Um 58 v. Chr. war kein anderer als der ehrgeizige und hoch verschuldete Gaius Julius Caesar Statthalter der Provinzen in Südfrankreich (Aquitania Narbonensis). In einem groß angelegten Feldzug unterwarf er mit seinen elf Legionen weite Teile Galliens, indem er die Uneinigkeit der Kelten untereinander ausnutzte.

Gegen den Uhrzeigersinn vorrückend besiegte er die Stämme an der Peripherie (Elsass, Belgien, Normandie, Atlantikküste, mit Abstechern sogar nach Britannien und Germanien) und blieb dabei mit den Stämmen im Zentrum Galliens verbündet.

Erst nachdem ein Aufstand der Belger 53 v. Chr. blutig unterdrückt wurde, schlossen sich die gallischen Kelten gegen die römischen Eroberer zusammen und leisteten unter der Führung von Vercingetorix Widerstand. 52 v. Chr. kam es in Alesia zum entscheidenden Finale, als die Römer nach längerer Belagerung das Oppidum eroberten, Vercingetorix gefangen nahmen und in Rom hinrichteten.

Gallien wird 27 v. Chr. in drei Provinzen aufgeteilt: Gallia Aquitania, Gallia Belgica, Gallia Lugdunenis. Zeitweilige Hauptstadt von Gallia Belgica wird später Augusta Treveronum (Trier), mit der wir uns noch weiter beschäftigen werden.

Im Laufe dieser acht Jahre Krieg wurden Hunderte von Orten zerstört, vielleicht eine Million Gallier getötet und ebenso viele versklavt. Einige Regionen wurden dabei regelrecht entvölkert, während in anderen die Oppida wieder besiedelt wurden.

Obwohl das rechtsrheinische Keltengebiet von den Römern vorerst verschont blieb, zeigten die Vorkommnisse auch hier Wirkung. Denn es kommt zu Abwanderungen, die eine Kette von Vertreibungen unter den gallischen und germanischen Stämmen auslösten. Um 50 v. Chr. hörte die Besiedlung vieler Oppida wie Manching einfach auf, das Schicksal ihrer Bewohner bleibt ungewiss.

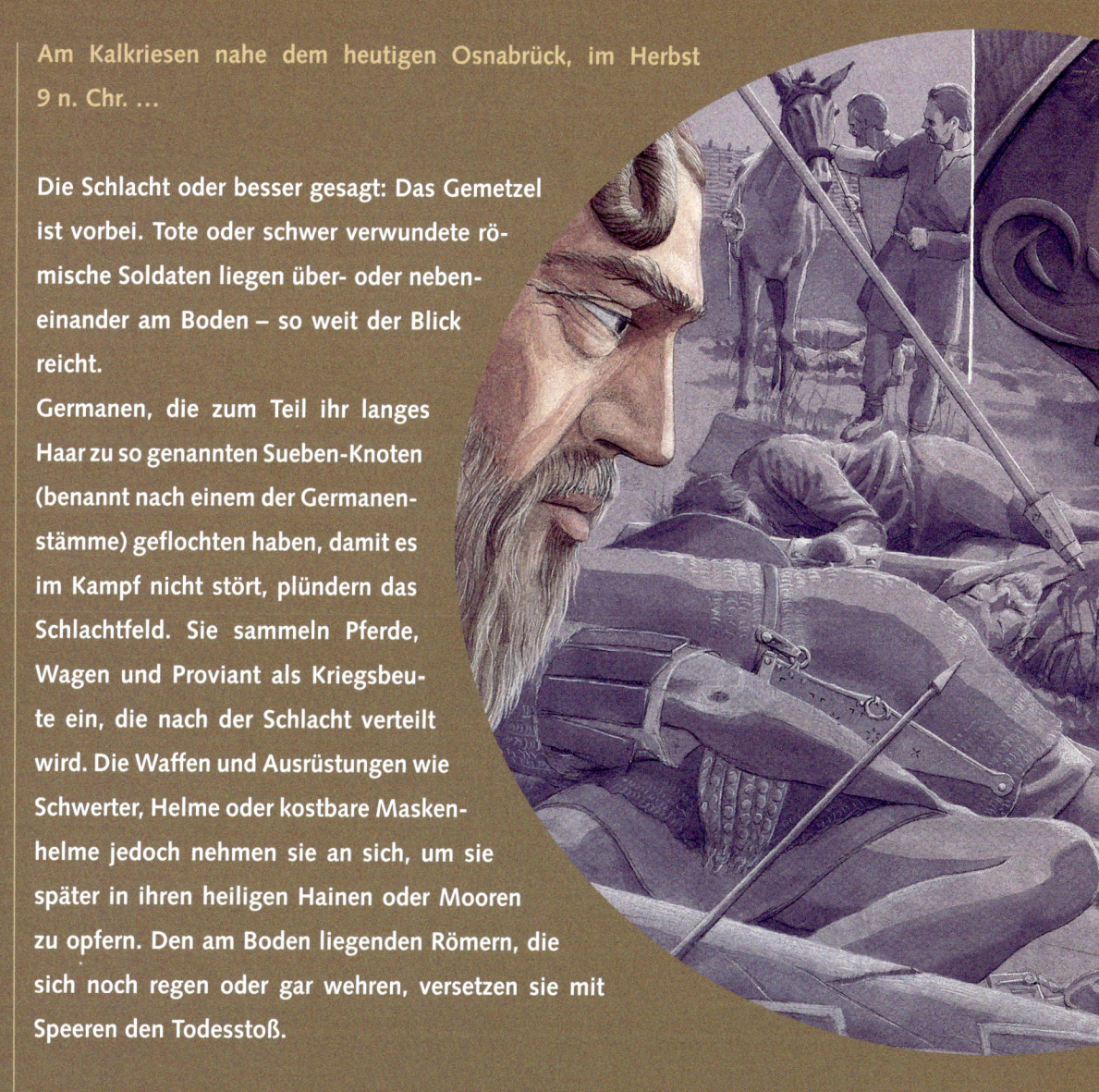

Am Kalkriesen nahe dem heutigen Osnabrück, im Herbst 9 n. Chr. …

Die Schlacht oder besser gesagt: Das Gemetzel ist vorbei. Tote oder schwer verwundete römische Soldaten liegen über- oder nebeneinander am Boden – so weit der Blick reicht.

Germanen, die zum Teil ihr langes Haar zu so genannten Sueben-Knoten (benannt nach einem der Germanenstämme) geflochten haben, damit es im Kampf nicht stört, plündern das Schlachtfeld. Sie sammeln Pferde, Wagen und Proviant als Kriegsbeute ein, die nach der Schlacht verteilt wird. Die Waffen und Ausrüstungen wie Schwerter, Helme oder kostbare Maskenhelme jedoch nehmen sie an sich, um sie später in ihren heiligen Hainen oder Mooren zu opfern. Den am Boden liegenden Römern, die sich noch regen oder gar wehren, versetzen sie mit Speeren den Todesstoß.

»Zivilisierte« gegen »Barbaren« oder »romanisierte Germanen«?

Deutschland in der Römerzeit

»Der Hohn der Barbaren«

Was passierte eigentlich mit den lebenden Verlierern nach dem unerbitterten Kampf zwischen Römern und Germanen im Jahre 9 n. Chr.? Nach der Schlacht – so beschwört der römische Historiker Florus im 2. Jh. n. Chr. seine Leser – richteten die Germanen in grausamster Weise: Augen wurden ausgestochen, Hände abgeschlagen, Zungen herausgeschnitten und Münder zugenäht.

»Nichts war blutiger als dieses Gemetzel in Sümpfen und Wäldern, nichts war unerträglicher als der Hohn der Barbaren«, urteilte Florus angesichts der Tatsache, dass römische Heere neben vielen Siegen auch Niederlagen erlitten hatten. »Feldzeichen und zwei Legionsadler besitzen die Barbaren noch heute.«

Wieder einmal wissen wir viele historische Details nur aus den Schilderungen der römischen Geographen und Historiker, allen voran Tacitus.

Was davon kann die Archäologie bestätigen? Zwar gibt es immer noch unterschiedliche Vorstellungen über den genauen Schlachtverlauf. So steht nicht fest, ob es mehrere Angriffe entlang der Marschroute oder nur den einen entscheidenden Hinterhalt gegeben hat. Doch das größte Rätsel, die genaue Lokalisierung der Varusschlacht, ist inzwischen gelöst. Mehrere Jahrhunderte wurde sie vergeblich zwischen dem Wesergebirge, dem Teutoburger Wald und dem östlichen Sauerland angesiedelt.

Ganz nah dran war Ende des 19. Jhs. n. Chr. bereits der berühmte Historiker und Nobelpreisträger Theodor Mommsen: Funde von römischen Münzen am Rande des Kalkrieser Berges nordöstlich von Osnabrück – 80 km vom Teutoburger Wald entfernt – deutete er als Relikte der Varusschlacht. Doch für einen archä-

ologischen Beweis reichten diese wenigen römischen Münzen nicht aus. Erst als in den 1980er Jahren auch der britische Hobbyarchäologe Tony Clunn auf römische Münzen und Schleudergeschosse in einem Feld am Rande des Kalkriesen stieß, wurde den Dingen systematisch auf den Grund gegangen.

Rund 15 km nördlich von Osnabrück bei Bramsche liegt die Kalkrieser-Niewedder Senke. Hier wird vom Großen Moor im Norden und dem Kalkrieser Berg im Süden ein Engpass von rund 6 km Länge und an der schmalsten Stelle etwa 1 km Breite gebildet. Als der Osnabrücker Archäologe Wolfgang Schlüter mit seinem Team 1989 mit den Ausgrabungen begann, erweiterten sie das potenzielle Fundareal der Varusschlacht auf ein 17 km langes und 2 km breites Gelände. Da eine Fläche von über 30 km^2 nie vollständig ausgegraben werden kann, legten die Archäologen Suchgräben an und setzten Luftbilder ein, um mögliche Fundstellen zu lokalisieren. So stieß man vor allem auf Fragmente und Kleinteile, die anscheinend von den plündernden Germanen übersehen worden waren. Dazu zählten weit über 1000 Münzen, die überwiegend gegengestempelt sind. Dieser beim römischen Militär zu besonderen Anlässen praktizierte Brauch wurde für die Archäologen zu einem wichtigen Beweis für die Varusschlacht, denn keine der Prägungen ist jünger als 9 n. Chr. Die Fundreste von militärischen Ausrüstungen reichen von Waffen über Pferde- und Maultiergeschirr bis zu Nägeln von römischen Militärsandalen. Darüber hinaus förderten die Archäologen Überreste militärischer Ausrüstungsgegenstände zu Tage, die von schwerer römischer Infanterie stammen. Die Inschrift auf der Schließe eines Kettenhemdes deutet auf einen Legionär hin, der zur Kerntruppe des römischen Heeres gehörte. Auch Spuren leichter Infanterie- und Kavallerieein-

Nach der Varusschlacht – Germanen sammeln aus dem Meer der römischen Gefallenen Waffen und kostbare Ausrüstungen wie Maskenhelme, um sie zu opfern.

heiten sowie Geräte der Versorgungstrupps wurden geborgen. Das prächtigste Fundstück stellt eine Gesichtsmaske aus Eisen mit Silberblechbeschlag dar – sie gehörte zur Ausrüstung bestimmter militärische Ränge und wurde wohl eher zu Paraden als beim Kampf eingesetzt.

Varus, gib mir meine Legionen wieder!

Wie konnte es zu diesem verheerenden Hinterhalt kommen? Nachdem Julius Caesar Gallien erobert hatte (58–51 v. Chr.), bildete der Rhein die Grenze zwischen dem Römischen Reich und den germanischen Stämmen, doch die Germanen blieben ein ständiger Unruheherd.

Kaiser Augustus fürchtete sogar, dass die germanischen Heerführer ihre wilden Krieger gen Süden führen könnten. 15 v. Chr. stießen die Römer unter dem Feldherrn Tiberius, Stiefsohn des Kaisers Augustus, vom Süden über die Alpen vor, und später machte Titus das Alpenvorland zur Provinz Raetien. Eigentlich wollten sie zusätzlich vom Westen bis zur Elbe vordringen und über den Böhmerwald Anschluss an die raetische Donaugrenze suchen. Archäologische Ausgrabungen bis in die jüngste Zeit beispielsweise von Römerlagern bei Haltern und Oberaden zeigen: Mit Militärstützpunkten rechts des Rheins sollte um die Zeitenwende die Errichtung einer Provinz Germania vorangetrieben werden.

Doch im Jahr 6 n. Chr. wurde dieses Projekt gestoppt. Die auf dem Balkan ansässigen Illyrer wagten einen Aufstand gegen die römischen Besatzer. Tiberius wurde dorthin gesandt und an seiner Stelle ernannte Augustus Publius Quinctilius Varus, der Mitglied des Kaiserhauses und ehemals Statthalter von Syrien gewesen war, zum Statthalter von Germanien – eine schwerwiegende Fehlentscheidung. Denn er schätzte die Lage grundlegend falsch ein: Zum einen hielt der neue Statthalter die Germanen für bereits unterworfen und vertraute einem der »Barbaren« in seinem Offiziersstab, dem Cherusker Arminius. Zum anderen verließ er sich völlig auf die Kampfkraft seiner drei Legionen, die als die Elite des römischen Heeres galten.

So marschierte Varus im Herbst 9 n. Chr. mit seinen Verbänden zum Winterquartier bei Haltern. Die drei Legionen, drei Alen (Reitereinheiten) und sechs Kohorten (leichte Infanterieeinheiten) umfassten rund 20 000 Soldaten, dazu kamen im Tross noch rund 10 000 Frauen, Kinder, Helfer, Sklaven und unzählige Lasttiere. Es regnete in Strömen und der Zug von einigen Kilometern Länge kam nur langsam voran.

Mit den Germanenstämmen – den Cheruskern, Chatten und Brukterern – legte Arminius den Römern entlang ihrer Marschroute einen Hinterhalt.

Kehren wir zurück zum Schlachtfeld: Als sicher gilt heute, dass die Römer unterlagen, weil sie in dem engen, morastigen Areal ihre Kampftaktik nicht entfalten und ihre Waffen nicht optimal nutzen konnten. Es gelang ihnen nicht, ihre Kohorten in geordneten Reihen aufzustellen und einen massierten Infanterieangriff auf breiter Front durchzuführen.

Mittlerweile lässt sich anhand der römischen Funde der Weg der Varusarmee nachvollziehen. Doch damit nicht genug, die Forscher entdeckten unerwartet gut erhaltene Reste eines mindestens 400 m langen Walls aus Rasensoden. Dieses Bollwerk hatten die Germanen angelegt, um die natürliche Passsituation noch zu verstärken: zum einen, um die Römer noch besser einzukeilen, zum anderen, um sie aus diesem Schutz heraus

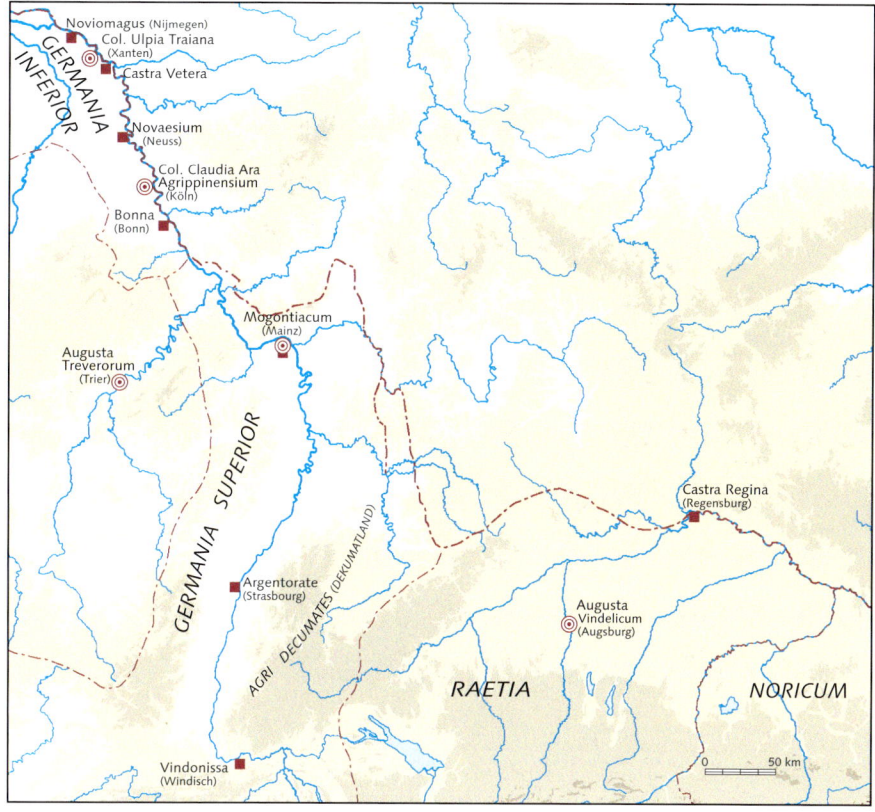

↑ **Vom Rhein an die Donau – der Verlauf des Limes im 1. bis 3. Jh. n. Chr.**

← **Sinnbild der Varusschlacht – die am Kalkriesen geborgene römische Gesichtsmaske**

mit ihren kurzen Speeren angreifen zu können. Auf diese Weise entstand ein perfekter Hinterhalt; eingezwängt zwischen Moor und Wall konnten die Römer nicht mehr auf ihre Stärken setzen.

Ein Großteil der Menschen wird in der sich entwickelnden Panik niedergetrampelt worden sein. Im Endstadium der Schlacht wurden die Truppen des Feldherrn Varus schließlich am Kalkriesen von den germanischen Kriegern vernichtend besiegt. Als die Lage aussichtslos wurde, begingen viele Römer, darunter auch Varus, Selbstmord.

Etwa 100 m östlich des ersten Grabungsareals fanden die Archäologen neben weiteren Rasensodenwällen drei Gruben mit Knochen von Menschen und Tieren. Naturwissenschaftliche Untersuchungen ergaben, dass diese Knochen einige Zeit an der Oberfläche gelegen hatten, bevor sie verscharrt worden waren. Ob die Überreste von den Germanen oder den Römern auf ihrem Rachefeldzug 15/16 n. Chr. bestatteten worden waren, bleibt unklar.

Nach der Schlacht vernichteten die tobenden Germanen, »furor teutonicus« genannt, sämtliche von Römern errichtete Bauwerke östlich des Rheins: Lager, Kastelle und die städtische Siedlung Waldgirmes an der Lahn.

»Varus, gib mir meine Legionen wieder!« Diese Klage von Kaiser Augustus über den Verlust seiner drei Elitelegionen ging als geflügeltes Wort in die Weltgeschichte ein.

Als Nachfolger von Varus wurde Germanicus eingesetzt; im Sommer 16 n. Chr startete der Feldherr mit rund 50 000 Legionären eine Strafexpedition. Zunächst besiegten sie nahe der Porta Westfalica die Barbaren unter Arminius, die sich fortan jeder weiteren direkten Konfrontation entzogen. Danach bereitete die Natur den Römern viel Verdruss: Sie verirrten sich in den Wäldern rechts des Rheins, »versanken« in den Mooren von Niedersachsen und zogen sich schließlich im Herbst auf die linke Rheinseite zurück.

Immer an dem Wall lang – Obergermanisch-raetischer Limes

So lagen Mitte des 1. Jhs. n. Chr. der Schwarzwald und die Schwäbische Alb noch wie ein unkontrollierter Keil zwischen den Grenzen Raetiens und Obergermaniens. Diese Lücke wurde jedoch bis Mitte des 2. Jhs. n. Chr. durch den so genannten obergermanisch-raetischen Limes durchgängig vom Rhein bis zur Donau geschlossen.

Was heute auf der Karte so selbstverständlich aussieht – eine durchgängige Grenzbefestigung vom Rhein zur Donau – diese Erkenntnis ist das Produkt langjähriger Forschungen, Grabungen und Restaurierungen. Denn im 18./19. Jh. waren sogar noch Teile dieser Grenzbefestigung vorhanden. Erstmals wurden Abschnitte des Limes im 18. Jh. von Christian Ernst Hanßelmann erforscht. Im 19. Jh. entstanden lokale Limesvereine, auf deren Vorschlag 1852 die »Comission zur Erforschung des Limes Imperii Romani« gegründet wurde. Die Römisch-Germanische Kommission in Frankfurt am Main, der für Forschungen in Deutschland zuständige Zweig des Deutschen Archäologischen Instituts, hütet heute die Unterlagen dieser Reichs-Limeskommission.

In zwei Limeskonferenzen, 1890 und 1892, wurde erstmals der Verlauf des Limes vom Rhein zur Donau nachvollzogen und eine Reichskommission unter Leitung des Historikers Theodor Mommsen eingerichtet, die die Nachforschungsareale in 15 Strecken unterteilte und die Untersuchungen koordinierte. Bis 1901 wurde gegraben, bis 1937 wurden Forschungsberichte in 14 Bänden dazu abgefasst. Nach 1945 wurden die Grabungen wie-

der aufgenommen und besonders währen d der letzten Jahrzehnte trugen neue Methoden wie geomagnetische Messungen zur Erweiterung der Kenntnisse bei.

So wurden nicht nur der metergenaue Verlauf des Grenzwalls erfasst, sondern auch über 900 Wachtürme und über 120 Kastelle aus der Zeit vom 1. bis zum 3. Jh. n. Chr. – mit rund 550 km Länge stellt sich uns der Limes als das größte antike Bauwerk in Mitteleuropa dar.

Diese Forschungsergebnisse lassen sich heute für Besucher gut nachvollziehen, weil große Abschnitte der Wallanlage restauriert und etliche der Bauwerke liebevoll rekonstruiert wurden – nachfolgend nur einige archäologische Highlights der »Deutschen Limesstraße«:

Der obergermanische Limes beginnt bei Rheinbrohl am Rhein. Hier wurde 1974 der erste Turm der Strecke aus römischem Bruchstein wieder errichtet, aus technischen Gründen 150 m nördlich der ursprünglichen Stelle. Der weitere Verlauf des Limes lässt sich im Naturpark Westerwald erstaunlich gut verfolgen: Graben und Wall zeichnen sich, wenn auch nach 1700 Jahren stark eingeebnet, im Waldboden klar erkennbar

ab. Nahe dem gut 20 km entfernten Hillscheid steht ein dreigeschossiger, weiß getünchter Wachturm, in dem ein kleines Museum mit örtlichen Funden untergebracht ist. Von seinem hölzernen Wehrgang aus hat der Besucher einen wunderbaren Blick auf den Westerwald und das Neuwieder Becken sowie auf die folgenden 5 km klar erkennbaren Limes.

Bei Holzhausen liegen in einem Buchenwald die Mauerreste eines kleinen Kastells mit Umfassungswällen versteckt. Im sich anschließenden Taunus zieht sich der Limes über Bergrücken auf bis zu 700 m Höhe, Richtung Bad Homburg führt ein Wanderweg an sehr gut erhaltenen Limesabschnitten entlang zum Kastell Saalburg, wo ein Sattel des Taunus einen natürlichen Gebirgspass bildet. Schon Mitte des 18. Jhs. wurde die Anlage als »Schanze der Römer« identifiziert, trotzdem jedoch weiterhin wie so viele Römeranlagen als Steinbruch geplündert. Heute ist innerhalb des Kastells ein Museum eingerichtet, darüber hinaus wurden das Stabsgebäude und die Getreidespeicher sowie außerhalb ein Mithras-Tempel rekonstruiert.

Weiter nordöstlich Richtung Butzbach steht auf dem Gaulskopf ein dreigeschossiger Wachturm. Aber

Vorsicht: Jeder Wachturm am Limes sieht heute anders aus, je nach Forschungsstand zum Zeitpunkt der Rekonstruktion. Klar ist heute, dass sie zuerst aus Holz, später aus Steinen oder auf einem Steinsockel errichtet wurden und mindestens zweigeschossig waren.

Dort, auf dem Gaulskopf, beschreibt der Limes einen fast rechtwinkligen Knick mit der Spitze in Richtung Norden. Während der Grenzwall bisher in annähernd östlicher Richtung parallel zum Main verlief, nimmt er nun bis Lorch an der Rems strikt einen schnurgeraden südöstlichen Verlauf. Die Archäologen sind erstaunt darüber, dass die Römer keine Rücksicht auf Höhen und Täler nahmen, sondern geradlinig eingemessen und gebaut haben. Sollte der Limes als Symbol der Stärke verstanden werden? Eine berechtigte Überlegung, doch eines spricht dagegen: Dieser Verzicht auf eine Anpassung an das Gelände ist auch bei vielen Römerstraßen erkennbar (weiter unten mehr dazu).

Die Wirkung des Limes lässt sich an der Rekonstruktion bei Großerlach-Grab gut nachvollziehen: Ein wieder errichteter Steinturm, Wall, Graben und Palisade vermitteln den Eindruck eines unüberwindbaren Bollwerks.

Knapp 30 km weiter südlich biegt der Limes abermals in östlicher Richtung ab und nähert sich in einem 150 km langen Bogen der Donau. Im Stadtgebiet von Aalen (am Rand der Schwäbischen Alb) befindet sich das Areal des großen Reiterkastells, das mit 277 m × 214 m zu den wichtigen Wehranlagen des gesamten Limes gehörte.

Der Grundriss des Stabsgebäudes wurde ausgegraben und restauriert, im nebenan gelegenen Museum sind Funde wie eiserne Helme, Wurflanzen und Feldzeichen, aber auch Statuetten, wie beispielsweise eine Marsfigur und ein kleiner Bronzeadler, ausgestellt. Rund 80 km weiter östlich auf der Fränkischen Alb wurden Nordfront und Nordtor des Kastells Biriciana teilweise rekonstruiert. Noch imposanter sind die Ruinen der zum Kastell gehörenden Thermenanlage, die dank vorbildlicher Restaurierung und Präsentation für die Besucher vollständig begehbar ist. Nach rund 500 km endet der Limes nördlich von Hienheim an der Donau, wo das Kastell Eining die Ostseite sicherte.

Hat diese scheinbar unüberwindliche Grenze die unterschiedlichen Lebensverhältnisse zwischen Römern und Germanen zementiert? Schauen wir uns daraufhin das Leben diesseits und jenseits des Limes an, der Richtung Norden durch den Rhein als natürliche Grenze verlängert wurde.

Schachbrett-Stadt mit Abweichungen – Colonia Ulpia Traiana

Colonia Ulpia Traiana, heute bekannt als die römische Stadt Xanten (auf dem Areal des heutigen Archäologie Park Xanten), Anfang des 2. Jhs. n. Chr. …

Direkt am Rhein und etwas nördlich vom Zufluss der Lippe liegt eine der großen römischen Städte, die sich entlang der Grenze zu Germanien wie Perlen auf einer Schnur aufreihen; im Mittelalter und in der Neuzeit wurde sie nur wenig überbaut. Der Besucher, der sich von Süden oder Norden der Stadt nähert, durchschreitet zunächst die Gräberfelder, die stadteinwärts die Hauptstraße flankieren: Nebeneinander wurden hier die verstorbenen Bewohner der Stadt – die meisten ehemalige Soldaten – beigesetzt.

Dann erblickt er Reste der Stadtmauer mit einem der repräsentativen mehrgeschossigen Stadttore. Was er an dieser Stelle nur ahnen kann: Der Grundriss der Stadt, die sich über 73 ha erstreckt und von einer 3,4 km langen Stadtmauer mit 22 Türmen umfasst wird, folgt dem hippodamischen Prinzip, das heißt, die Straßen wurden in Rechteckform angelegt, wodurch gleichförmige Häuserblöcke, so genannte Insulae, entstanden.

In Xanten konnte das Prinzip eines durchgehenden Rechteckmusters nicht überall durchgeführt werden, denn die Randbedingungen hinderten die Stadtplaner an der Realisierung. Zwar wurden die Nord-Süd-Straßen parallel zur Hauptdurchgangsstraße angelegt, diese jedoch verläuft nicht parallel zum Rhein. Da die Stadtmauer nun aber aus Sicherheitsgründen bis nahe ans Ufer herangeführt werden musste, weist der Stadtgrundriss an seiner südöstlichen Ecke eine Ausbuchtung in Keilform auf. Dieser Platz wurde gut genutzt, denn dort befindet sich das Amphitheater. Daher musste die Straße, die direkt auf das Amphitheater zulief, leicht umgelenkt werden, um nicht als Sackgasse zu enden.

Unser Besucher hat inzwischen eines der drei großen Stadttore durchquert – und wenn er nicht genau wüsste, wie weit er vom Zentrum der römischen Welt entfernt ist, könnte er glauben, in Rom zu sein. Denn alles zielt darauf ab, den Siedlern hier ein Stück römische Heimat zu vermitteln. So weisen die Häuser zu den Straßenseiten hin Portiken oder Säulenhallen auf, damit der Fußgänger geschützt durch die Stadt laufen kann.

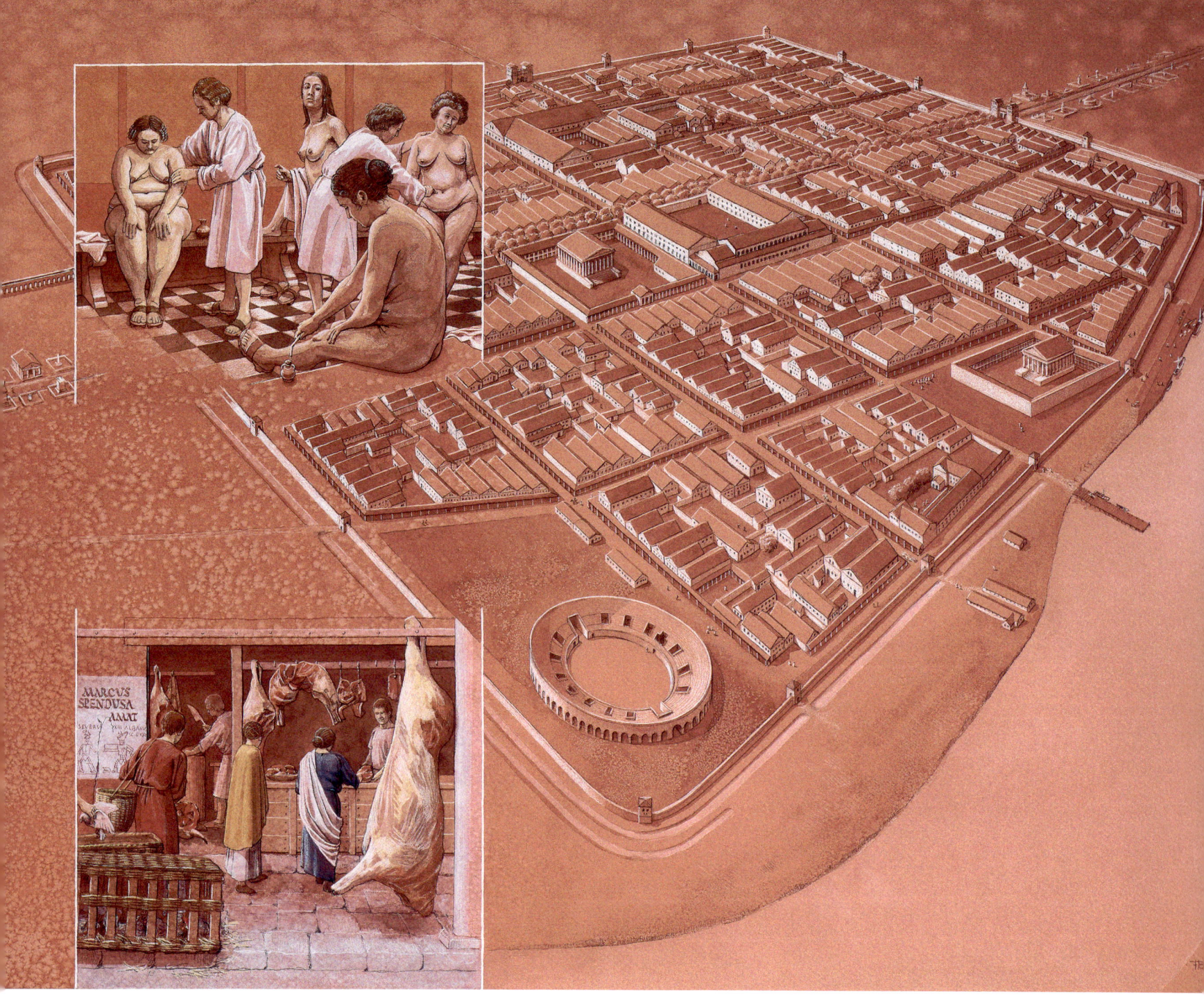

Unter den Arkaden kommt der Besucher an vielen Geschäften vorbei, auf deren Verkaufstheken frische Waren angeboten werden oder über denen das Fleisch frisch geschlachteter Tiere hängt.

Dahinter erstrecken sich die großen, weitläufig gebauten römischen Stadthäuser, die im gesamten Römischen Reich einem bestimmten Aufbau folgten. Durch den Eingang (Vestibulum) gelangt der Besucher in den ersten Hof (Atrium), von dem Seitenräume abgehen. Durch das Empfangszimmer gelangt man in den säulenumstandenen Hof, Peristyl genannt. Weitere Räume wurden symmetrisch an diese Hauptachse angegliedert. Im Hof stehen vielleicht Marmortische, Springbrunnen oder Marmorbecken, die Wände erstrahlen in tiefem Rot und dottrigem Gelb oder weisen Wandgemälde auf, darunter vielleicht (wie in Pompeji überliefert) ein Fruchtbarkeitsgott, der sein gigantisches Glied auf eine Waage legt.

Die Stadtvillen reicher bzw. mächtiger Römer wiederum können sich mit 3000 m² Grundfläche über eine ganze Insula erstrecken und von allem, was eine römische Stadtvilla auszeichnet, das Doppelte haben: zwei Atrien und zwei Peristyle sowie zwei beheizbare Bäder.

Die Gebäude wurden aus herangeschafftem Tuffstein errichtet – während des ganzen Mittelalters und bis in die Neuzeit werden Menschen diesen wertvollen Baustoff wieder abtransportieren.

Entwickelt hatte sich Xanten aus einer römischen Siedlung am Fuße des Militärlagers Vetera I, das auf dem nahe gelegenen Fürstenberg errichtet und 70 n. Chr. von den Batavern zerstört worden war. Um 100 n. Chr. verlieh ihr der römische Kaiser Trajan das Stadtrecht – und beschleunigte damit den Aufbau der repräsentativen Gebäude.

Auf seinem Gang durch die Stadt gelangt der Besucher schließlich ins Zentrum, wo sich die beiden Hauptstraßen kreuzen und zwei Insulae den Stadtmittelpunkt bilden: das Forum und das Kapitol. Als von Wandelhallen umbauter Platz bildete das Forum den politischen und kulturellen Mittelpunkt der Stadt, wo die Menschen sich trafen und Versammlungen abhielten. Auf der östlichen Seite nahm die Basilika fast die gesamte Breite des Forums ein. Die Basilika war ein mehrschiffiger Hallenbau, der unter anderem für politische Versammlungen und zur Rechtsprechung genutzt wurde.

Das Kapitol bildete das religiöse Gegenstück zum Forum – auf dem großen, umbauten Platz erhob sich der imposante Tempel der kapitolinischen Trias. Die 30 m mal 40 m umfassenden Fundamente des großen Tempelbaus konnten die Archäologen freilegen. Wie so ein römischer Tempel aussah, wurde am Beispiel des zweiten Tempels von Xanten, des so genannten Hafentempels, rekonstruiert.

Die Händler erreichten hauptsächlich auf dem Wasserweg die Stadt. Wenn ihr Schiff am Rheinanleger vertaut war, betraten sie die Stadt durch das kleine Osttor und standen gleich in der Nähe des Tempels.

Imposant präsentierte sich der Podiumstempel mit Säulenhalle – einen Eindruck davon vermittelt die 1979/80 erbaute Teilrekonstruktion. Über dem Tempelsockel erheben sich einzelne, jedoch in ihrer Höhe nicht vollständig errichtete Säulen. Die höchsten am Südwest-Eck tragen einen Teil des Gebälks. Bei der Rekonstruktion wurde das noch ungestörte Originalfundament von 24 m × 36 m so überbaut, dass es nicht beschädigt wurde und doch zugleich von den Besuchern einsehbar ist.

Welchem Gott der Tempel geweiht war, wissen wir nicht. Es könnte Jupiter, Mars, Fortuna, Venus, Ceres, Herkules, Merkur, Bacchus oder Apollon gewesen sein. An der Aufzählung ist schon zu erkennen, dass neben

originär römischen auch griechische Gottheiten in den römischen Götterhimmel Eingang fanden, vereinzelt waren auch keltische dazu kommen.

Noch weitgehender als der Teil des Hafentempels wurde die benachbarte Hafenherberge als Attraktion des Archäologie Parks Xanten rekonstruiert. Auf zwei Stockwerken wurden die Räumlichkeiten bis hin zur Möblierung und Wanddekoration nachgebaut. Die dazugehörigen Thermen mit ihren Heißwasserbecken sind sogar beheizbar und der Besucher bekommt eine Vorstellung davon, wie sich dort die Bürgerinnen oder Bürger von Xanten pflegen ließen. Solche großen Gebäude, die einen unmittelbaren Eindruck vermitteln, sind beim Publikum beliebt.

So lässt sich hier wie kaum sonst in Deutschland (mit der Ausnahme von Trier natürlich) große römische

Architektur in 3-D erleben. Doch in Fachkreisen gibt es dazu auch kritische Stimmen: »Durch den Wiederaufbau ist keine ›römische‹ Stadt entstanden, die einen Eindruck von ›römischem‹ Leben vermittelt«, meint der Experte für Denkmalpflege, Hartwig Schmidt, »sondern nur eine Ansammlung von Baumodellen, an deren römische Vorbilder man glauben mag oder nicht.«

Originalgetreuer dagegen fällt die Rekonstruktion römischer Landgüter, wie beispielsweise in Hechingen-Stein, aus. Hier sowie in Trier-Euren, Konz und Nennig waren die so genannten Villae rusticae noch teilweise erhalten.

← Schachbrett-Stadt mit römischem Flair – Colonia Ulpia Traiana, heute bekannt als Xanten

→ Verewigter »Anstich« – die rekonstruierte Ecke des Hafentempels von Xanten

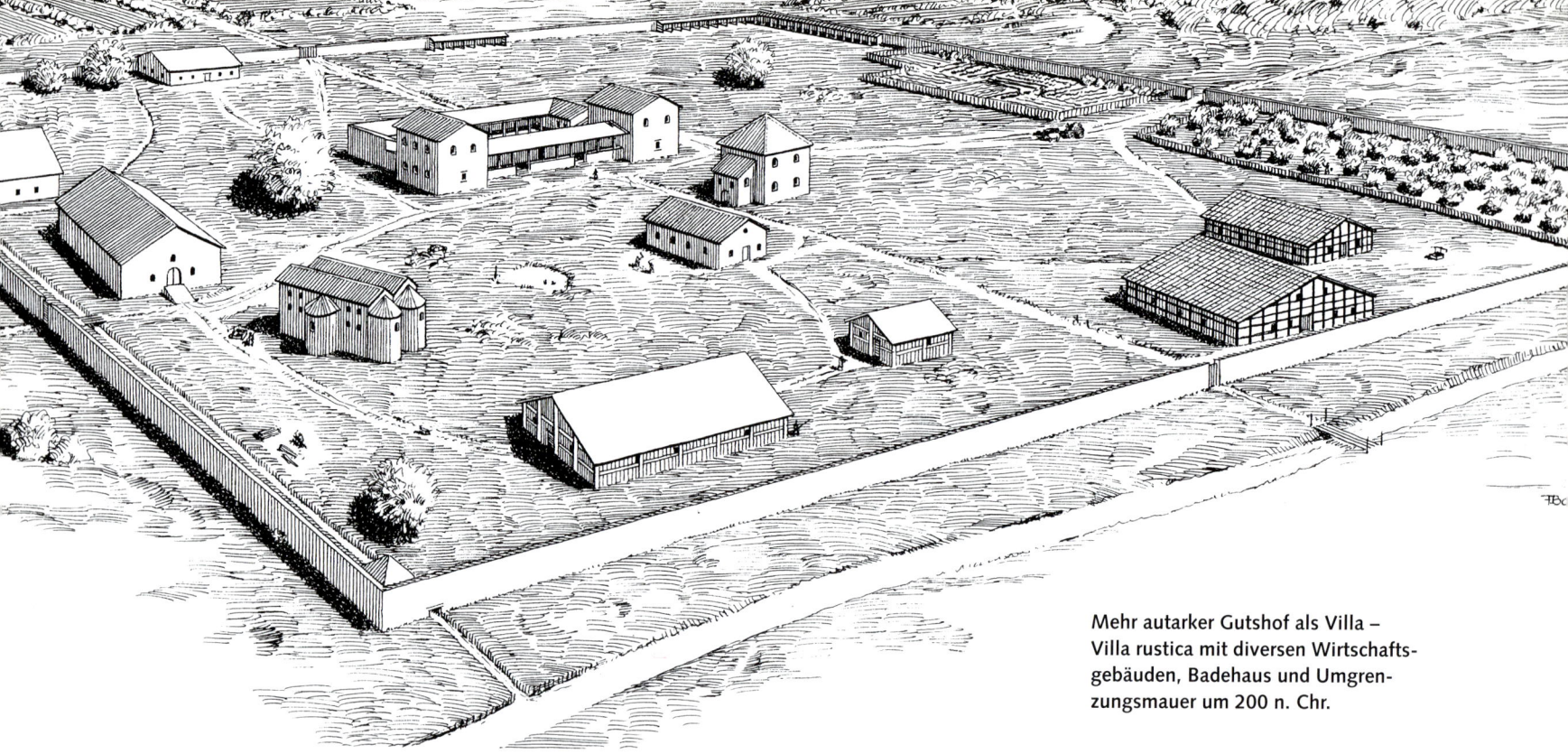

Mehr autarker Gutshof als Villa –
Villa rustica mit diversen Wirtschaftsgebäuden, Badehaus und Umgren-
zungsmauer um 200 n. Chr.

Großbauernhof mit Gourmetküche –
Villa rustica

**Die Küche einer Villa rustica in der römischen Provinz
im 2. Jh. n. Chr. ...**

Unter Anleitung der Hausherrin, der »mater famili-
ae«, bereiten Töchter und Bedienstete ein aufwendiges
Mahl: Hühner werden mit Knoblauch gebraten, die
verfeinernden Gewürze in einem Steinmörser zermah-
len; später werden dazu Brot und Früchte gereicht.

Für uns ist es heute erstaunlich, welche Lebensmittel hier in den römischen Provinzen (an Rhein und
Donau) nachweislich zur Verfügung standen und verarbeitet wurden – nicht nur solche, die selbst angebaut
oder aus der näheren oder ferneren Umgebung herangeschafft werden konnten. Artischocken, Olivenöl und
Fischsoße (Die Garum genannte Würzessenz wurde von
den Römern wie unser heutiges Maggi verwendet.)
wurden aus dem Mittelmeerraum importiert und Austern in gekühlten Behältnissen aus den Küstenregionen
herangeschafft.

Gut ausgestattete Küchen – wie die hier gezeigte –
als eigenständige Räume mit Herdstellen und Lager-
flächen waren jedoch kein Standard; häufig mussten
Herdstellen und Kuppelöfen in den Innenhöfen der
Wohnhäuser zur Zubereitung der Mahlzeiten genügen. Küchen finden sich nur in großen Landvillen oder
Stadthäusern.

Die großen Landgüter konnten mit pompösen Stadthäusern allemal konkurrieren, denn zu ihrer Ausstattung gehörten auch fließend Wasser, das über kleine
Kanäle herantransportiert wurde, und Badehäuser, in
denen die Gutsbesitzer und ihre Gäste zu schwitzen
pflegten. Doch ihr eigentlicher Zweck war der landwirtschaftliche Großbetrieb. Ganz anders als die germanischen Bauernhöfe waren sie ganz und gar darauf
ausgerichtet, große Überschüsse zu produzieren. Denn
zum einen mussten die großen stehenden Heere des
Römischen Reiches versorgt werden. Zum anderen waren auch die Städte, die in den römischen Provinzen
entstanden waren, vollkommen von der Lieferung von
Lebensmitteln abhängig.

Beim Getreide wurde neben Gerste und Dinkel
auch Saatweizen angebaut. Vor allem jedoch führten
die Römer in Mitteleuropa den großflächigen Anbau
von Gemüse und Obst ein: Apfel-, Birnen-, Pfirsich-,
Kirsch-, Pflaumen- und Walnussbäume wurden ange-
pflanzt. Der Weinanbau wurde in günstigen Regionen
wie beispielsweise an der Mosel eingeführt. Erbsen,
Linsen und Pferdebohnen wurden großflächig gesät,
dazu Möhren, verschiedene Kohlsorten, Sellerie und
Rüben. Und zur Gutsküche gehörte ein großer Kräu-
tergarten mit Knoblauch, Dill, Koriander, Kümmel,
Thymian und Bohnenkraut.

→ Mediterrane Mahlzeiten
in deutschen Landen schon
vor 2000 Jahren – Küche
einer Villa rustica

Wichtigstes Nutztier war das Rind, das als Fleisch- und Milchlieferant, aber auch als Zugtier gezüchtet wurde. Dazu kamen Schweine, Schafe, Ziegen, Hühner und der exotische Pfau als weitere Nutztiere, Katze und Hund als Hof- und Jagdtiere.

»Die intensive Besiedlung und der Fortschritt bei der Bewirtschaftung der Güter veränderten das Bild der Landschaft in den römischen Provinzen Deutschlands grundlegend. Es breitete sich eine offene Agrarlandschaft aus, die der Naturlandschaft in weiten Regionen keinen Platz mehr ließ«, erklärt die Archäologin Gabriele Rasbach. Doch diese Entwicklung hatte auch ihre Schattenseiten; neben der Verdrängung von Wäldern sowie zahlreichen Pflanzen- und Wildtierarten benennt die Archäologin auch schon damals auftretende Umweltschäden: »Die großflächigen Rodungen verursachen als Folgeschäden Hochwasser, Überschwemmungen und großflächige Bodenerosion.«

Trotz anderer Bewirtschaftungsmethoden kam es aber auch bei den rechtsrheinisch siedelnden Germanen – beispielsweise in Mitteldeutschland – zu Bodenerosionen, die ihnen die Landwirtschaft zusätzlich erschwerten. Wie sah nun das Leben östlich des Rheins aus?

Bauern in Barbaricum

Wurt Feddersen Wierde (zwischen den heutigen Städten Bremerhaven und Cuxhaven in Niedersachsen gelegen) im 3. Jh. n. Chr. …

Von einem Priel umspült liegt ein Dorf mit seinen rund 30 Bauernhäusern auf einer so genannten Wurt, einem künstlich aufgetragenen Wohnhügel.

Weite Gebiete an der Nordseeküste sind Marschland, es gibt zudem noch keinen Schutz durch Deiche. Das Land ist daher mehr oder weniger dem Meer ausgeliefert. In den letzten Jahrhunderten vor der Zeitenwende war das Niveau des Meeresspiegels vorübergehend gesunken und der Mensch war ins scheinbar sichere Marschland vorgedrungen und hatte dort seine Häuser und Dörfer (Flachsiedlungen) errichtet.

Auch die erste Siedlung an dieser Stelle war im 1. Jh. v. Chr. nur auf einem Brandungswall, einem flachen natürlichen Uferrücken, angelegt worden.

Nach der Zeitenwende aber stieg die Höhe der Sturmfluten – wenn auch nur um 1 bis 2 dm im Jahr, so doch unaufhaltsam. Sie überspülten im Herbst und Winter immer häufiger das umliegende Marschland. Deshalb haben die Menschen eine Technik entwickelt, ihre Siedlung in die Höhe wachsen zu lassen. Bevor sie ihre Häuser neu bauen, was etwa alle 30 Jahre der Fall ist, schichten sie den Baugrund mit Soden aus Mist, Kleie oder Rasensoden auf. So entstehen im 1./2. Jh. n. Chr. zunächst kleine Kernwurten, die dann zu dem gut organisierten radial ausgerichteten Wurtendorf ausgebaut werden, das wir für das 3. Jh. n. Chr. auf der Abbildung sehen.

Nicht nur diese gemeinsame Leistung, auch die Gebäude verraten eine differenzierte soziale Organisation. Die Hausgrundrisse sind oft das Einzige, was die Archäologen von den Dörfern noch finden, wenn sie die vor Jahrhunderten aufgegebenen, aber immer noch auf sichtbaren Wurten Schicht für Schicht abtragen. Innerhalb dieser Areale stoßen sie unter anderem sogar noch auf Teile der aufgehenden Flechtwerkwände, die Auskunft über Bauphasen, Grundrisse und Funktionen der verschiedenen Gebäudeteile geben.

So verrät der große von einem Flechtwerkzaun umgebene Gebäudekomplex im Südosten einen Herrenhof – hier hat vermutlich der Dorfvorsteher gewohnt. Und daran schließt sich unmittelbar die Versammlungshalle an: Ihr Grundriss weist im Gegensatz zu den anderen Gebäuden keinerlei innere Zwischenwände auf.

Die dreischiffigen Bauernhäuser sind in einen Wohn- und einen Hauswirtschaftsbereich sowie den Stall aufgeteilt: Sie können 13 bis fast 30 m lang und 4,90 bis 7 m breit sein. Außerdem wurden auch kleine Grubenhäuser errichtet, in denen Männer und Frauen handwerklichen Arbeiten wie Weben, Schmieden oder Schnitzen nachgingen.

Die Dörfer auf den Wurten wurden sternförmig angelegt. So konnte der beschränkte Raum optimal ausgenutzt werden, gleichzeitig grenzen immer wieder ausgebesserte Zäune aus Flechtwerk die Höfe voneinander ab.

Wovon lebten die Bauern hier? Weil es nur geringe Flächen für Ackerbau gab oder die Böden aufgrund gelegentlicher Überflutungen salzig waren, wurde an den Küsten vorwiegend Vieh gehalten. Die Menschen waren weitgehend Selbstversorger, trieben aber auch mit ihren handwerklichen Erzeugnissen einen regen Tauschhandel. Die wirtschaftliche Basis war jedoch nicht mehr ausbaufähig. Dies ist eine der Ursachen, die in der Völkerwanderungszeit zur Aufgabe der Siedlung führte.

Vorläufer der Halligwarft – den Boden der Wurt Feddersen Wierde mussten seine Bewohner um die Zeitenwende gegen die steigende Überflutungsgefahr mit Kleie-Soden anheben.

Im Binnenland war es andersherum: Dort stand mehr Ackerfläche zur Verfügung, also wurde weniger Vieh gehalten. Aber auch hier tauchten Probleme auf, deren Natur wir schon einmal anderer Stelle (bei der Darstellung der neolithischen Wirtschaftsweise) angesprochen haben: Anders als in Mitteldeutschland mit seinen reichen Lössböden weisen einige Gebiete Nord- und Ostdeutschlands sandige Böden mit einer nur dün-

nen Humuskrume auf. Wenn diese durch Ackerbau gelockert worden war, trugen Wind und Regenwasser sie schnell ab. Schon im 3./4. Jh. n. Chr. versuchten die Bauern vor Ort, mit Hecken und Palisaden den fruchtbaren Boden festzuhalten – häufig vergeblich, die Bewohner gaben das Land auf.

Friedliche Bauern und Wurtenbewohner – lassen sich die Germanen an den Küsten Norddeutschlands

und in Schleswig-Holstein auf dieses Bild reduzieren? Keineswegs. Es war zwar noch nicht die Zeit der großen Völkerwanderung, doch es war eine Zeit vieler kleiner kriegerischer Auseinandersetzungen, die uns nicht schriftlich überliefert wurden, für die es aber archäologische Beweise gibt.

Schwerter als Mooropfer

Zu Beginn des 3. Jhs. n. Chr. im Moor von Thorsberg (am nördlichen Rand der heutigen Stadt Süderbrarup, Schleswig-Holstein) …

Es ist früher Morgen, Nebelschwaden steigen von den Moorseen auf. Eine Gruppe von Männern ist hierher gezogen und hat dabei etliche Vögel aufgeschreckt. Seit Generationen wird eine der noch freien Wasserflächen des kleinen Sees, der im Laufe der Jahrhunderte in großen Teilen zu einem Kesselmoor verlandete, als Opferstelle genutzt (Die Archäologen können später die ältesten Opferfunde, rund 200 Ton- und Holzgefäße, in die Zeit vom 1. Jh. v. Chr. bis 1. Jh. n. Chr. datieren.). Vom Südufer aus führt ein mit Reisig abgedeckter Holzsteg auf eingerammten Pfählen zum Opferplatz im See.

Die Männer haben in feierlicher Zeremonie Waffen und Kleidung von rund 300 Kriegern eines gegnerischen Germanenstammes hierher transportiert. Die Kleidung wurde gerade zerrissen und die Waffen zu Bündeln verschnürt.

Nach einer uns heute nicht mehr bekannten Zeremonie werfen die Männer Kleidung, Holzgegenstände und Waffen mit Schwung in den See, denn die Opferstelle befindet sich in der Mitte des Seebeckens – genau dort finden Archäologen gut 1700 Jahre später große Mengen germanische und römische bzw. nach römischem Vorbild hergestellte Waffen. Die wirkliche Zahl der geopferten Waffen lässt sich nicht ermitteln, denn Objekte aus Eisen zersetzen sich im Moor. Waffen, Waffenteile, Werkzeuge und Schmuck aus Silber oder Bronze dagegen werden genauso wie Holz und Textilien konserviert. Und deshalb gibt es keinen Zweifel: Die Gegenstände müssen vorher zerstört worden sein, anders lässt sich ihr Zustand nicht erklären. Es war Kriegsbeute, die den Göttern geopfert wurde – darunter befinden sich herausragende Stücke wie eine Gesichtsmaske aus vergoldetem Silber sowie zwei kunstvoll gearbeitete Zierscheiben aus einer Kupferplatte mit aufgebrachtem, vergoldetem Silberblech, die in Barbaricum nicht ihres Gleichen haben.

Mooropferplätze existierten jedoch nicht erst seit der römischen Zeit – seit ca. 500 v. Chr. führten Stege aus rechteckigen Eichenbohlen teilweise über Hunderte von Metern durch den sumpfigen Grund. Als Beweis für den religiösen Hintergrund der Mooropferplätze gelten im Moor entdeckte Stelen, wie diejenigen im Wittenmoor (an der Unterweser), wo einst zwei Figuren links und rechts vom Bohlenweg standen. Es gibt zudem eine rein materielle Erklärung, warum manche Bohlenwege im Moor endeten: Hier wurde, wie schon zu Beginn der Eisenzeit, Sumpfeisen gesammelt – wie Steine aussehende Klumpen, die sich durch chemische Prozesse im Moor bildeten und deren Abbau lohnte.

Der Kontakt mit den Römern hatte aber ebenso negative Folgen: Die Ausweitung des Römischen Reiches zog vielfache Verschiebungen von Stammesgebieten und große soziale Spannungen zwischen und in den zahlreichen germanischen Stämmen Nordeuropas

nach sich. »Es ist durchaus denkbar, dass die großen sozialen Unruhen in dieser Zeit zu einer Intensivierung der Opferpraktiken geführt hat«, urteilt der niederländische Archäologe Wijnand van der Sanden. Und auch die Opferobjekte änderten sich: Es wurden auffallend mehr Waffen geopfert. Manchmal als Beschwörung

← Religiöse Rüstungskonversion – zerstörte Waffen ihrer Gegner opferten die Germanen in Seen und Mooren wie hier im Moor von Thorsberg.

→ Eisen vergeht, Bronze und Silber besteht – das Arsenal der im Opfermoor von Thorsberg versenkten bronzenen und silbernen Waffen.

für einen bevorstehenden Kampf, doch häufig wurden ganze Waffenarsenale versenkt. Über 30 vergleichbare Plätze sind allein in Südskandinavien und Schleswig-Holstein bekannt, an denen Waffen unbrauchbar gemacht und im Moor versenkt worden waren – eine Art frühgeschichtliche Rüstungskonversion.

Im Moor fanden die Archäologen neben den Waffen und Opfergaben auch Moorleichen, die in der Mehrzahl vom Ende der Bronzezeit bis zur römischen Kaiserzeit datieren. Inzwischen wurde ein Großteil der erhaltenen Moorleichen mit Hilfe von Endoskopien und Computertomographien, biologischen und chemischen Analysen genau untersucht. So wurde mit einer Moorleiche aus der römischen Kaiserzeit verfahren, die 1900 aus dem Moor beim emsländischen Neu Versen geborgen worden war. Vom »Roten Franz« – der Spitzname bezieht sich auf das Kopfhaar, das jedoch erst im Moor rot wurde – ließ das Niedersächsische Landesmuseum 2001 ein gerichtsmedizinisches Gutachten erstellen: Die Person war männlich, 25 bis 30 Jahre alt und 1,80 m groß. Obwohl die Haut des Opfers stark verformt ist, entdeckten die Mediziner Hinweise auf eine Schnittwunde im Halsbereich und eine Verletzung am Schlüsselbein, die von einer Klinge herrühren könnte: Dem Untersuchten hatte man offensichtlich die Kehle durchgeschnitten. Darüber hinaus entdeckten die Mediziner auch bereits verheilte Knochenveränderungen: Bei der Schädigung des rechten Schultergelenkkopfes muss es sich um eine Kriegsverletzung handeln, die von einem Pfeil oder einer Lanze herrührt. Und ein Bruch des Schlüsselbeins könnte auf einen Sturz vom Pferd zurückgehen. Denn Verformungen der Oberschenkel deuten darauf hin, dass der »Rote Franz« viel geritten sein muss. Wie der Kopf des Mannes tatsächlich aussah, wurde 2002 zur Ausstellung »Der Tempel im Moor« am Computer rekonstruiert und in einer überzeugenden Plastik dargestellt.

Das letzte Geheimnis um den »Roten Franz« aber konnten auch die Wissenschaftler nicht lüften: Ein reitender Krieger wird um 300 n. Chr. mit durchgeschnittener Kehle im Moor zur vermeintlich letzten Ruhe gebettet – war er vom Gegner tödlich verletzt oder von den eigenen Leuten umgebracht worden? Wurde er gerichtet oder geopfert?

In unserem konkreten Fall und bei vielen weiteren Spuren von Gewaltanwendung glaubten Wissenschaftler und die breite Öffentlichkeit bis vor kurzem den Berichten Tacitus': »Verräter und Überläufer hängen die Germanen an Bäume; Feiglinge, Kriegsscheue und Schandkerle ertränkt man in Moor und Sumpf.« Doch Tacitus war kein parteiloser Ethnologe, sondern Vertreter einer Eroberungsmacht. Außerdem gibt es viel weniger Hinweise auf Gewalttaten, als häufig dargestellt. Eine andere Deutung: die Angst vor Wiedergängern, also Toten, die keine Ruhe im Jenseits finden. Denn viele Moorleichen wurden am Grund mit Hölzern festgepflockt. In den letzten Jahren hat sich unter den Wissenschaftlern die Opfertheorie durchgesetzt – so van der Sanden: »Viele der separaten Moorleichen müssen als Menschenopfer interpretiert werden. Denn die Moore bilden Plätze, an denen man versuchte, Kontakt mit dem Übernatürlichen aufzunehmen und mit der Übergabe kostbarer Opfer, diesen Kontakt zu besiegeln.«

In der Spätantike an der Rheingrenze der römischen Provinz Germania zum Barbaricum ...

Römer und Germanen stehen sich an den Flussufern gegenüber. Schon Mitte des 3. Jhs. n. Chr. waren die römischen Truppen an der Grenze deutlich verringert worden. Das Ende des Limes kam schließlich mit der Aufgabe der römischen Herrschaft über die rechtsrheinischen Gebiete um 260 n. Chr.
Die Bewohner der römischen Provinz sind in der umseitigen Szene stellvertetend dargestellt durch einen typischen Soldaten, der mit Brustpanzer und Helm, Tunika (ein aus zwei Teilen genähtes Gewand) und Chlamys (ein kurzer Schultermantel aus einem rechteckigen Tuch) bekleidet ist und eine Lanze trägt.

Durchlässige Grenzen und erstarkende Germanen

Spätantike und Völkerwanderung

Handel und Wandel am spätantiken Limes

Zur Sicherung der Grenzen waren anfänglich viele Soldaten an die Nordgrenze des Römischen Reiches geschickt worden. Wie Perlen auf einer Kette waren die uns heute bekannten 55 Kastelle bzw. befestigten Siedlungen entlang der spätantiken Grenze aufgereiht.

Kastelle und befestigte Städte waren durch die berühmten Römerstraßen miteinander verbunden. Sie wurden auf weitgehend geradlinigen Trassen angelegt. Ihre Einmessung erfolgte ganz auf Sicht und ihre Planung nicht am Zeichenbrett. So schließen sich langen, geraden Strecken leichte Biegungen an. Besonders augenfällig an Berghängen: Während ältere Naturwege bisweilen gewundene sanfte Steigungen am Hang bevorzugen, ließen die Römer von ihren Legionären Rampen zum steilen Direktaufstieg anlegen.

Doch kehren wir zurück zu unserem Bild: Dem typischen Römer steht ein typischer Germane gegenüber. Seine Kleidung wurde nach den Funden des so genannten Fürstengrabes von Gommern rekonstruiert: Er trägt eine Hose mit einem langen Kittel darüber, der von einem breiten Gürtel mit Metallbeschlägen gehalten wird. Ein bunter Umhang schützt ihn vor der Kälte. Bewaffnet ist er mit einem Schwert, einer Lanze und einem großen, runden Schild aus Holz, das aufwendig mit Linien und Mustern verziert wurde.

In Barbaricum verteilen sich Höfe und Siedlungen frei in der Landschaft. Sie sind nicht mit geraden oder wenigstens befestigten Straßen verbunden, sondern durch Wege, die sich, durch ständige Nutzung immer weiter vertieft, der Landschaft anpassen.

Während die Römer intensive Landwirtschaft betreiben, halten die Germanen an der teilweise extensiven Nutzung natürlicher Ressourcen fest. Vor allem wird Getreide angebaut, um Fladenbrot zu backen und das geliebte Bier anzusetzen. Eine weitere Hauptnahrungsquelle entstammt der Zucht von Schweinen, Pferden und Rindern, die auf den Wiesen und im Wald weiden. Dazu kommen Jagen und Fischen, das Sammeln von wilden Früchten und Honig.

Die auf Steinpfeilern von den Römern über den Grenzfluss errichtete Brücke zeugt von Zweierlei: Einerseits wird sie auf beiden Seiten von Kastellen flankiert, weil die Römer mit Übergriffen rechnen. Sie haben viel unternommen, um die Verhältnisse im »Barbaricum« – wie sie das rechtsrheinische Germanenland nennen – zu stabilisieren: Sie haben den Germanen Gesandtschaften geschickt und Geschenke gemacht, Bündnisse mit ihnen geschlossen und politische Partner gegen Rivalen und Feinde verteidigt. War ein Stamm jedoch endgültig als »Feind« definiert, wurde er unterdrückt, umgesiedelt oder gar versklavt.

Doch die Tatsache, dass diese Brücke überhaupt unterhalten wird, zeigt zum Zweiten, dass die Römer an einem kontinuierlichen Kontakt mit den »Barbaren« interessiert sind.

Der Limes bildete keine strikte undurchlässige Grenze, sondern verdeutlichte die Präsenz des Römischen Weltreiches, das für Menschen, Handel und Ideen in beide Richtungen offen war. Die Germanen tauschten landwirtschaftliche Produkte, Vieh, Felle und Eisenerze, Bernstein, Wolle, Seife und Frauenhaar, das bei den vornehmen Damen der römischen Gesellschaft sehr gefragt war. Im Gegenzug erhielten sie dafür vor allem hochwertige Gefäße aus Metall, Glas oder Keramik, Schmuckgegenständen sowie Silber- und Goldmünzen.

Inwieweit aber passt das Klischee – hier Römer, dort Germanen, hier Zivilisation, dort Barbarei – eigent-

Begegnung auf Augenhöhe – Römer und Germanen, in der Spätantike getrennt nur durch den Rhein

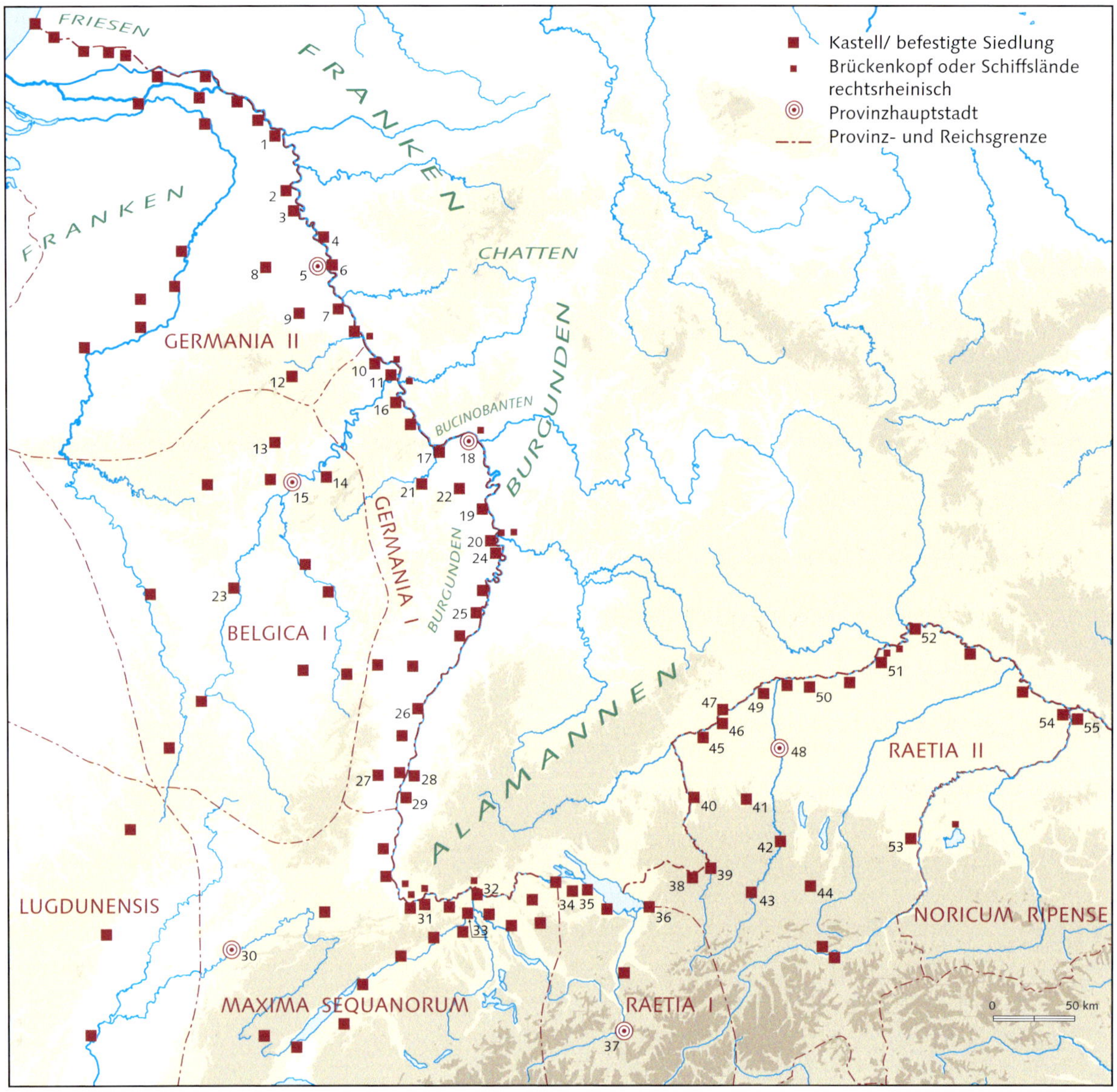

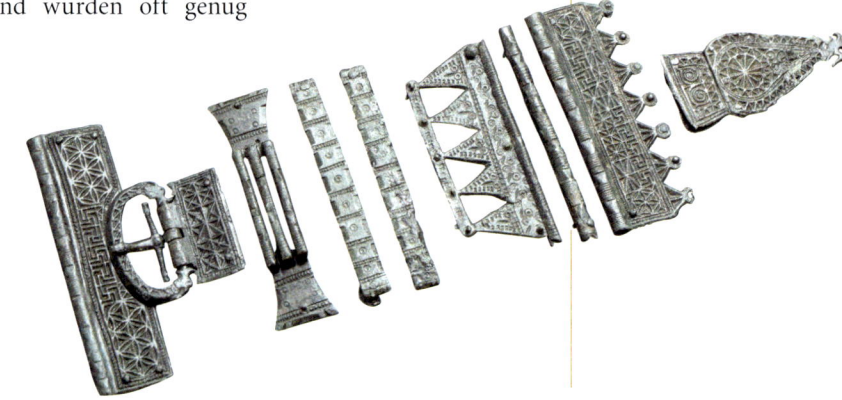

Legend:
- ■ Kastell/ befestigte Siedlung
- ■ Brückenkopf oder Schiffslände rechtsrheinisch
- ◉ Provinzhauptstadt
- —·— Provinz- und Reichsgrenze

FRIESEN
FRANKEN
FRANKEN
CHATTEN
GERMANIA II
BUCINOBANTEN
BURGUNDEN
GERMANIA I
BURGUNDEN
BELGICA I
ALAMANNEN
RAETIA II
LUGDUNENSIS
NORICUM RIPENSE
MAXIMA SEQUANORUM
RAETIA I

0   50 km

lich in der Spätantike noch? Trennte diese Grenze die Völker oder hatte sie die Funktion einer biologischen Zellwand, deren poröse Struktur den Ausgleich von Nährstoffen (Diffusion) begünstigt?

Wer war eigentlich zu dieser Zeit ein »Römer«? Jeder, der das römische Bürgerrecht besaß. Die Bevölkerung in den römischen Provinzen entlang des Rheins und der Donau war mittlerweile bunt zusammengewürfelt: Römer, Kelten und immer mehr Germanen, die sich dort niedergelassen hatten.

Die Germanen, vor allem die Franken – groß, stark und wild so Tacitus – wurden zum zuverlässigen Lieferanten von Mannschaften und Offizieren für die römische Armee. »Die Bewohner des Barbaricums entwickelten sich allmählich zu bündnisfähigen Partnern, die von den Römern nicht nur mit Goldmünzen be-

zahlt, sondern auch mit Lebensmitteln und Ausrüstungen versorgt wurden und sogar Wohnrecht innerhalb der Reichsgrenzen bekamen«, erklärt die Archäologin Gerda Sommer-von Bülow, »als Gegenleistung versahen sie Wehrdienst im römischen Heer und wurden oft genug auch gegen andere germanische Stämme eingesetzt.« So konnte es geschehen, dass vor allem Germanen (mit römischer Ausrüstung und Kleidung) gegen Germanen kämpften. Als beispielsweise 406 n. Chr. Vandalen, Alanen und Sueben Mainz angriffen, wurden sie von einem römischen Heer zurückgeschlagen, das zu einem großen Teil aus Franken bestand. Die römische Armee ermöglichte einzelnen Germanen einen glanzvollen Aufstieg – vom Vandalen Stilicho, der römischer Offizier wurde, existiert das Abbild auf einer Schreibtafel aus Elfenbein.

Bemerkenswert dabei: Trotz des häufigen Kampfes germanischer gegen römische Truppen war es in den rechtsrheinischen Gebieten keine Schande oder gar Verrat, in der römischen Armee zu dienen – so erläu-

tert der Historiker Horst W. Böhme: »Neben den umfangreichen Soldzahlungen, die mit den entlassenen Söldnern teilweise in ihre rechtsrheinische Heimat gelangten, bedeutete die oft bemerkenswerte Karriere als römischer Offizier für heimkehrende adlige Gefolgschaftsführer einen erheblichen Prestigegewinn, der ihre gesellschaftliche Stellung festigte und sogar steigerte.« Besonderes Symbol dafür wurden vor allem die vielen kunstvoll verzierten Militärgürtelbeschläge, die die ehemaligen Soldaten mit in ihre Heimat nahmen und die ihnen nach dem Tod als Beigabe mit ins Grab gelegt wurden.

Sämtliche Fundorte von Militärgürtelbeschlägen aus dem 4. und 5. Jh. n. Chr. zeigen nicht nur eindrucksvoll, wohin die meisten germanischen Söldner nach dem Ende ihrer Dienstzeit im römischen Heer zurückkehrten, sondern dokumentieren auch die germanischen Siedlungsgebiete dieser Zeit.

Gleichzeitig erblühten die linksrheinischen Römerstädte zu einer neuen Pracht.

Wer waren die Germanen denn nun?

So sehr sich nationalistische und später vor allem nationalsozialistische Historiker und Hobbyhistoriker auch bemühten, die Germanen als das große Ahnenvolk einer frühzeitlichen nordischen Hochkultur darzustellen, die Wurzeln der Germanen verlieren sich – archäologisch gesehen – schon im 2./1. Jh. v. Chr. im Dunkeln der nordeuropäischen Wälder und Sümpfe. Der Versuch, sie mit der eisenzeitlichen Jastorf-Kultur (6.–1. Jh. v. Chr.) zu identifizieren, scheiterte (wie wir im Kapitel »Herren über Salz und Eisen – Kelten und ihre Nachbarn in Deutschland« sahen).

Hinzu kommt eine weitere bittere Erkenntnis: Die »Germanen« haben sich selbst nie so genannt. So fasst der Historiker und Germanen-Experte Walter Pohl den heutigen Forschungsstand zusammen: »Es kann gegenüber der älteren Germanenforschung, die in den Germanen ein ›Volk‹ bestehend aus vielen ›Stämmen‹ sah, gar nicht ausdrücklich genug darauf hingewiesen werden, dass dieser römische Germanenbegriff ein seit Caesar von außen gegebener Sammelbegriff war, dem kein germanisches Volksbewusstsein entsprach.«

Vermutlich waren es die Belgen – nordgallische Stämme, die zwischen Seine und Rhein lebten –, die als Erste vom rechtsrheinischen Ufer unter Führung der Sueben anstürmende Heere »Germanen« nannten. Die

Belgen riefen Caesar zu Hilfe, der diese »Germanen« wieder über den Rhein trieb und dabei die Namensgebung übernahm.

Der Kriegsstratege Caesar definierte die Völker vor allem nach territorialen Gesichtspunkten. »Germanen« waren für ihn nun alle Völker, die östlich des Rheins und nördlich der Donau lebten. Außerdem waren sie noch viel barbarischer als die inzwischen befriedeten Gallier.

Tacitus dagegen nutzte seine Darstellung der Germanen in seinem Werk »Germania« als Lehrstück vom »edlen Wilden«. Er hob besonders ihre positiven Eigenschaften hervor, um damit indirekt die Dekadenz der römischen Gesellschaft zu kritisieren. Die Germanen waren zwar wild, aber unverdorben: treu, unbestechlich, kampfbereit und ihre Frauen bescheiden. Doch sie wurden verführt – so Tacitus: »Manche Germanen haben wir auch schon so weit gebracht, dass sie Geld nehmen.«

Bereits in der Spätantike jedoch verlor die Bezeichnung »Germanen« ihre Bezugsgröße; durch die beginnende Wanderungsphase ließen sich die Völker nicht mehr territorial zuordnen. An die Stelle der Bezeichnung »Germanen« traten neue Großstämme wie Goten, Franken, Alamannen, Vandalen, später noch Burgunder, Sachsen und Thüringer.

Im 10. Jh. entstand mit dem Ostfrankentum ein erstes »Deutsches Reich« – doch statt sich allein auf die Germanen als Vorfahren zu beziehen, betonten die Ostfranken ihre Gemeinsamkeit mit den Römern, über den Priamos-Sohn und legendären Romgründer Aeneas direkt von den Trojanern abzustammen.

»Für die mittelalterlichen Deutschen spielten die Germanen als Selbstbezeichnung eine überraschend geringe Rolle«, urteilt Pohl. Das änderte sich schlagartig im 15. Jh. Die Humanisten suchten nach dem edlen Naturzustand des Menschen und genau in dieser Zeit wurde Tacitus' »Germania« wieder entdeckt. Lange Zeit verschollen tauchte eine Abschrift wieder auf und gelangte in Umlauf. Der Mythos von den germanischen Ursprüngen nahm seinen Anfang: Das Bild eines wilden, aber reinen Volkes, noch unverdorben von der römischen Zivilisation, bot eine Projektionsfläche für romantische Verklärungen bis hin zur Rassenideologie.

Fazit: Die Geschichte der Germanen bleibt also ein ungelöster Fall für die Geschichtsforschung und deren kritische Hinterfragung. Die Archäologie stellt dazu viele Puzzleteile zur Verfügung.

Augusta Treverorum – das nördliche Rom

378 n. Chr. im Hof der Residenz der Kaiserstadt Augusta Treverorum (Trier) …

»Dank sagt man nämlich nicht, um der Majestät zu schmeicheln, und nicht ohne Argumente bei einem so tapferen Kaiser: Zeuge ist die Grenze an Donau und Rhein, die in nur einem Jahr befriedet wurde … Ich könnte dich Germanicus nennen aufgrund der Unterwerfung der Barbaren, Alamannicus aufgrund der Überführung der Gefangenen …«, lobt der Redner, Dichter und Lehrer Decimus Magnus Ausonius keinen Geringeren als Kaiser Gratian. Dieser hatte seinen ehemaligen Lehrer gerade mit dem höchsten Ehrenamt des Reiches ausgezeichnet: dem Konsulat.

Rhetoriker und Dichter waren hoch angesehen: In einem Gesetz, das Gratian 376 n. Chr. in Trier erließ, bedachte er die Hochschullehrer des ganzen Reiches mit einem festen Jahresgehalt und gewährte den Rhetorikern und Grammatikern in Trier noch einen zusätzlichen Bonus. Zu dieser Zeit stand Trier auf dem kulturellen und machtpolitischen Höhepunkt seiner Entwicklung.

Gegründet worden war die Stadt bereits 16 v. Chr. von Kaiser Augustus am Platz einer alten Siedlung der Treverer, einem keltischen Stamm, den Caesar während seines Keltenzuges zweimal unterworfen hatte.

Bereits im 1. Jh. n. Chr. wurde Trier zum Sitz des Procurators, des kaiserlichen Verwalters der Provinz Gallia Belgica, und darüber hinaus Sitz für die Finanzverwaltung der Provinzen Germania Inferior und Germania Superior.

So wurde die Stadt im 2. Jh. n. Chr. mit einem mächtigen Mauerring umbaut. Die Hauptstraße, die in Nord-Süd-Richtung die Stadt durchzog und nach Mainz bzw. Metz führt, wurde von den beiden repräsentierenden Stadttoren überspannt, wozu auch Triers heutiges Wahrzeichen gehört: die Porta Nigra.

Die mächtige, 23 m hohe Toranlage wurde im letzten Drittel des 2. Jhs. n. Chr. errichtet: Über den zwei Torbögen erheben sich zwei Stockwerke mit Reihen von Rundbogenfenstern und eingelassenen Halbsäulen, die wiederum in flankierende Rundtürme münden – eine imposante Erscheinung. Allerdings blieb das Bauwerk in der römischen Zeit ein Rohbau. Die Sandsteine blieben in dem nur grob bearbeiteten Zustand, in dem sie aus den umliegenden Steinbrüchen des Biewer- und des Kylltals geliefert worden waren und in dem sie sich

Dichter lobt Herrscher – 387 lobt Ausonius Kaiser Gratian als Unterwerfer der Germanen, doch schon bald wird der Kaisersitz wieder nach Italien verlegt …

heute noch befinden. Das Gebäude selbst wurde im 11. Jh. n. Chr. in eine Doppelkirche umgebaut – und erst zu Beginn des 19. Jhs. wieder in seinen ursprünglichen Zustand zurückversetzt.

293 n. Chr. ernannte Constantinus Chlorus – einer der vier gemeinsam regierenden Kaiser – Trier zur Residenzstadt, und in dieser Zeit wurde hier auch ein Bischofssitz errichtet. Beides führte im 4. Jh. n. Chr. zu einem enormen ökonomischen, politischen und – wie anfangs schon gezeigt – kulturellen Aufschwung der Stadt. Deren Mittelpunkt bildete schließlich der kaiserliche Hof. Die ursprüngliche Palastaula ist einer der ganz wenigen römischen Großbauten, die nördlich der Alpen bis heute erhalten geblieben sind. Die impo-

nierende Größe dieser im 4. Jh. n. Chr. entstandenen Empfangs- und Audienzhalle, deren Fußböden und Wände mit farbigem Marmor und Mosaiken ausgeschmückt war, lässt sich noch heute gut nachempfinden: Die römische Basilika überragt das benachbarte Kurfürstliche Palais um einiges. 394 n. Chr. wurde das Römische Reich offiziell christlich und Trier avancierte bald zum christlichen Zentrum.

Und noch ein gut erforschter Gebäudekomplex gehört zu den Superlativen des Römischen Reiches. Von den Barbarathermen sind heute nur noch weitläufige Ruinen vorhanden – doch die nahe am Ufer der Mosel gelegene Badeanlage war zur Zeit ihrer Erbauung im 2. Jh. n. Chr. die zweitgrößte (nach den Trajanthermen in Rom) öffentliche Badeanstalt der römischen Welt. Bis ins 17. Jh. hinein standen Teile des Mauerwerks des einstigen gewaltigen Bade- und Kulturzentrums noch in ihrer ganzen Höhe. Die davon übrig gebliebenen Fundamentmauern scheinen heute nicht mehr so imposant, sie bieten jedoch einen Einblick in die weitläufigen Kellergebäude mit ihren aufwendig konstruierten Heiz- und Abwassersystemen.

So sehr der Dichter Ausonius seinen Schüler Kaiser Gratian 378 n. Chr. für die Befriedung der Barbaren auch lobte – es war der letzte Siegeszug einer römischen Armee jenseits von Rhein und Donau. Dem Druck der Germanenstämme – vor allem der Franken am Niederrhein und der Alamannen in Obergermanien-Raetien – hatten die Römer immer weniger entgegenzusetzen. Bereits um 352 bis 354 n. Chr. hatten die Alamannen Beutezüge in linksrheinischen Gebieten gestartet, was durch zahlreiche Schatzfunde wie den von Kaiseraugst belegt wird. Gegen Ende des 4. Jhs. n. Chr. konnte selbst im stark befestigten Trier die Sicherheit der Kaiser nicht mehr gewährleistet werden; die Residenz wurde zunächst nach Mailand, später nach Ravenna verlegt.

Völkerwanderungen – mehr als ein Intermezzo?

Traditionell beginnt die Zeit der »Völkerwanderungen« mit dem Einfall der Hunnen 375 und endet mit der Eroberung Italiens durch die Langobarden 568. Doch diese Eingrenzung ist problematisch, denn genau be-

mischer Sicht. Aus verschiedenen kleinen Stämmen bildeten sich Großstämme heraus, die als Völkerschaften wahrgenommen wurden: Alamannen, Franken, Thüringer, Goten, Vandalen, Burgunder, Sachsen.

Was aber heißt Volksstämme, handelte es sich doch um keine geschlossenen Einheiten, sondern eher um lockere Verbände? So erklärt Herwig Wolfram: »Wer

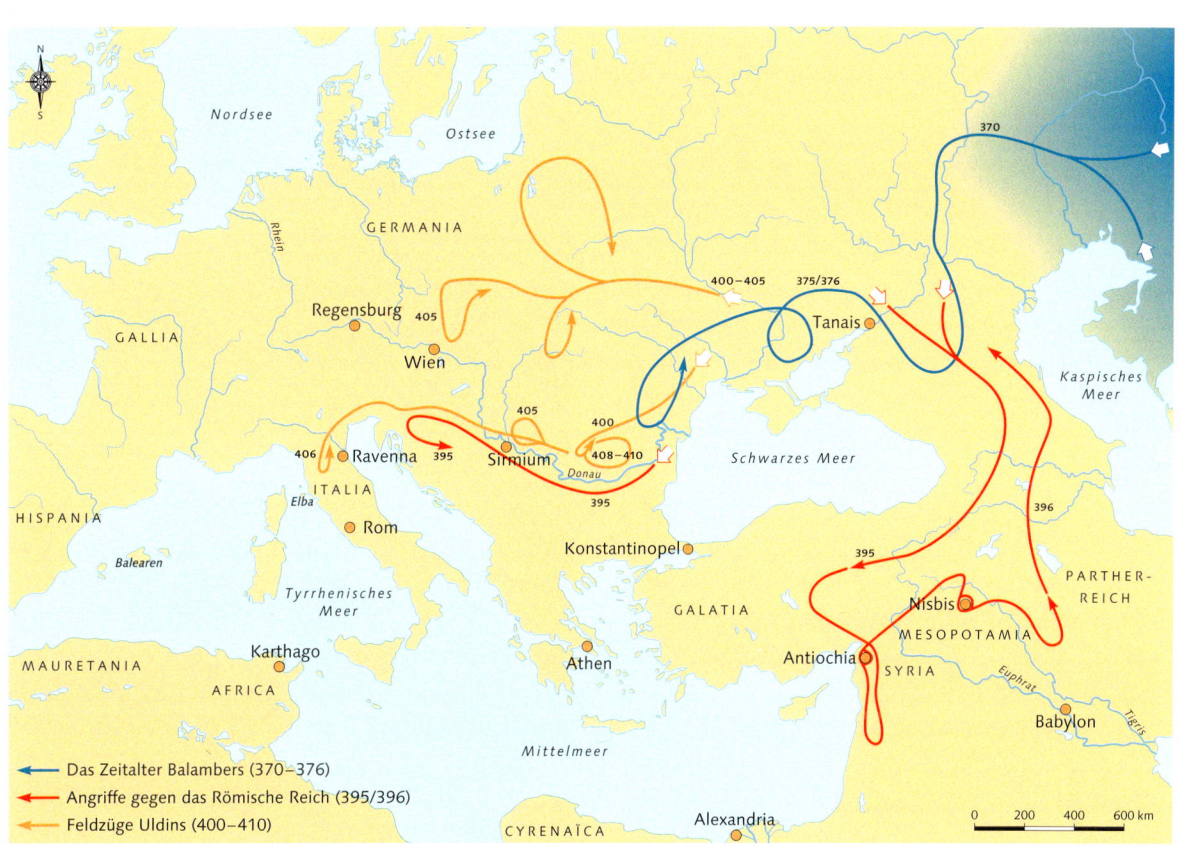

→ Schnell, unbesiegbar, aber auch käuflich – die Einfälle der Hunnen nach Europa und in den Nahen Osten

← Ein Stadttor, das sich später gut als Kathedrale eignete – die Porta Nigra, das imposante Nordtor der römischen Stadtmauer Triers

→ Das Zeitalter Balambers (370–376)
→ Angriffe gegen das Römische Reich (395/396)
→ Feldzüge Uldins (400–410)

trachtet waren die Bewegungen der Völkerschaften im deutschen Raum zu dieser Zeit bereits weitgehend abgeschlossen.

Schon in den Jahrhunderten davor waren Völkerschaften außerhalb des Römischen Reiches in ständiger Bewegung gewesen – meistens hatten sie nur in fruchtbarere Regionen umsiedeln wollen, dabei aber gelegentlich auch Überfälle auf reichere Nachbarn unternommen. So erreichten die Vorstöße kleinerer und größerer Stämme und Verbände ins römische Imperium im 2. Jh. mit den Markomanenkriegen (166–180 n. Chr) ihren Höhepunkt, als ein loser Kriegsverband aus Markomanen, Langobarden und Vandalen über die Donau Richtung Süden einstürmte. Im 3. Jh. jedoch veränderte sich das Verhalten der Germanen – zumindest aus rö-

sich den Goten auf der Wanderung anschloss, musste weder Gote noch Freier sein. Er musste ein guter Kämpfer sein und ein bestimmtes Maß an Disziplin beachten.«

Seit dem 4. Jh. erwähnten die Römer das Land »Francia« rechts des Niederrheins. Dass die Franken sich zu einem wahrnehmbaren Volksstamm entwickeln konnten, lag wohl auch daran, dass sie in engem Austausch mit den Römern standen und durch deren soziale und kulturelle Ordnung weitgehend beeinflusst wurden. Nicht nur das: Das römische Heer siedelte ganze Stämme in seinem Gebiet an – hier links des Niederrheins – und das Heer nahm diese Germanen als Söldner auf. Als beispielsweise zum Jahreswechsel 406/7 Vandalen, Alanen und Sueben Mainz angriffen, befanden sich unter den römischen Verteidigern einige fränkische Verbände. Unter dem Motto »Römer gegen Barbaren« kämpften tatsächlich zunehmend Germanen gegen Germanen.

Wie kam es dazu? Zum einen zog sich das Römische Reich in Gestalt von römischem Verwaltungspersonal, Truppen und Geldern stetig aus dem Norden zurück. Nach dem Tod von Kaiser Theodosius 395 wurde das Römische Reich unter seinen Söhnen in Ostrom und Westrom aufgespalten. Während das Oströmische Reich (Byzanz) noch über ein Jahrtausend weiter existierte, brach das Weströmische Reich im Laufe des 5. Jhs. endgültig zusammen.

Währenddessen setzte in Südosteuropa der so genannte »Dominoeffekt« ein. Die ohnehin bereits vorhandene Mobilität der germanischen Völker wurde durch den Einfall der Hunnen intensiviert: Im Jahr 375 fielen die Hunnen von den innerasiatischen Steppen in Südosteuropa ein und besiegten die dort siedelnden Goten – während sich die Ostgoten weitgehend unterwarfen, zogen die Westgoten nach Süden und veranlassten andere Stämme zum Aufbruch. Die Vandalen ihrerseits zogen gemeinsam mit Alanen und Sueben über den Rhein und bedrohten Romanen, Franken und Galloromanen.

Die genaue Herkunft von Goten, Vandalen und Burgundern verliert sich im Dunkeln der Geschichte. Neue Grabungsfunde belegen zumindest, dass die Goten für rund 150 Jahre im Weichselgebiet siedelten, bevor sie sich in der zweiten Hälfte des 3. Jhs. in der heutigen Ukraine und am Nordufer des Schwarzen Meeres niederließen. Dass sich einige dieser Völkerheere gegen das Römische Reich wandten, hat dieses selbst provoziert. Als die Westgoten 376 vor den Hunnen über die Donau ins Römische Reich flohen, ließ der oströmische Kaiser Valens sie gewähren, doch zwei Jahre lang wurde ihnen kein Siedlungsland zugewiesen. Voller Hass auf die Römer erhoben sie sich und zogen Richtung Südosten. Als das römische Heer sie stoppen wollte, wurde es bei Adrianopel vernichtend geschlagen, dabei kam auch Kaiser Valens um. Einige Jahre später schloss Kaiser Theodosius einen Föderatenvertrag mit den Goten, die sich unter ihrem Führer Alarich zum starken Kampfverband der Römer entwickelten, bis sie sich 402 wieder gegen die Römer wendeten und 410 Rom sogar eroberten.

Auch Vandalen, Alanen und Sueben, die 407 vom Rheintal plündernd durch Gallien über die Iberische Halbinsel zogen und nach Afrika übersetzten, eroberten

455 Rom – trotz Friedensverträgen. 476 schließlich setzte ebenfalls ein Germane, der Skire Flavius Odoaker, den letzten römischen Kaiser Romulus Augustus ab und wurde selbst zum Herrscher über Italien.

Das Reich des Odoaker wurde schließlich vom Reich der Ostgoten abgelöst. Die Biographie ihres Königs, Theoderich der Große, enthüllt einiges über die damaligen Verhältnisse: 454 in Pannonien (heute Ungarn, damals ostgotisch) geboren, wurde er in Konstantinopel erzogen und 474 zum König der Ostgoten ernannt. Nach 20 Jahren im Dienst des Oströmischen Reiches zog Theoderich mit seinem Volk 488 nach Italien und

↗ Eine Grabbeigabe als Kuckucksei – das Schwert von Altlußheim scheint aus dem Osten zu stammen.

← Unruhige Zeiten schon im 3. Jh. – von Germanen geraubt, dann im Rhein versunken: Der Hortfund von Neupotz ist der größte römerzeitliche Metallschatz Europas.

↘ Von der unteren Elbe bis nach Italien – die Grabfunde helfen, die Wanderungen der Langobarden vom 1. bis ins 6. Jh. n. Chr. nachzuvollziehen.

kämpfte mit seinem Heer im Auftrag des oströmischen Kaisers Zenon gegen den in Ravenna residierenden Germanenkönig Odoaker. 493 eroberte er Ravenna und machte die Stadt zur Hauptstadt seines Ostgotenreiches. Sein Grabmal mit der monumentalen Kuppel aus einem Steinblock von 11 m Durchmesser ist noch heute eine der Sehenswürdigkeiten in Ravenna.

568, fast ein Jahrhundert später, ziehen die Langobarden aus Pannonien, wo sie noch nicht einmal ein halbes Jahrhundert gewohnt hatten, nach Italien. An ihre Herrschaft in Italien erinnert noch heute der Name »Lombardei«. Als sie 591 mit den Franken Frieden schlossen, kam Mitteleuropa etwas zur Ruhe.

Soweit die Geschichtsschreibung – doch was sagt die Archäologie dazu? Sie hat es mit der Völkerwanderungszeit nicht leicht, denn Wanderzüge lassen sich archäologisch schwer nachweisen. Völkerschaften auf Wanderschaft legen weder Siedlungen noch Gräberfelder an. Die Toten werden einzeln oder in kleinen Gruppen entlang der Wanderroute beigesetzt.

Doch mittlerweile kann die Archäologie mit etlichen Funden aufwarten, die Beweise für die Wanderungen – zwar nicht ganzer Völker, sondern kleiner Gruppen – liefern. So gibt das Grab 19, ein Frauengrab, aus der Mitte des 5. Jhs. im Gräberfeld von Flaach im Umkreis von Zürich sowohl durch einige Funde als auch durch die Grabanordnung Beziehungen zum mittleren Donauraum zu erkennen. Denn von dort stammt der Brauch, eine Extra-Nische für Gefäßbeigaben oberhalb des Kopfes des Toten einzurichten, während bei den in Flaach ansässigen Alamannen Grabbeigaben direkt neben dem Toten deponiert wurden.

Ganz aus dem kulturellen Rahmen des Umfeldes fällt auch ein Frauengrab aus der Zeit um 500, das im Gräberfeld von Altenerding bei München freigelegt wurde. Es enthielt zwei Fibeln und ein Nadelpaar – Beigaben, die nicht im süddeutschen, sondern im skandinavischen und im angelsächsischen Raum zu dieser Zeit anzutreffen sind.

Beide Grabfunde können als Zeichen von Migration gewertet werden; und dass es sich dabei um Frauengräber handelt, ist kein Zufall. Bei ihnen sind regionale Unterschiede besser zu erkennen als bei den Männern, deren Bewaffnung zu dieser Zeit recht einheitlich ausfiel.

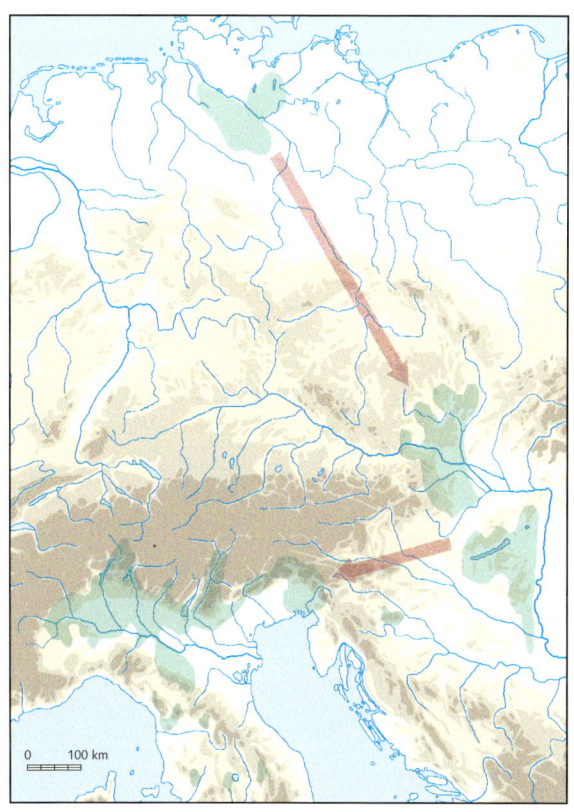

Vom Römischen Reich zum Mittelalter: Bruch oder Kontinuität?

»Sie hausten wie die Vandalen!« – Diese in unseren Alltagssprachschatz eingegangene Wendung für eine sinnlose Zerstörungsorgie zeigt, wie tief dieses Vorurteil in unserem kollektiven Gedächtnis verankert ist: Goten und Vandalen waren Barbaren und benahmen sich auch so. Bis ins 18. Jh. lautete diese Redewendung eigentlich noch »... wie die Goten« – ein Überbleibsel davon bildet in der Kunst die Bezeichnung »gotisch« als Gleichsetzung mit dem barbarischen Kunstempfinden.

Übrigens sprechen nur Deutsche, Engländer und Skandinavier in diesem Zusammenhang von »Völkerwanderung«, für Franzosen und Italiener handelt es sich hingegen um eine »Invasion der Barbaren«.

Bis vor einigen Jahrzehnten betonten Historiker und Archäologen gerne den Bruch, den die ins Römische Reich einfallenden Völker für die Geschichte darstellten – mittlerweile stehen mehr die Kontinuitäten dieses Übergangs im Mittelpunkt der Aufmerksamkeit.

Das Weströmische Reich war auf neue Formen der Staatlichkeit angewiesen, denn es ging an seinen inneren Widersprüchen zu Grunde. So wurde das Missverhältnis von öffentlicher Armut und privatem Reichtum unüberbrückbar – die Bürger gaben ihren Staat auf. »Das Eindringen der ›Barbaren‹ in das Römische Reich war nichts anderes als die letzte Episode einer Reihe von Austauschbeziehungen, die schon lange bestanden«, urteilt der Grand Seigneur der Mittelalterforschung, Jaques Le Goff. »Die Neuankömmlinge übernahmen alle die römische Kultur und ließen sich zum Christentum bekehren, spalteten sich aber politisch auf.«

Das politische System »Römisches Reich« ging unter, nicht aber die italienische Bevölkerung oder große Städte wie Rom oder Ravenna. Die Absetzung von Romulus Augustus im Jahr 476 war einer von zehn Kaiserstürzen seit 455, nur dass dieses Mal ein Nichtrömer Kaiser wurde – doch was heißt »Nichtrömer«?

Bereits in der Spätantike lebten viele Germanen in den römischen Provinzen. Unter den zahlreichen Germanen, die in der römischen Armee Karriere machten, befanden sich neben dem schon erwähnten Stilicho auch der Skire Flavius Odoaker und der Ostgote Theoderich, der mit seinem Beinamen »der Große« in die Geschichte eingehen sollte. Keine Barbaren, sondern romanisierte Germanen übernahmen die Macht in Ravenna – so Herwig Wolfram: »Ein spätantiker Geschichtsschreiber hätte niemals daran gezweifelt, dass die barbarischen Königreiche zum politischen System des Reiches gehörten. Sie waren keine in das Imperium verlagerten Staatsgefüge, sondern nur innerhalb der römischen Reichsgrenzen möglich.«

Aber auch hier gibt es Ausnahmen: 1932 wurde ein Kriegergrab des 5. Jhs. bei Altlußheim (Rhein-Neckar-Kreis) unsachgemäß geborgen. Daraus stammt ein außergewöhnliches Schwert (siehe S. 111): Während die Scheide im oberen Bereich mit Goldblech verziert ist, befindet sich darüber eine breite so genannte »Parierstange«, ein dekoratives Griffquerstück, das aus einem rechteckigen Bronzeblech besteht, in das ein vergoldetes Muster eingearbeitet wurde. Dieser Teil des Schwertes lässt sich nur grob in die Zeit vom 1. bis ins 3. Jh. einordnen – vergleichbare Objekte finden sich allerdings nur bei chinesischen und alanischen Bestattungen. Solche Schwerter stammen auf jeden Fall aus dem Osten und wurden von Militärführern getragen.

»Einige Archäologen halten den Toten für ein Mitglied des Hunnenreiches«, erläutert der Archäologe Dieter Quast, »andere sehen in ihm einen Barbaren in römischen Diensten, wieder andere einen Burgunder. Dabei braucht bei den zum Teil wirren, häufig wechselnden militärischen Konstellationen eine Möglichkeit keineswegs die anderen auszuschließen.«

Germanien im 5./6. Jh. ...

In den ehemaligen römischen Provinzen zerfallen Städte, Gutshöfe und die geradlinigen Römerstraßen, Wälder breiten sich wieder flächendeckend aus und schließlich versinkt das Land im Chaos der Völkerwanderung – wirklich?
Halt – auch wenn es lange Zeit so überliefert wurde, ganz so stimmt es nicht.

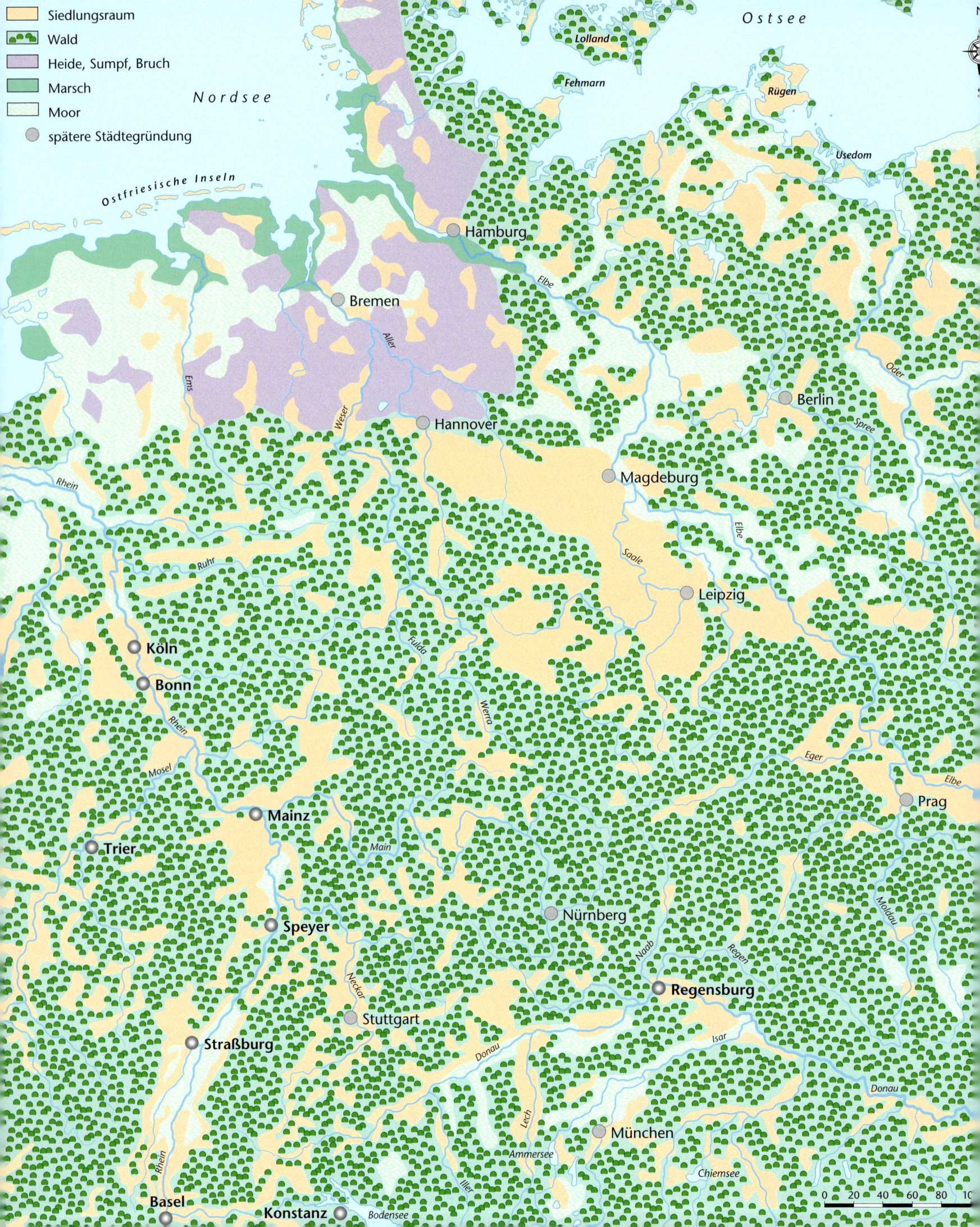

Legende:

- Siedlungsraum
- Wald
- Heide, Sumpf, Bruch
- Marsch
- Moor
- spätere Städtegründung

O s t s e e

N o r d s e e

Ostfriesische Inseln

Lolland

Fehmarn

Rügen

Usedom

Hamburg

Bremen

Hannover

Berlin

Magdeburg

Leipzig

Köln

Bonn

Prag

Mainz

Trier

Speyer

Nürnberg

Regensburg

Stuttgart

Straßburg

München

Basel

Konstanz

Elbe · *Oder* · *Spree* · *Saale* · *Aller* · *Weser* · *Ems* · *Rhein* · *Ruhr* · *Fulda* · *Werra* · *Mosel* · *Main* · *Neckar* · *Donau* · *Lech* · *Isar* · *Naab* · *Regen* · *Eger* · *Moldau* · *Iller* · *Ammersee* · *Chiemsee* · *Bodensee*

0 20 40 60 80 100

Alte Wurzeln und neues Leben

Das Frühe Mittelalter

Natur auf dem Vormarsch?

Neben der Geschichtsschreibung gibt es noch ein zuverlässigeres Archiv: den Boden, dessen Ablagerungen Geologen und Archäobiologen lesen gelernt haben. Die Analyse der Bodenschichten aus dem 6. bis 8. Jh. zeigt zwar deutlich, dass sich Pollen von Wildpflanzen stark ausbreiteten, was nur durch den Rückgang des Ackerbaus möglich war. Das Pollenspektrum lässt aber auch deutlich erkennen, dass der Wald in Deutschland nicht vollständig sein ehemaliges Terrain zurückeroberte.

In Norddeutschland breiteten sich – und dies nicht erst seit der Völkerwanderungszeit – Moor, Sumpf und Marschgebiete aus. Seit dem Neolithikum hatten sich in Niedersachsen ganze Landstriche in Moore verwandelt – im Weser-Ems-Gebiet waren es bis zu 40 % der Gesamtfläche. Wo die Geest in früheren Zeiten zur Landwirtschaft genutzt worden war, war der Boden ausgelaugt. Nun erstreckten sich vorübergehend dort die zahlreichen Heidegebiete. Nach einem Rückgang während der Völkerwanderungszeit wuchs die Bevölkerung im Frühen Mittelalter wieder an und so wurden die ostfriesischen Marschen im 7. Jh. wieder besiedelt. So herb die Natur an der Küste auch war – sie bot den nun dort lebenden Friesen genug zum Leben. Außerdem führte das Leben am Wasser dazu, dass die Friesen gute Seeleute wurden. Mit ihren Schiffen trieben sie Handel entlang der Nordseeküste, fuhren auch den Rhein aufwärts und stellten Handelskontakte her.

Und der Rest von Deutschland? Wie auf der Karte gut ersichtlich, hielten sich Siedlungsgebiete entlang des Rheins, des Neckars, der Elbe, der Donau und deren Zuflüsse. Allerdings verlagerte man die Siedlungen in vielen Gebieten: So wurden die nachrömischen Siedlungen näher an Flüssen und Bächen gebaut, um einen

unmittelbaren Zugang zum Wasser zu haben. Teilweise wurde wie in Straubing der römische Siedlungsplatz in Steilhanglage zu Gunsten einer sanfteren Hanglage aufgegeben; außerdem bevorzugten die frühmittelalterlichen Menschen eine auf den reinen Eigenbedarf ausgerichtete Landwirtschaft.

Nicht zu Unrecht werden die Germanen bei Tacitus und anderen römischen Autoren als groß, stark und wild beschrieben. Vergleiche von einigen Hundert Skelettuntersuchungen belegen dies: Die Germanen, deren Männer bis zu 1,80 m und Frauen bis zu 1,65 m groß wurden, überragten die römischen Nachbarn beinahe um eine Kopflänge. Die Ursache für diese körperliche Überlegenheit liegt wohl in der eindeutig eiweißreicheren Ernährung, die die Germanen gegenüber den Römern verzehrten. Oder, um es – aller ökotrophologischen Vernunft zum Trotz – ganz deutlich zu sagen: an der germanischen »Schweinefleisch-Diät«.

Wie stark sich die intensive Nutzung des Waldes als Weidefläche für Vieh- und besonders Schweinehaltung ausbreitete, zeigt sich unter anderem daran, dass mancherorts Waldgebiete nicht nach einem Flächenmaß, sondern nach der Anzahl an Schweinen berechnet wurden, die dort gehalten werden konnten. »Üblich wurde diese Berechnungsart etwa vom 7./8. Jh. an in Gebieten mit stark germanischer Kulturprägung wie England, Deutschland, Frankreich und Norditalien«, so der Historiker Massimo Montanari. »Die Menge an Schweinen war die wichtigste Berechnungsgrundlage, die man vornehmen konnte, die Angabe, die am nützlichsten schien.«

Auch technologisch fielen die germanischen Siedlungen nicht wieder auf vorrömisches Niveau zurück. Ein Beispiel dafür sind die beinahe zu jedem Dorf gehörenden Wassermühlen. Bis vor zwei Jahrzehnten

Rückzug an die Flussufer und in die Urstromtäler – Siedlungsgebiete im frühen Mittelalter sind die Archäologen davon ausgegangen, dass abgesehen von Klöstern und großen Feudalhöfen das Know-how zur Einrichtung und zur Unterhaltung von Wassermühlen mit dem Römischen Reich untergegangen wäre. Der Grund für diesen Fehlschluss: Die Mühlen lagen häufig außerhalb der Siedlungen direkt am damaligen Wasserlauf. Sie befanden sich also zum einen außerhalb der Areale, die archäologisch erforscht wurden. »Zum anderen zerstörten Überflutungen die Mühlengebäude so vollständig, dass nicht einmal Verfärbungen im Boden erhalten blieben«, berichtet die Archäologin Uta von Freeden. »Durch einen Zufall wurde im bayrischen Dasing eine Mühle unter einer dicken Schwemmschicht konserviert.«

Hier konnten die Archäologen in sorgsamer Kleinarbeit die ganze Anlage mit Mühlkanal, Mühlrad und Teilen des Mahlwerkes vollständig rekonstruieren. Das Spezialwissen zum Betrieb einer Wassermühle erleichterte das Mahlen der Getreideernten ganz erheblich und so ist es kein Wunder, dass dem Müller – wenn er nicht im Dienste eines Herrn stand – eine gewichtige Rolle in der Dorfgemeinschaft zukam. Belege dafür fanden die Archäologen bei der Untersuchung eines weiteren Mühlenanwesens in Lauchheim-Mittelhofen (Baden-Württemberg): ein großes Anwesen einschließlich eines freigelegten Frauengrabs; die Bestattete war unter anderem mit goldenen Hängeohrringen üppig ausgestattet.

Schrumpfende Städte

Viele römische Siedlungen blieben weiter bewohnt, doch in welchem Unfang? Auch hier fällt der archäologische Nachweis schwer – so der Archäologe Arno Rettner: »Was Stadtplanung, Baumaterial und Bauweise angeht, hatte schon in spätantiker Zeit ein Niedergang eingesetzt, weshalb sich Nutz- und Wohnbauten des 4. bis 7. Jh. nur schwer nachweisen und interpretieren lassen; sie bestanden aus lehmgebundenen Mauern, wiederverwerteten Bausteinen und Fachwerk.«

Ins Mittelalter hineingerettet – das Wissen zum Betrieb einer Wassermühle wie der Dasinger Mühle in Bayern

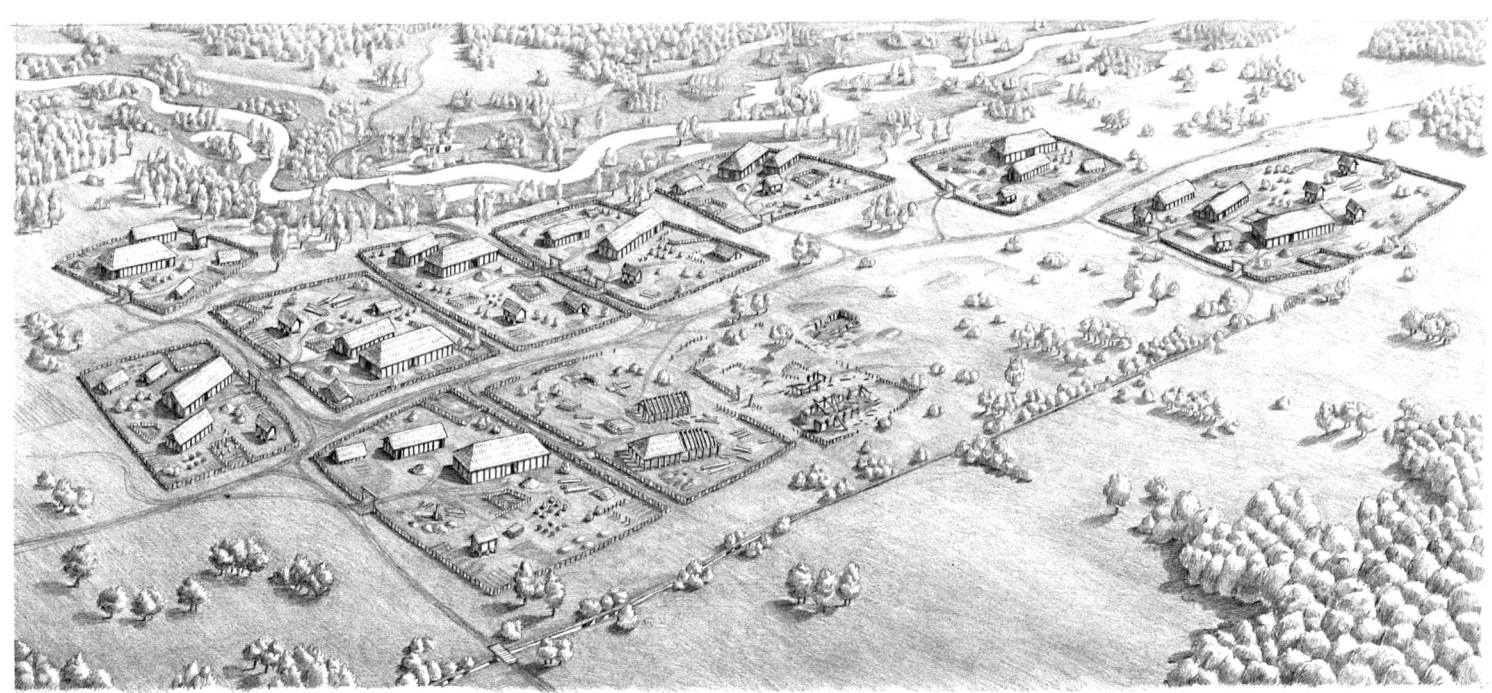

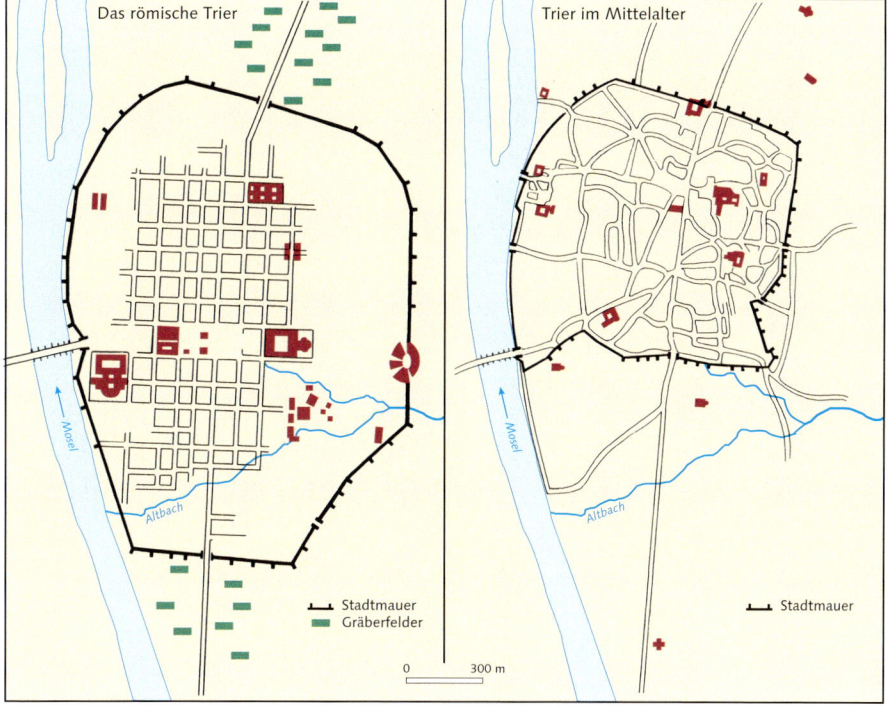

Das römische Trier

Trier im Mittelalter

Mosel

Altbach

Mosel

Altbach

Stadtmauer
Gräberfelder

Stadtmauer

0   300 m

↑ Gesundgeschrumpft –
die Schachbrettbebauung
des römischen Triers
reduzierte sich im Früh-
mittelalter auf einzelne
Siedlungsinseln.

← Gehöftgemeinschaft ent-
lang der Jagst – frühmittel-
alterliches Germanendorf
bei Lauchheim-Mittelhofen

459 brachten die Franken Köln endgültig unter ihre Kontrolle und ernannten sie zu ihrer Hauptstadt. Weniger an den Gebäuden, mehr an den Gräberfeldern lässt sich diese Entwicklung verfolgen. »Der Übergang von der römischen zur fränkischen Herrschaft vollzog sich hier ohne großen Bruch«, urteilt die Archäologin Gerda Sommer-von Bülow, »das lässt sich z. B. auf den Friedhöfen von Köln und Krefeld erkennen, auf denen sowohl die fränkische als auch die alteingesessene Bevölkerung bestattet worden ist.«

Im 5. Jh. wurde Trier gleich fünf Mal von den Franken erobert und beim letzten Mal 455 auch verwüstet. Die Infrastruktur wie beispielsweise die Wasserversorgung, die über Aquädukte Trinkwasser in die Stadt leitete, brach zusammen.

Repräsentative Gebäudekomplexe dagegen wurden erhalten, denn romanische und fränkische Adelsfamilien ließen sich hier zeitweise nieder. Auch der Trierer Bischofssitz erlangte überregionale Bedeutung, denn von hier aus wurde die Missionierung bis in die Mittelgebirgsregionen hinein koordiniert. Ein Großteil der Bevölkerung war in der kirchlichen und weltlichen Verwaltung tätig. Märkte wurden abgehalten und Handwerke wie beispielsweise Töpfern und Goldschmieden weiter betrieben – allerdings mit abnehmender Tendenz.

Dabei wird häufig ausgeblendet, dass die Romanen – die Bewohner der römischen Städte, die auch nach dem Untergang des Reiches in den germanischen Provinzen blieben – die Mehrheit bildeten. »Nach vorsichtiger Schätzung bildeten Romanen im merowingischen Reich der Franken mit einem Anteil von ca. 60 % die Mehrheit – eine schweigende Mehrheit aus archäologischer Sicht«, urteilt Arno Rettner. »Das ganze 5. Jh. hindurch und noch weit ins 6. Jh. hinein sorgte die christlich-römische Kultur dank ihrer vereinheitlichenden Kraft für Assimilation.«

Doch selbst wenn der Wille zur Restaurierung vorhanden war, es fehlte bald das Know-how. Als im zweiten Drittel des 6. Jhs. Bischof Nicetius von Trier den Dom restaurieren lassen wollte, konnten keine fachkundigen Steinmetze aufgetrieben werden.

Die Stadt verfiel zunehmend – oder um es positiv auszudrücken: Sie strukturierte sich um. Während in der römischen Kaiserzeit bis zu 100 000 Menschen in Trier lebten, schrumpfte die Bevölkerung im Mittelalter auf unter 10 000 Einwohner.

Selbst innerhalb des verkleinerten Stadtmauerringes gab es im 8./9. Jh. keine geschlossene Bebauung mehr. »Die Bevölkerungszahl hatte so dramatisch abgenommen, dass im 8. Jh. sogar Weinberge im ehemaligen Stadtgelände angelegt wurden«, führt Uta von Freeden aus. Das System der rechtwinkligen Straßenzüge wurde aufgegeben, stattdessen bildeten sich Siedlungsinseln, und um die Kirchen herum wuchsen Hofsiedlungen, die durch verwinkelte Gassen und Trampelpfade miteinander vernetzt waren; nur einige repräsentative Gebäude blieben mit ihren Vorhöfen in Takt.

Nicht zuletzt Kraft dieser Städte, die die römischchristliche Tradition aufrechterhielten, war es den Franken gelungen, sich gegen andere Stammesverbände durchzusetzen. Aus ihren Heerführern bildeten sich erbliche Adelsgeschlechter heraus, wie die fränkischen Merowinger. Unter Herrschern wie Childerich I. oder seinem Nachfolger Chlodwig (482–511) dehnten sie ihr Reich zuerst nach Westen und später nach Süden aus und es gelang ihnen dabei, Galloromanen und Franken in einem Staatswesen zu verschmelzen. In den auf Chlodwigs Tod 511 folgenden zwei Jahrhunderten konnten die Merowinger ihr Reich auch nach Osten ausweiten, wobei Thüringer, Alamannen und Bajuwaren unter ihre Herrschaft gerieten. Gleichzeitig setzten jedoch erbarmungslose Erb- und Machtkämpfe zwischen und innerhalb der Merowinger ein; kaum einer von ihnen starb friedlich in seinem Bett. In diesen unruhigen Zeiten übernahmen die Hausmeier immer mehr die eigentliche Macht. So vermochte es Karl Martell (= »Der Hammer«, 714–741), das Frankenreich zu erhalten. Als sein Sohn Pippin 751 die Königswürde erhielt, löste er damit die Merowinger ab und leitete den Aufstieg der Karolinger ein. Seinen Sohn kennen wir als Karl den Großen.

Wie es um die Mentalität der Bewohner dieses aus vielen Völkerschaften zusammengesetzten Reiches stand, zeigt eine Momentaufnahme aus dem bajuwarischen Herrschaftsgebiet, wo Ereignisgeschichte und langfristige Entwicklung zusammentreffen.

Mord am Bischof

Vor der Kirche auf dem Friedhof von Aschheim (Bayern) in den Jahren zwischen 680 und 690 …

Die Leiche des Bischofs von Regensburg, Emmeram, der vor 40 Tagen in der Kirche vorübergehend begraben worden war, wird exhumiert, um nach Regensburg überführt zu werden. Leichenträger in Begleitung eines Mönches tragen den einfachen Holzsarg zu einem Fuhrwerk. Der Ortsherr von Aschheim gibt zusammen mit seiner Familie dem Bischof, der Opfer eines Mordanschlages wurde, das letzte Geleit.

Die überlieferten Ereignisse um seine Ermordung werfen ein Licht auf die frühmittelalterlichen Verhältnisse: Der aus dem französischen Poitiers angereiste Emmeram wollte eigentlich weiter Richtung Osten ziehen, um die Awaren zu christianisieren. Doch der bajuwarische Herzog Theodo hinderte ihn an der Weiterreise – der Geistliche sollte seine nur oberflächlich christianisierten Untertanen betreuen. Drei Jahre kam er diesem Wunsch nach. Er befand sich gerade auf dem Weg nach Rom, als ihn Theodos Sohn Lantperht bei Aschheim abfing. Man hatte Lantperht eingeredet, der Bischof sei der Vater des unehelichen Kindes seiner Schwester – Lantperht richtete den Bischof hin.

Diese Vorkommnisse werden von den Archäologen bestätigt; so berichtet Uta von Freeden: »Bei Ausgrabungen in der dortigen Kirche St. Peter und Pauls stießen die Archäologen auf einen kleinen mittelalterlichen Vorgängerbau mit einem leeren Grab, das sie mit dem ersten Grab von Emmeran im Verbindung brachten.«

Missionare wie der später heilig gesprochene Bischof Emmeram und kleine auf Friedhöfen errichtete Kirchen waren klare Zeichen christlicher Durchdringung Germaniens, die weitgehend von den kirchlichen Zentren des Westens ausgingen. So unterzogen sich Missionare aus den fränkischen Bistümern, aber auch aus Irland und Angelsachsen der Aufgabe, rechts des Rheins das Christentum zu verbreiten. Dabei kam es lange Zeit zu einer Vermischung der alten und neuen Glaubenswelt.

Einen weiteren Aspekt dieser uns heute befremdlich anmutenden Vorstellungen am Anfang der Christianisierung brachte ein Grab aus dem 7. Jh. in Herrenberg ans Licht: Dort wurde das Skelett eines Mannes gefunden, dem man zu Lebzeiten irgendwann die Hand abgehackt und bei seiner Bestattung mit ins Grab gelegt hatte. Sollte so seine körperliche Vollständigkeit für die Auferstehung am jüngsten Tag gewährleistet werden?

Wenn auch langsam und über Umwege, so bildete das Christentum den kulturellen Schmelztiegel für die vielen Volksstämme im europäischen Raum. Seine Ausbreitung und endgültige Durchsetzung bestimmten maßgeblich die Politik Karls des Großen und verbinden sich mit seinem Lebenswerk.

Karl der Große – der Baumeister Europas

Obwohl das Frankenreich, das Karl Martells Sohn Pippin III. 768 hinterließ, unter seinen Söhnen Karl (Norden) und Karlmann (Süden) aufgeteilt wurde, fiel mit Karlmanns frühem Tod 771 das ganze Frankenreich an Karl. Aus Karl wurde »Karl der Große«: Er unterwarf die Langobarden und die Awaren und nach langjährigen Konflikten selbst die widerspenstigen Sachsen.

Er rettete Papst Leo III. 799 vor einer Revolte und wurde im Jahr darauf von diesem zum Kaiser gekrönt.

Nicht nur in den Jahrhunderten der Völkerwanderung, auch noch in der anschließenden Merowingerzeit wurde in Europa wenig gebaut. Die Residenzen und Städte zehrten noch immer von der baulichen Substanz der Römerzeit, selbst die ersten Kirchen waren umgebaute Versammlungshallen, Tempel und Thermen.

Obwohl das Frankenreich mittlerweile auf eine gut 350-jährige Geschichte zurückblicken konnte, war es bei Weitem nicht so durchorganisiert wie das Römische Reich seinerzeit. Um seine Macht zu demonstrieren, musste der König ständig in seinem Reich mit seinem Hofstaat und einer Streitmacht unterwegs sein.

Dies galt auch für Karl den Großen: Jedoch bevorzugte er unter den ca. 60 Pfalzen einen Ort, nämlich das zentral gelegene Aachen, das er großzügig ausbauen ließ. Palast und Pfalzkapelle wurden ungefähr 792

Mord am Bischof – der kurz nach seiner Ermordung in Aschheim beigesetzte Leichnam von Emmeram, Bischof von Regensburg, wird zum Bischofssitz überführt.

bis 805 errichtet, wobei die unbekannten Baumeister auf Karls Anweisung hin römische mit justinianischen und byzantinischen Stilelementen verbanden. Den Palastkomplex mit weitläufiger Empfangshalle und eindrucksvollen öffentlichen Räumen verband ein langer Bogengang mit dem Vorhof der Kapelle. Von all dem steht heute noch der aus der Pfalzkapelle hervorgegangene Dom – doch was davon stammt noch aus der Zeit Karls des Großen? 80 % des Mauerwerks sind noch Originalbestand aus dem 8./9. Jh. – sagt die Bauforscherin Ulrike Heckner, die das Bauwerk eingehend untersucht hat.

Die Pfalzkirche sollte an Vorläufer wie das römische Pantheon, die Hagia Sophia in Byzanz und San Vitale in Ravenna anknüpfen. Ihr Zentrum bildet deshalb das Oktogon – der zweistöckige, 16-eckige und von einer

Kuppel überspannte Zentralbau. Sein Geheimnis sind vier Ringanker, riesige eiserne Bänder, die durch Gelenke zusammengehalten werden und in den unteren Teil der Kuppel eingearbeitet wurden. Sie fangen die Druckkräfte der Kuppel auf, wozu ansonsten – wie beim Pantheon in Rom – irrsinnig dicke Seitenwände erforderlich gewesen wären. Die Konstruktion wirkt so schlank, dass sie zusätzlich rein dekorierende Säulen – der Überlieferung nach aus Ravenna oder Rom herbeitransportiert – aufnehmen konnte.

Nicht nur die Anfertigung dieses eisernen Korsetts war im 8./9. Jh. angesichts des Niedergangs des Handwerks eine Meisterleistung. Auch die statische Berechnung stellt ein Optimum dar, so Bauforscherin Heckner: »Ein heutiger Statiker würde das Oktogon nicht wesentlich anders bauen.«

Um den Dom errichten zu können, ließ Karl im Stadtzentrum eine Fläche freiräumen, auf der einst eine römische Thermenanlage stand. Teile der Fundamentmauern befinden sich noch heute unter dem Steinboden der Kirche.

Außerdem nutzten die Kirchenbauer römisches Steinmaterial – davon zeugen Löcher von Klammern, die die Römer verwendeten. Ansonsten wurde das sehr heterogene Material – verschiedene Sand- und Kalksteine, Tuff, Granit und Ziegel – verbaut wie es gerade angeliefert wurde. Typisch karolingisch ist jedoch der alles verbindende Mörtel, der durch die Beimischung von Ziegelsplitt rot leuchtet und auch als Außenputz verwendet wurde. Bis ins 19. Jh. hinein wurde an- und umgebaut – so 1350 ein Glockenturm, 1355 bis 1414 der Chor und 1544 der barocke Kuppelaufsatz auf der Kapelle.

Bauwerke wie die Kaiserpfalz, Klöster und Kirchen, dazu Bildmosaike und Buchmalereien bildeten den künstlerischen Ausdruck des karolingischen Versuchs, auch mit Hilfe der römischen Kirche die Antike wieder zu beleben. Im Land verstreut angelegte königliche Herbergen und Pfalzen wie in Dortmund, Paderborn, Goslar und Ingelheim sollten die Herrschaft sichern. Gleichzeitig versuchte Karl der Große, mit der Ausbesserung der Römerstraßen und der Erschließung neuer Wege zu und in den unruhigen Gebiete die Infrastruktur zu verbessern und die militärische Beweglichkeit zu erhöhen. Eine zum großen Teil schon vorhandene und vom Transportaufwand her billige Alternative bilden die Wasserstraßen, allerdings fehlte eine Verbindung zwischen dem Nordwest- und dem Südost-Verkehr. Dieses Manko machte sich besonders bei seinen Heerzügen gegen die Awaren bemerkbar. Erst in unseren Tagen wurde aufwendig der Main-Donau-Kanal errichtet; für die flachbodigen Transportschiffe des Frühen Mittelalters wäre eine Verbindung zwischen dem Donau-Nebenarm Altmühl und dem Main-Nebenarm Rezat ausreichend gewesen.

Genau eine solche Verbindung wurde um das Jahr 793 herum in Angriff genommen und im Herbst 793 soll Karl der Große persönlich die Baustelle besucht haben. Doch leider wurde der Kanal nie vollendet – so die schriftlichen Quellen.

»Neueste archäologische Untersuchungen zeigen jedoch, dass der Kanal sehr wohl betriebsbereit war«, berichtet von Freeden. »Ein solcher Kanal bedurfte ständiger Pflege, die aber unter den Nachfolgern Karls des Großen wohl vernachlässigt wurde. Es ist daher

kein Wunder, dass zeitgenössische Geschichtsschreiber die baldige Unbrauchbarkeit des Kanals den Erbauern anlasteten.« Bezeichnenderweise beginnt der heute noch Wasser führende Teil des Kanals beim bayrischen Ort »Karlsgraben« – weitere Kommentierung überflüssig.

Aber nicht alle werden von dieser römisch-germanisch-christlichen Umgestaltung erfasst; die slawische Kultur bildet lange Zeit noch eine Alternative zur fränkisch-christlichen. Denn nachdem die Germanen die Gebiete östlich von Elbe und Saale aufgegeben hatten, strömten seit dem 6./7. Jh. slawische Stämme aus Ost- und Ostmitteleuropa dorthin – auch hier waren innerrasiatische Reitervölker, die Awaren, der unmittelbare Anlass zur Flucht.

Fluchtburgen wie Tortenböden und eine Welt aus Holz

Groß Raden am Sternberger See (Mecklenburg-Vorpommern) Anfang des 10. Jhs. ...

Die kleine Insel auf dem See wird fast vollständig von einer perfektionierten »Fluchtburg« ausgefüllt. Die fast kreisrunde Anlage von 50 m Durchmesser und rund 10 m Höhe besteht aus einem aufgeschütteten Erdwall, der von einer Holzpalisade gekrönt wird. Damit war es eine recht kleine Burg; andere wie bei Behren-Lübchin (auch Mecklenburg-Vorpommern) hatten einen doppelt so großen Durchmesser oder umschlossen wie bei Drense (Brandenburg) eine über zehnmal so große Fläche. Sie wurden, wenn keine schützende Insellage verfügbar war, auf kleinen Anhöhen errichtet.

Doch für die Bauern der nur ca. 40 Häuser umfassenden Siedlung von Groß Raden erforderte die Errichtung ihrer kleinen Fluchtburg größte gemeinsame Anstrengungen. Schlechte Erfahrungen haben sie dazu getrieben – das haben die Archäologen in intensiven Ausgrabungen 1973 bis 1980 herausgefunden. Denn die erste Siedlung am Seeufer war um 900 erobert und zerstört worden. Damals hatte man die nur 4 m × 5 m großen Häuser noch in der üblichen Pfostenbauweise mit verputzten Flechtwerkwänden errichtet. Außerdem gehörte ein etwas abseits liegendes 7 m × 11 m großes, vermutlich unbedecktes Gebäude zu dieser frühen Siedlung. Der Fund von Pferdeschädeln und zu Stelen geschnitzten Holzbohlen lässt auf ein Heiligtum schließen – welche Gottheit dort verehrt wurde, wissen wir

nicht. Was wir allerdings wissen: Die Slawen waren noch weit über das 10. Jh. hinaus keine Christen.

Nach der Zerstörung wurden die Burg im See und die Siedlung, die auf einer beinahe dreieckigen Halbinsel liegt, zur Festung ausgebaut. Wichtigster Baustoff für diese Aufrüstung wie für die meisten Alltagsgegenstände war Holz. Hieraus wurden nun die Gebäude in kompakter Blockhausbauweise wieder errichtet – sie fielen sogar etwas größer aus als ihre Vorgänger. Ebenfalls aus Holz waren der Steg zur Insel, das Tor und die Palisade der Rundburg. Denn dort hinein haben die Dorfbewohner ihr Heiligtum verlagert, damit es von keinem Angreifer mehr entweiht werden konnte.

Schauen wir uns die Szene etwas genauer an: Gerade wird eine Fuhre im Wald geschlagenes Holz von einem Pferdewagen abgeladen. Es ist, wie gesagt, der universelle Rohstoff; sogar Gebrauchsgegenstände werden daraus gedrechselt wie beispielsweise ein tellerförmiges Gefäß. Und selbst Hirse für die Mahlzeiten wird auf einer tischförmigen Stampfe mit einem Holzschlegel zerstoßen. Aus Holz sind auch die wichtigsten Landwirtschaftsgeräte – ob die Forke, die Egge oder der Pflug, der allerdings im Laufe des 9. Jhs. eine eiserne Tülle erhielt, wodurch er besser in den Erdboden eindringen konnte. Mit Hilfe dieser Geräte bauten die slawischen Bauern vor allem Roggen, ebenso Rispenhirse, Weizen, Gerste und Hafer an, dazu als Gemüse Linsen, Zwiebeln, Möhren, Rüben und Gurken. In der Tierhaltung dominierte, wie schon bei den germanischen Nachbarn, die Schweinezucht, denn Schweine wer-

← Viele Jahrhunderte das größte Kuppelgewölbe nördlich der Alpen – Blick ins Oktogon des Aachener Doms

↓ Kaiserbesuch am Kanalbau – Karl der Große begutachtet im Herbst 793 die Baustelle des frühmittelalterlichen »Main-Donau-Kanals«.

den von allen Zuchttieren am schnellsten schlachtreif. Weitere Fleischlieferanten waren Rinder, Schafe und Ziegen. Im Norden gehörte darüber hinaus Fisch zur wichtigen Eiweißquelle.

Die Slawen erwiesen sich nicht nur in der Holzverarbeitung als geschickte Handwerker. Sie fertigten auch dünne Töpferware aus Ton, gewannen Eisen aus dem schon bekannten Raseneisenerz, und da Buntmetalle bei ihnen knapp, aber für die Schmuckherstellung begehrt waren, entwickelten sie filigrane Techniken, um bei der Gestaltung von kleinen Anhängern und Ohrringen Material zu sparen.

In welchem Verhältnis standen die Slawen zu ihren westlichen Nachbarn? Während die Region südlich einer imaginären Trennlinie in der Höhe von Magdeburg im Laufe der Jahrhunderte zwischen Selbstständigkeit, Tributpflicht und völliger Unterwerfung seitens der Franken hin- und herpendelte, blieb das Gebiet nördlich davon weitgehend unabhängig.

Und währenddessen packte ganz im Norden ein kleines Volk die Abenteuerlust …

Piraten, Seefahrer und Kaufleute – Wikinger im Frühmittelalter

»Strandhagg« – Überfälle auf Wikingerart …

Viele Klöster in West- und Mitteleuropa waren auf Inseln in Flüssen oder Seen errichtet worden, um Schutz vor herumwandernden, plündernden Völkern zu bieten.

Doch dann kamen die Wikinger. Auf ihren ersten Fahrten entlang der Nordsee-Küsten hatten sie von den Klöstern erfahren, an denen sie sich nun schadlos hielten. Dass sie direkt am Ufer lagen und unbefestigt waren, stellte für die heidnischen Nordmänner eine Art Einladung dar. Ende des 8. und Anfang des 9. Jhs. versetzten die Wikinger auch die übrigen Nordsee-Anwohner – darunter die Friesen – in Angst und Schrecken, und schon bald drangen sie über die Flüsse bis weit ins Landesinnere vor. Blitzschnell waren sie mit ihren flachen Booten da: Um 845 griffen sie Hamburg an, zwischen 850 und 865 tauchten Wikingerschiffe am Rhein auf, sie plünderten unter anderem Dorestad und Köln.

Doch wer waren eigentlich diese »Wikinger«? »Viking« – dieses altnordische Wort leitet sich von »wik« (Bucht, Handelsort) ab und bezeichnet »Buchtbewoh-

ner«; im Laufe der Zeit stand das Wort dann synonym für Leute, die über Wasser auf Raubzug waren. Die Forschung versteht deshalb unter der »Wikingerzeit« die Kriegs-, Handels- und Siedlungsaktivitäten der Skandinavier vom 9. bis zum 11. Jh. Allerdings trifft das für nur rund 5 % der damaligen Bevölkerung des heutigen Schleswig-Holsteins, Dänemarks, Schwedens und von Teilen Norwegens zu. Die meisten Bewohner fristeten hingegen mit Fischen, Jagen und karger Landwirtschaft ein ärmliches Dasein. Sie identifizierten sich nur mit ihrer Sippe und ihrer unmittelbaren Umgebung; sie waren beispielsweise »Uppländer«. Von Außenstehenden wurden sie unter der allgemeinen Bezeichnung »Nordmänner« geographisch in Dänen, Göter und Svea unterteilt. Sie verständigten sich zu dieser Zeit noch einheitlich in Altnordisch, gliederten ihre Gemeinschaften in Sklaven, Freie sowie gewählte Stammesfürsten und -könige und verehrten die gleichen Götter: Odin (Wotan) und die untereinander zerstrittenen Götter in Walhall waren ein Spiegelbild des Diesseits.

Aus Bauern werden Piraten

Als Begründungen, warum gegen Ende des 8. Jhs. überall in Skandinavien kleine Gruppen mit ihren Booten zu Raubzügen ausschwärmten, werden in der Forschung genannt: Seuchen, Unterernährung und eine allgemeine Klimaverschlechterung sowie wirtschaftliche Zwänge. Wahrscheinlich bildeten soziale Faktoren die entscheidenden Auslöser, denn das Erbrecht wies allein dem erstgeborenen Sohn das Land zu.

Vielleicht haben die Beutefahrten aber darüber hinaus vor allem als eine Art Initiationsritus gedient; das Wort »heimskr« bezeichnet sowohl einen »Daheimgebliebenen« als auch die Eigenschaft »dumm« zu sein – nur Weitgereiste brachten es zu sozialer Anerkennung.

Dabei entwickelten die Wikinger eine Art mittelalterliche »Blitzkriegstrategie«, die sie »strandhagg« nannten. Sie landeten überraschend, schlugen gewalttätig zu und waren verschwunden, bevor Abwehrmaßnahmen getroffen werden konnten. Niemand vermochte, es in den nordischen Gewässern mit ihnen aufzunehmen – ihre Überraschungstaktik funktionierte fast zwei Jahrhunderte. Denn erstens stützten sich die kontinentalen Mächte vor allem auf Reiterheere. Zweitens zerfiel das Karolingerreich nach dem Tod Karls des Großen zunehmend, so dass die Wikinger mit ihrer kriegerischen Taktik in ein Machtvakuum stießen.

Ein entscheidender Faktor für den Ausbruch dieser Piraterie war zudem die Expansion des Handels in Nordwesteuropa, die mehr als ein Jahrhundert vor den ersten überlieferten Überfällen begonnen hatte. Bereits um 700 waren Handelsplätze wie Ribe und Reric entstanden, wo westliche Kaufleute vor allem Pelze und Bernstein aus dem Osten erwarben. Ohne diese Kontakte hätten die Wikinger vermutlich gar nicht von den irischen und britischen Klöstern erfahren, die sie Ende des 8. und Anfang des 9. Jhs. überfielen.

Ein Schiffsbug, dessen Sichtung Panik auslöste – im 8./9. Jh. waren die Wikinger für ihre Kaperfahrten berüchtigt.

»Faxi Byrjar« und »hárknífr« – die Wikingerschiffe

Entscheidend für die Erfolge der Wikinger waren ihre Schiffe. Boote waren in der überwiegend unwirtlichen Landschaft Skandinaviens – Fjorde und Berge, undurchdringliche Wälder und Sumpfgebiete – das einzig taugliche Verkehrsmittel und ihr Bau war seit der Steinzeit mit immer neuen Innovationen vorangetrieben worden, bis die Wikinger im 9./10. Jh. schließlich die skandinavische Schiffsbaukunst vollendeten: wendige Küstensegler, stabile Meereskreuzer und – als Höhepunkt der Entwicklung – schlanke Kriegsschiffe, die Drachenboote. Erst die archäologischen Ausgrabungen eines Schiffsgrabes bei Ladby/Dänemark (1935), des Wracks von Haithabu (1953 entdeckt, erst 1979 gehoben) und zweier Langboote aus dem Roskilde-Fjord bestätigten die bis dahin nur schriftliche Überlieferung: die extreme Schlankheit der Schiffe. Sie hält den Wasserwiderstand äußerst gering und ermöglicht daher hohe Geschwindigkeiten – wichtig für den Überraschungseffekt. Der geringe Tiefgang erlaubte es den Wikingern, praktisch alle Gewässer bis ins Landesinnere zu nutzen, die Boote an jedem flachen Ufer zu landen und sie notfalls auf Rollhölzern über Land zu ziehen.

Die Wikinger waren stolz auf ihre Schiffe und investierten in deren Schönheit: Vergoldungen am Bug, geschnitzte Drachen- und Tierköpfe als Stevenaufsatz und farbige oder verzierte Segel waren keine Seltenheit. Über 500 poetische Umschreibungen für Schiffe kennt die skandinavische Dichtung; die Namen der Schiffe wurden meist aus der Tierwelt abgeleitet: »faxi byrjar« – Windpferd oder »vargr hafs« – Wolf des Meeres, oder sie zielten auf die Geschwindigkeit wie »hárknífr« – Rasiermesser. Die Kriegsschiffe konnten zwar die offene See überqueren, waren jedoch kaum hochseetüchtig. Anders der so genannte »Knorr-Typ«: Er nutzt mit tieferem Kiel, breiterem Rumpf und höheren Bordwänden das Potenzial von Mast und Segel wesentlich besser aus. Diese kleinen, wendigen Küstenfrachter, mit denen die Wikinger den Handel in den Küstenregionen der Nord- und Ostsee in Schwung brachten, wurde ihr häufigster Schiffstyp im 10./11. Jh. Denn allmählich wurden die Nordmänner »zahm«, ließen sich in den von ihnen heimgesuchten Gebieten nieder und wurden beinahe friedliche Händler.

Zahlreiche Orte verdanken ihnen ihre Existenz, etwa das englische York, das irische Dublin und das russische Novgorod. Über ihre Siedlungen in Grönland erreichten die Wikinger sogar das nordamerikanische Neufundland. Den »Kolonialisten« kommt besonders der historische Verdienst zu, Nordeuropa – von Großbritannien bis in die slawischen Gebiete hinein – zu einem Wirtschaftsraum verknüpft und den Handel nachhaltig angestoßen zu haben. Hacksilber, zu dem sie einen Großteil ihrer Beute zerkleinerten, bildete das erste im gesamten Nord- und Ostseeraum einheitlich geltende Tauschmittel. Allein in Schleswig-Holstein wurden bisher 49 Edelmetalldepots – so genannte Silberhorte – der Wikingerzeit entdeckt: Sie enthielten Broschen, Ketten und christliche Symbole, das Meiste davon in bohnengroße Stücke zerteilt, aber auch über 16 000 Münzen. Die Hälfte davon stammte aus dem Handel mit arabischen Ländern. Sie sind Indizien für die Handelsaktivitäten über die Wolga in die arabischen Herrschaftsgebiete und die Mittelmeerregion. Gegen Ende des 10. Jhs. – mit dem Aufkommen der Königsherrschaft – wurden Münzen auch in den Handelsplätzen selbst geprägt wie beispielsweise in Ribe und Haithabu. Haithabu – erstmals 804 in den fränkischen Reichsannalen erwähnt – wurde für rund 250 Jahre das größte Handelszentrum der Wikinger.

Zentrum des nordeuropäischen Handels: Haithabu

Haithabu im 10. Jh. …

Aus der Vogelperspektive werfen wir einen Blick auf die weitläufige, betriebsame Handelsstadt. An den zahlreichen Schiffsanlegern werden Waren be- und entlanden – unter ständiger Aufsicht der durchgehend besetzten Wehrtürme.

Obwohl Haithabu nicht an der Küste, sondern weit im Landesinneren und dazu noch versteckt an einem Seitenarm der Schlei liegt, wurde es rundum befestigt. Während auf der Landseite ein bewehrter Wall die Siedlung schützt, wurde auch das Hafenareal von einer im Wasser verlaufenden Holzpalisade mit Wehrtürmen

Aus dem Schlamm des einstigen Hafenbeckens geborgen und in der Schiffshalle des Wikingermuseums wieder aufpoliert – das Langschiff von Haithabu

Auch zur Wasserseite hin vor Angriffen geschützt –
Rekonstruktion der Wikingerstadt Haithabu

umschlossen. Und die Hafeneinfahrt ist sogar durch zusätzliche Türme gesichert.

Der Halbkreiswall mit seinen Toren und die Hafenanlage mit Landestegen und einer massiven Holzpalisade wurden Mitte des 10. Jhs. fertig gestellt – vermutlich als Gemeinschaftsleistung der Einwohner. Eine planerische Hand verraten ebenfalls die Grundstücke: In der ganzen Siedlung entstanden etwa gleich große Parzellen, was sich als Hinweis auf eine Gesellschaft der Gleichen deuten lässt. Allerdings sind sich die Archäologen nicht mehr ganz so sicher, ob Haithabu wirklich so dicht bebaut war wie auf unserem Bild dargestellt. Denn obwohl hier seit rund 100 Jahren geforscht wird, sind erst 5 % der ehemaligen Siedlungsfläche und 1 % der Hafenanlage ausgegraben.

Eins jedoch ist sicher: Die Stelle, an der die Siedlung errichtet wurde, hat nicht ihres Gleichen. Wenn es diese Engstelle an der Schlei nicht wirklich gäbe – man hätte sie erfinden können. Der Landweg vom europäischen Festland nach Skandinavien passiert hier seine schmalste Stelle, die Schlei mündet in die Ostsee, und die Nordsee ist über die Flüsse Eider und Treene erreichbar. Trotzdem lag Haithabu geschützt im Landesinneren.

Heute ist das 24 ha umfassende Gelände eine große Uferweide nahe Schleswig, die von einem äußerst auffälligen Ringwall umgrenzt wird und das neue Haithabu-Museum beherbergt, wo eine Auswahl der hier im Boden gefundenen Siedlungsreste der Stadt zu sehen ist.

Doch der Großteil der vielen Hunderttausend Funde und Artefakte wurde im Magazin des Archäologischen Landesmuseums von Schleswig-Holstein eingelagert, um nach und nach ausgewertet zu werden.

Die bisher datierten Funde bestätigen die überlieferten Chroniken. Demnach soll um 800 der Dänenkönig Göttrik die Einwohner von Reric nach Haithabu verschleppt haben. Das deckt sich mit den archäologischen Befunden, denn im norddeutschen Mecklenburg-Vorpommern untersuchen Archäologen das legendäre »Reric«. Direkt am Strand der Wismar Bucht bei Groß Strömkendorf legen sie Brunnenschächte, Gräber und zahllose Artefakte frei; große Teile der Stadt und der gesamte Hafen wurden im Laufe der Jahrhunderte von der Ostsee überspült. Auf Luftaufnahmen sind knapp unter der Wasseroberfläche Hafeneinfahrt und -becken detailliert zu erkennen. Siedlung und Gräberfeld wurden im frühen 9. Jh. aufgegeben.

Zurück nach Haithabu: Für 250 Jahre blühte der Handel mit Walroßzähnen und Bernstein aus dem Nordmeer, Eisenbarren, Specksteinkesseln und Knochenkämmen aus Skandinavien, slawischem Hängeschmuck und irischen Gürtelschnallen, iberischem Quecksilber und byzantinischen Bleisiegeln, Karneol und Bergkristallen aus der Schwarzmeerregion.

Die ersten Häuser waren an einem Bach errichtet worden, der jedoch schon innerhalb einer Generation zum Abwasserkanal degenerierte. Alle 15 bis 20 Jahre mussten die Häuser erneuert werden; länger konnten sie den harten Witterungsbedingungen nicht trotzen. Wie ein Kartenhaus ließ man das alte Gebäude zusammenstürzen und so das Fundament für das neue bilden. Während die ersten Häuser ganz aus Holz bestanden, verfügten die jüngeren Häuser nur noch über geflochtene Wände, denn Holz wurde in der Umgebung von Haithabu knapp. Diese Flechtwände-Häuser boten noch weniger Schutz als die Holzhäuser; sie hielten vor allem Wind und Nässe ab, weniger aber die Kälte. Im Schnitt erreichten die Innenräume nur eine Temperatur, die etwa 2 Grad Celsius über den Außenwerten lag. Kein Wunder, dass nur jedes dritte bis vierte Neugeborene das 10. Lebensjahr erreichte und die Menschen im Durchschnitt gerade einmal 20 bis 30 Jahre alt wurden.

Wie mühselig die alltägliche Arbeit war, erforscht die experimentelle Archäologie: Fladenbrot wird in einem rekonstruierten Backofen hergestellt, Met (Honigwein) mit Gefäßen der Wikinger und nach ihren Methoden angesetzt; tagelang schlagen »Freizeitwikinger« mit der Axt einen Einbaum aus einem Baumstamm und gießen Metall über offenem Feuer.

Viel abwechslungsreicher als der graue Alltag erscheinen uns dagegen die Gräberfelder der Wikinger, die zum Teil innerhalb und zum Teil außerhalb des Stadtwalls lagen. Sie dokumentieren die aus unterschiedlichen Volksgruppen zusammengesetzte Bevölkerung – Skandinavier, Sachsen, Friesen, Slawen: Bandgrubengräber liegen neben Urnengräbern (mit Hügel und Palisadenring) sowie Erd- und Kammergräbern. Unter Letzteren sticht eines südwestlich der Wallanlage hervor: ein königliches Bootskammergrab. Unter einem flachen Grabhügel war ein 17 bis 24 m langes, hölzernes Wikingerschiff verborgen, das eine Grabkammer überdeckte.

Die eigentliche Grabkammer, in der drei Männer (mit dem Kopf nach Norden) und zwei Pferde lagen, war unterteilt. Im westlichen Teil lag der vermutete König in seiner prunkvollen Reitausrüstung mit seinen Waffen (einem Schwert, Pfeil und Bogen und zwei

Der König, sein Mundschenk, sein Marschall und seine Pferde – Rekonstruktion des Bootkammergrabs von Haithabu

Rundschilden), seinem Zaumzeug, seinem Trinkgefäß und seinem Hornkamm sowie seinem Spielbrett.

Im südlichen Teil lagen neben den beiden Pferden der Mundschenk mit Banketteimer und der Marschall mit Steigbügel. »Die Mitgabe eines Schiffes, die Beigabenausstattung und die nord-südliche Ausrichtung der Bestatteten lassen enge Verbindungen nach Norden zum heidnischen Grabritus Skandinaviens erkennen«, urteilt der Archäologe Michael Müller-Wille. Doch die Zeit der nordischen Götter war so gut wie abgelaufen. Um 850 war es dem Missionar Ansgar – später »Apostel des Nordens« genannt – gestattet worden, eine kleine Kirche in Haithabu zu errichten. Anfangs ließen die Wikinger noch nicht von Odin (Wotan) ab; Kreuz und Hammer zieren viele Amulettschmuckstücke gemeinsam. Langfristig setzte sich jedoch das Christentum durch – mit einer tief greifenden Konsequenz: »Mit der Taufe hörten die Wikinger einfach auf, Wikinger zu sein«, erklärt der Wikinger-Experte Regis Boyer.

Mitte des 10. Jhs. wurden die Dänen zu Christen und mit der Ernennung des schwedischen Uppsala zum Erzbistum im 12. Jh. war die Christianisierung Skandinaviens so gut wie abgeschlossen. Bis dahin waren Könige aus den Reihen der Freien »erhoben« worden, die jedoch bei Versagen jederzeit wieder »gestürzt« werden konnten. Die neuen Könige wie Olaf Tryggvason herrschten nun mit christlichem Segen und vererbten ihren Machtanspruch. Kein Wunder also, dass in der späteren Wikingerphase aus den unzähligen Stammesgruppen und kleinen Königtümern Skandinaviens die drei Königreiche Dänemark, Schweden und Norwegen hervorgingen. Es waren die Konflikte zwischen den neuen skandinavischen Herrschern, die vielerorts den Untergang herbeiführten, auch in Haithabu. Das im Haithabu Museum ausgestellte Wrack, das als Rammbock gegen die Hafenbefestigung getrieben worden war, stammte aus Dänemark. Den Beweis dafür lieferte ins Abdichtungsmaterial des Schiffes eingedrungener Buchenpollen, der nur im südlichen Skandinavien vorkommt. Wenn auch Wikingerstädte wie Birka und Haithabu aufgegeben wurden, so blieben Handel und Infrastrukturen doch bestehen. Die Hanse führte das Erbe fort, an die Stelle des Wikingerschiffs trat die Kogge.

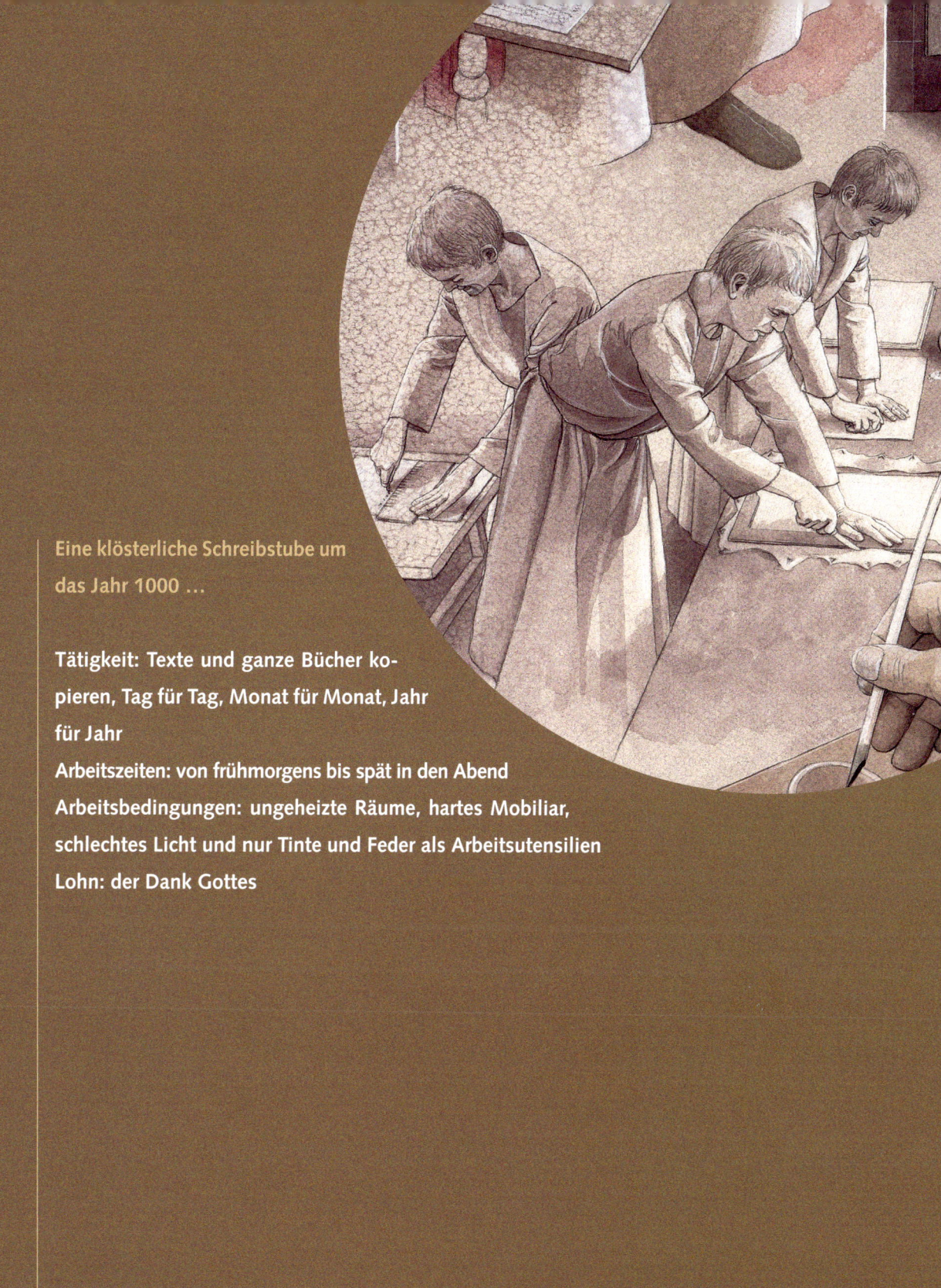

Eine klösterliche Schreibstube um
das Jahr 1000 ...

Tätigkeit: Texte und ganze Bücher kopieren, Tag für Tag, Monat für Monat, Jahr
für Jahr
Arbeitszeiten: von frühmorgens bis spät in den Abend
Arbeitsbedingungen: ungeheizte Räume, hartes Mobiliar,
schlechtes Licht und nur Tinte und Feder als Arbeitsutensilien
Lohn: der Dank Gottes

Klosterstiftungen, Stadtgründungen und steigende Ernten

Das Hohe Mittelalter

Klöster – Zentren des Fortschritts und der Kontrolle

Um Texte abzuschreiben, gar ganze Bücher zu kopieren, können die Mönche, die diese Arbeit leisten, nicht einfach das benötigte Material wie Papier und Stifte kaufen. Stattdessen gewinnen sie in einem mühsamen Prozess Pergament aus Tierhäuten. Diese ungegerbten Tierhäute müssen enthaart, geglättet und mit Kreideschlamm aufgehellt werden, bevor sie aufgespannt trocknen.

Das eigentliche Schreiben beginnt mit einem Entwurf, der mit einem Griffel in eine Wachstafel eingeritzt wird. Solche Wachstafeln benutzen auch angehende Kopisten und Klosterschüler zum Üben. Stimmt das Konzept, wird es mit einer Gänsefeder und Tinte auf das Pergament übertragen.

Die fertigen Blätter werden von den Mönchen zu Lagen gefalzt und zu Buchblöcken geheftet. Die Buchdeckel aus dünnem Holz werden mit Leder überzogen und noch mit Beschlägen und eventuell Schließen versehen.

Kopieren heißt zu dieser Zeit etwas anderes als heute. Die Texte mussten von den Kopisten sinngemäß erfasst und grammatikalisch und stilistisch korrigiert werden. Einige noch erhaltene Handschriften aus dem 8. Jh. zeigen allerdings, dass die Texte damals weitgehend ohne jegliche Kenntnis der Grammatik und in einer kaum entzifferbaren Handschrift verfasst oder abgeschrieben wurden. Besonders wichtig war deshalb auch die Einführung einer Einheitsschrift. Auf Initiative Karls des Großen – der selbst gerade einmal seinen Namen schreiben konnte – wurde eine lateinische Schriftart mit elegant gerundeten Buchstaben eingeführt. Diese »karolingische Minuskel« genannte Schrift wurde sogar noch für die ersten Druckerpressen in der frühen Neuzeit verwendet.

Waren es anfangs vor allem Evangelien, Messbücher und Kirchenrechtsammlungen, die kopiert und verbreitet wurden, kamen im Laufe des Mittelalters zunehmend auch wieder Werke aus der Antike in den Umlauf. Schon Kirchenvater Augustinus bemerkte, dass es nicht ketzerisch sei, von den heidnischen Kulturen der Griechen oder Ägypter zu lernen. 1450 tauchte eine einzige Handschrift von Tacitus' »Germania« im Kloster Corvey (bei Höxter) wieder auf. Sie wurde in Rom kopiert und von dort aus weiter verbreitet. Erst auf Grundlage der »Germania« konnte der Germanengedanke wieder geboren werden.

Auf diese Art entstanden in Klöstern wie in Reichenau, Sankt Gallen und Lorsch Bibliotheken mit Hunderten von Büchern.

Außerdem hatten die Klöster von Kaisern und Königen den Bildungsauftrag erteilt bekommen. In ihren Schulen wurden nun – unter dem Vorbild der Antike – die »Sieben Freien Künste« gelehrt, die auch später zur Ausbildung des höfischen Rittertums gehören sollten: Grammatik, Rhetorik, Dialektik, Arithmetik, Geometrie, Astronomie und Musik.

Hatten zu Beginn der Mönchsbewegung vor allem Abgeschiedenheit, Askese und Frömmigkeit im Mittelpunkt des gottgewollten Lebens gestanden, so rückte der Mönch und Klostergründer Benedikt von Nursia um 530 das richtige Verhältnis von Beten und Arbeiten in den Mittelpunkt des Mönchlebens: Ora et labora!

Der aus dieser Einstellung hervorgegangene Benediktinerorden hatte äußerst strenge Regeln. Die Nachtruhe auf hartem Bettlager endete bereits um zwei, drei Uhr morgens, es folgte ein Tag aus vielen rituellen Verrichtungen und stundenlanger Arbeit. Selbst die

Wissenskultur durch Mühsal – Klösterliche Schreibstube

kleinsten und allzu menschlichen Tätigkeiten wurden geregelt; so wurde den jungen Oblaten, den Mönchsanwärtern, sogar vorgeschrieben, wann sie ihre Notdurft zu verrichten hatten.

Klöster wie die des Benediktinerordens entstanden zu Hunderten in Europa. Während etliche Klöster auf karolingische Gründungen zurückgingen, traten im Laufe der Zeit immer mehr lokale Herrscher als Stifter oder Wohltäter von Klöstern auf. Dies war nicht nur Ausdruck einer neuen Frömmigkeit. Fürsten, Grafen und Grundherren spendeten den Klöstern, um dort den Anspruch auf einen Alterswohnsitz zu erlangen oder um Familienmitglieder – Frauen oder Söhne, die keine weltlichen Titel erbten – dort unterzubringen.

Fazit aus dieser Entwicklung: Die Klöster verfügten über wachsende Besitztümer. Sie entwickelten sich zu wohlhabenden Landgütern. Manche Abteien herrschten über bis zu 300 Gutshäusern mit bis zu 20 000 Untergebenen. Die Abtei Lorsch erhielt in den ersten acht Jahren ihrer Existenz (764–771) 725 Landschenkungen.

Zu Stein gewordene Autarkie

Um 820 wurde für das Kloster Sankt Gallen ein Plan entworfen, der den Idealtyp eines mittelalterlichen Klosters zeigt, wenngleich er auch nicht in dieser Art umgesetzt wurde: ein rund 210 m × 150 m großes ummauertes Rechteck, dessen dichte Bebauung dem Tagesablauf der Mönche angepasst ist. Als größtes Gebäude thront die Kirche mit zwei Türmen im Zentrum der Anlage und zeigt symbolisch: Hier befindet sich ein bedeutender Mittelpunkt des Glaubens. Daran schließen sich weitere Gebäude aus Stein an, die als Schlaf- und Speisesäle, Wandelhallen und Bibliotheken dienten. Um diesen Komplex herum liegen weitere Wirtschafts- und Nutzgebäude – etliche von ihnen aus Holz gebaut – sowie ein Küchengarten und die Latrinen.

Ziel dieser komplexen Planung war die Autarkie – so wie es schon Benedikt von Nursia formuliert hatte: »Jedes Kloster soll so angelegt sein, dass alles Lebenswichtige, also Wasser, Mühlen, Gärten und die Werkstätten für die einzelnen Handwerke innerhalb der Klostermauern zu finden sind.«

Diesem Idealtyp der Autarkie entsprachen weitgehend auch Burgen (auf deren Entwicklungsgeschichte wir weiter unten noch eingehen). Also war es nahe liegend, Burgen in Klöster umzuwandeln, was für einige Orte auch archäologisch belegt werden kann – beispielsweise für Reinhausen bei Göttingen.

Die frühmittelalterliche Burganlage war auf einer Bergkuppe errichtet worden und umfasste im 10./11. Jh. – ungewöhnlich für den sächsischen Raum – einen Wohnbereich mit Eigenkirche und einen Wirtschaftshof. Um 1085 ließ der damalige Graf von Reinhausen die Burg in ein Chorherrenstift umwandeln, aus dem später ein Benediktinerkloster wurde. Damit hatte der Graf gleich mehrere Ziele erreicht wie der Archäologe Stefan Hesse erklärt: »Zum einen neutralisierte man damit die zumeist fortifikatorisch günstig gelegenen Orte, zum anderen sorgte man für die Unterbringung der weiblichen Familienmitglieder und für das zukünftige Totengedenken.«

Heute erscheinen uns Klöster als Orte der Abgeschiedenheit und des Gestern. Das war im Mittelalter ganz anders: Klöster waren Zentren des Fortschritts. Ihr Wissen beschränkte sich nicht nur auf das schriftlich Fixierte. In den Klostergärten wurden Kräuter gezüchtet, die in der Küche, aber auch in der Medizin Anwendung fanden, in den Klosterkellern wurde Wein gekeltert, Branntwein destilliert und Bier gebraut. Auch die Klosterbauten selbst waren nicht nur

↑ Große Schrift: lateinischer Hymnus, klein darüber: die althochdeutsche Übersetzung – Handschrift des 9. Jhs. aus den Klöstern Reichenau und Murbach

→ Ideal mönchischer Autarkie – Klosterplan von Sankt Gallen

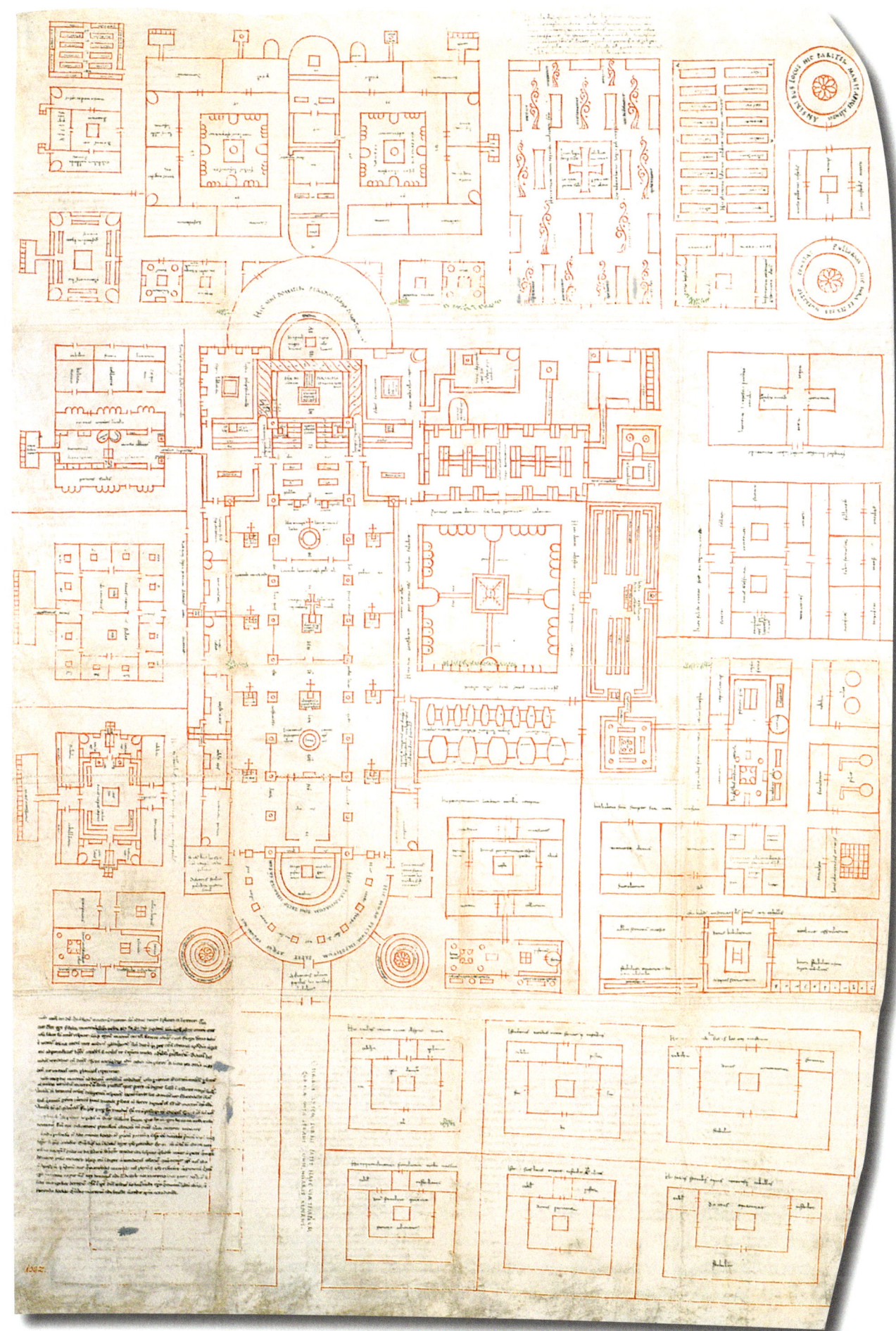

in ihrer steinernen Bauweise und Stilführung ihrer Zeit voraus, ebenso war ihre technische Ausstattung fortschrittlich. Das lässt sich besonders an Klosterruinen erkunden, die nicht im Laufe der Jahrtausende weiter genutzt und umgebaut, sondern schon im Mittelalter wieder aufgegeben wurden – wie beispielsweise das in unmittelbarer Nachbarschaft von Corvey gelegene und ihm unterstehende Kloster Roden.

Nachdem diese nur noch aus schriftlichen Quellen bekannte Anlage in den 1970er Jahren unter einer Weide wieder entdeckt worden war, gruben die Archäologen die Fundamente vollständig aus und konnten unter anderem folgende Beobachtung machen: Obwohl das Kloster einst über zwei Brunnen verfügte, die traditionell im Kreuzgang lagen, führte eine Wasserleitung aus Bleirohren von einem Wasserreservoir außerhalb quer durch das Kloster zu einem Becken, das sich vermutlich in der Klosterküche verfand. Von dort nahm ein unterirdischer Abflusskanal die Abfälle der Küche mit und führte zusammen mit dem Abflusskanal der Latrinen weiter in Richtung Weser.

Im Untergeschoss stießen die Ausgräber auch auf die steinernen Überreste eines Heizsystems für den Ostflügel des Klosters. Diese Fußbodenheizung wurde mit Warmluft aus einer Heizkammer betrieben, die außerhalb des Ostflügels lag.

»Ausgrabungen auf dem Gelände mittelalterlicher Klöster belegen immer wieder, dass die Mönche in ihrer Zeit an der Spitze des Fortschritts standen«, urteilt die Archäologin Gabriele Isenberg.

Doch dieser bauliche Luxus zusammen mit der guten materiellen Ausstattung und einer allzu bequemen Lebensführung in manchen Klöstern stieß mehrfach auf Kritik.

Nach dem Ort Cîteaux (Cistercium, Burgund, Frankreich), wo Mönche 1098 einen Neuanfang wagten, wurde ein Orden benannt, der die Rückkehr zur Schlichtheit und Gradlinigkeit auch symbolisch in den Gebäudekomplexen aus Backstein vieler seiner Klöster zum Ausdruck brachte: die Zisterzienser. Um 1300 gab es ca. 700 Männer- und mindestens eben so viele Frauenklöster der Zisterzienser in Europa; berühmt sind

← Romanische Fassade mit frühgotischer Vorhalle – die Westfassade der Abteilkirche des Klosters von Maulbronn

→ Westwerk verbindet Zwillingstürme – die mächtige Abteikirche von Corvey symbolisiert Bedeutung.

»Ein Brand und der Anstieg des Grundwasserspiegels waren vermutlich ausschlaggebend für den Neubau«, urteilt der Archäologe Stefan Hesse.

Mit den Zisterziensern war der Höhepunkt autarker Klosteranlagen erreicht. Charismatische Mönche und Ordensgründer wie beispielsweise Franz von Assisi lebten gegen Ende des 13. Jhs. ein neues Leitbild der Frömmigkeit vor: Mönche, die die bequemen Klöster verließen, um in der Nachfolge Christi unter den Niedrigsten zu leben und deren Leid zu lindern. Es entstanden Bettelorden, die ihren festen Wohnsitz aufgaben und dorthin zogen, wo sie gebraucht wurden – in die Städte zu den Kranken, Armen und Schwachen.

Metallene Glocken läuten eine neue Zeit ein

Als bleibende Errungenschaft könnten die Kirchen gelten, die in Klöstern wie in Städten das ganze Mittelalter hindurch errichtet wurden. Sie sind die ersten Steinbauten, die in den mittelalterlichen Städten errichtet wurden. In ihnen kreuzen sich süd- und nordeuropäische Traditionen: Allen Kirchen gemeinsam ist, dass ihr Altarraum im Osten angelegt wurde, typisch karolingisch dagegen ist der Anbau eines so genannten Westwerks – wie es an der Abteikirche von Corvey besonders deutlich wird: Zwischen den beiden Glockentürmen und weit über die Höhe des Kirchenschiffdachs hinaus wurde dieser Querbau mit repräsentativen Fenstergalerien errichtet. »Westwerke dienten sowohl zur Beherbergung weltlicher Herrschaften während des Gottesdienstes als auch als Stätte ihrer Gerichte«, urteilt die Archäologin Gabriele Isenberg.

Und eine zweite Innovation wurde in den angrenzenden Türmen aufgehängt: mächtige Glocken aus Bronze. Kirchenglocken läuten im wörtlichen Sinne eine neue »Zeit« ein. Bis dahin hatten sich die Menschen vor allem nach den Abläufen in der Natur und nach den grob geschätzten Tageszeiten gerichtet.

Nicht nur zu und während der Gottesdienste kamen nun die Kirchenglocken zum Einsatz, ihr Läuten strukturierte die Zeit neu. Sie verkündeten nicht nur Morgen-, Mittag- und Abendzeit, sondern genauso Feierlichkeiten, Feuersbrünste, feindliche Gefahr – während das Armesünderglöckchen erklang, wurde ein Verurteilter zur Richtstätte geführt.

Diese Glocken konnten nur direkt vor Ort gegossen werden, wovon viele im Boden noch vorhandene Spu-

neben Cîteaux Reichenau, Lorsch, Cluny und Maulbronn.

Nur noch als Ruine bekannt ist Walkenried am Südrand des Harzes. Obwohl das Kloster seit rund fünf Jahrhunderten aufgegeben ist (Es wurde im Bauernkrieg geplündert und verlassen.), erheben sich noch heute seine steinernen Reste mit den hohen gotischen Fensterbögen wie die Abdrücke gewaltiger Flügel in die Höhe. Der Chronik nach gab es für diese gotischen Bauwerke romanische Vorläufer, und in der Tat fanden die Archäologen durch Grabungen beispielsweise heraus, dass genau unter dem gotischen Kreuzgang das Fundament eines ähnlich großen romanischen liegt.

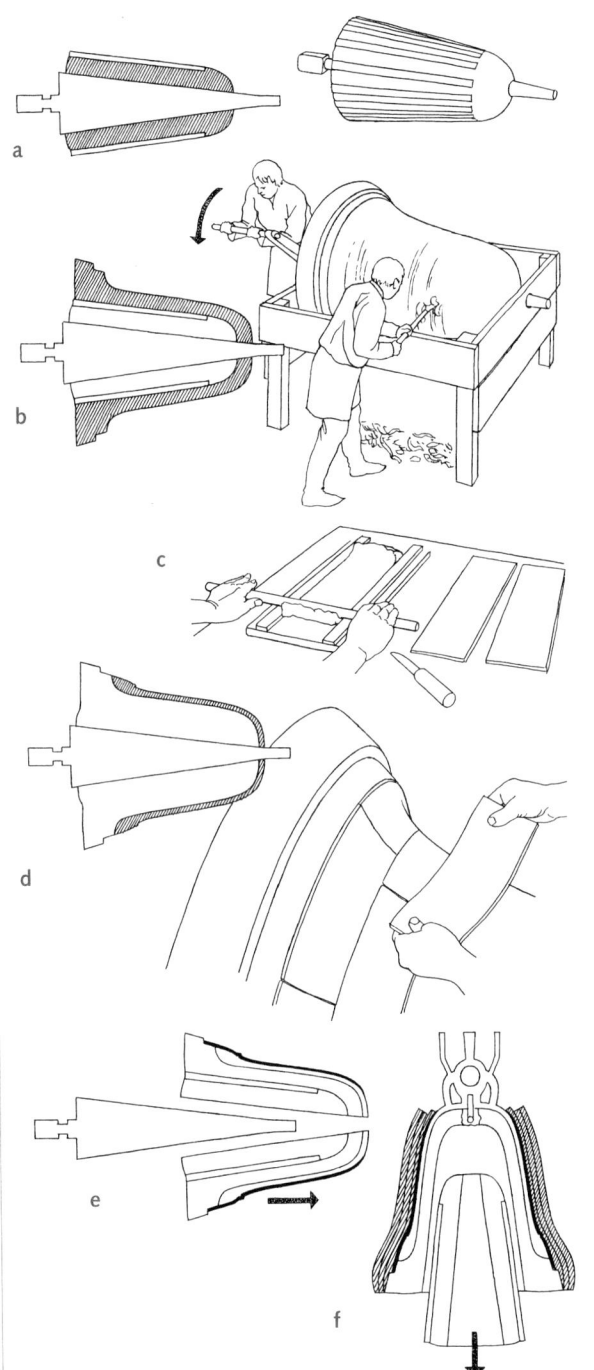

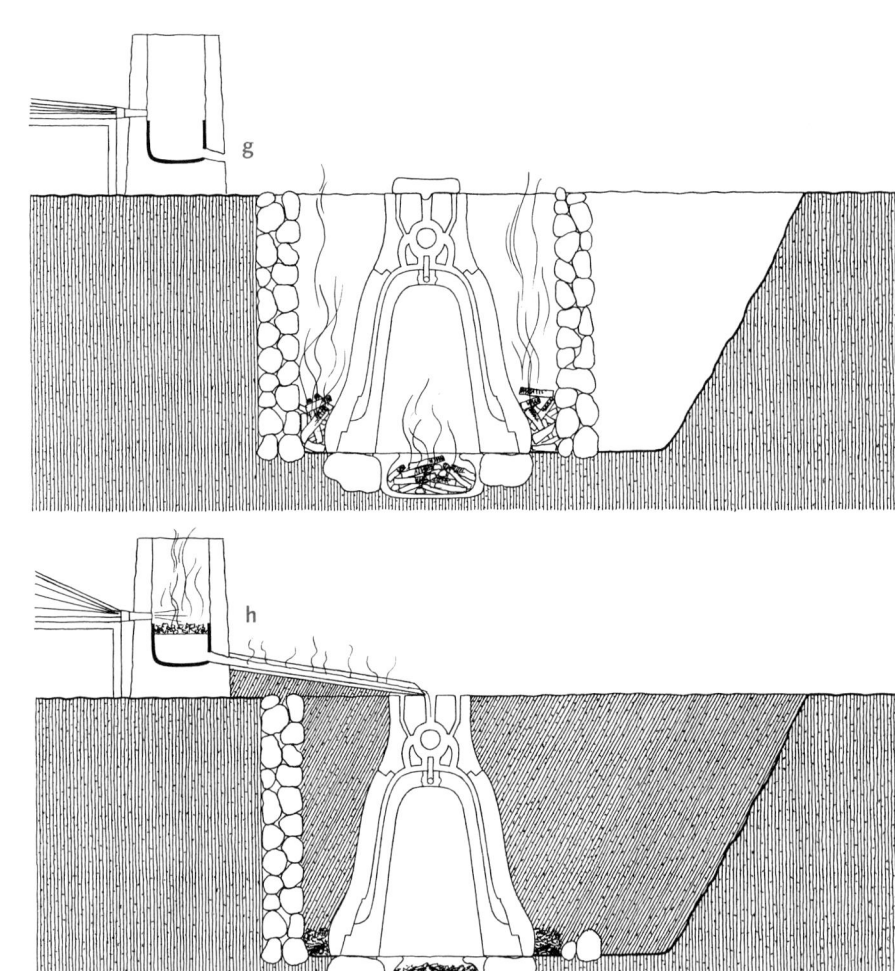

platten wurden angefertigt (c), die auf den Gusskern aufgetragen wurden (d). Anschließend entfernten die Handwerker den Spindelkern (e), richteten die Glocke auf und trugen den äußeren Formmantel der Glocke aus einer besonderen Lehmmischung auf. Zugleich brachten sie den Aufhänger für die Glocke an und entfernten auch noch den inneren Kernteil (f). Das Ton-Wachs-Ton-Modell der Glocke wurde vorsichtig in die Brenngrube abgelassen und erhitzt (g). Dabei geschahen zwei Dinge: Der Ton erhärtete sich und das Wachs schmolz und schuf den Hohlraum der Gussform, in den nun die flüssige Bronze – auch sie eine besondere Legierung – gegossen wurde (h).

Wenn alles glatt ging, hatte die Glocke nach dem Abkühlen und dem Entfernen der Ummantelung die richtige Form. Doch noch wichtiger als die richtige Form der Glocke ist ihr Klang. Viele gegossene Glocken mussten gleich wieder eingeschmolzen werden, weil ihr Klang unsauber war. Sie hörten sich an, als ob auf einen Blecheimer gehauen würde. Alle Erfahrung der Glockenbauer reichte nicht aus, dies exakt voraus zu bestimmen. Denn kleinste Abweichungen in dem

↖ **Mehrere Hüllen aus Holz, Lehm, Wachs und Erdreich ermöglichen erst den Guss der Bronzeglocke.**

↘ **Besseres Pflügen, größere Ernte – im Mittelalter wurde erstmals der Räderpflug eingesetzt.**

ren von Gussformen Zeugnis ablegen. Sie wurden von Bronzegießern hergestellt, die als Wanderhandwerker von Ort zu Ort zogen. Ihre Erfahrung hüteten sie wie einen Schatz und gaben ihr Wissen nur an die nächste Generation weiter. Denn das Glockengießen ist ein sehr komplexer Vorgang, der ein neues Licht auf das Können der mittelalterlichen Handwerker wirft.

Zunächst mussten die Glockenbauer eine hölzerne Drehspindel drechseln (a), über die sie einen Holzkern stülpten. Darüber wurde wiederum eine Schicht aus Ton modelliert, die als innere Gussform den späteren Hohlraum der Glocke abgrenzen sollte (b). Wachs-

Gusswerk, beispielsweise eine minimale Verdickung an einer Stelle oder ein kleiner innerer Riss, haben gravierende Folgen. Im satten Klang einer Glocke schwingen mehrere Töne gleichzeitig in harmonischer Verbindung. Wenn die Obertöne dieser Tonreihen verrutschen, kommt es zu Interferenzen – es kam also auf die Klangprobe an: Schwingt die Glocke oder schwingt sie nicht.

Wie sich das Geläut der Glocken des Frühen Mittelalters tatsächlich anhörte, wusste man lange Zeit nicht mehr; kein Original hat sich erhalten. Doch wenn mitunter charakteristische Stücke der Gussform oder des Glockenofens ausgegraben werden, lässt sich die Form der Glocken bestimmen. Bei Ausgrabungen in Corvey fanden die Archäologen sogar Fragmente einer Glocke aus dem 11. Jh. – ein Fall für die experimentelle Archäologie.

So wurde die Glocke, die im Westwerk der Klosterkirche aufgehängt war und in den Klosterannalen den Namen »Cantabona I« (die Schönklingende) trägt, rekonstruiert. Gabriele Isenberg über die neuzeitliche Klangprobe: »Ihr Ton bestätigt, dass das Original seinen Namen zu Recht getragen haben dürfte.«

Glocken benötigen eine Menge Bronze, die Rohstoffe dazu wurden seit dem Hochmittelalter in den deutschen Mittelgebirgen und im Schwarzwald gewonnen.

Bis zur Mitte des 8. Jhs. hatten die Metallrohstoffe aus römischen Zeiten, die unter anderem von Gefäßen, von umlaufenden Münzen oder aus den Überresten römischer Bauruinen »recycelt« wurden, für den Bedarf ausgereicht. Mit den karolingischen Reformen aber setzte eine gesteigerte Nachfrage ein. Die Bevölkerung und Wirtschaft wuchsen. Eisen wurde nun benötigt für Werkzeuge und Waffen, Kupfer für Haushaltsgeräte und Schmuck, Silber für Münzen. Statt der kostbaren Goldmünzen wurden vermehrt Silbermünzen als Zahlungsmittel für alltägliche Geschäfte in Umlauf gebracht; der Bedarf an Silber stieg gewaltig.

Bergbau entwaldet die Mittelgebirge

Altenberg bei Müsen (südliches Sauerland) im 13. Jh. …

In einer bergigen Region, die die umliegenden Bauern als Hochweiden nutzen, gehen Bergleute ihrem Geschäft nach. Sie haben vertikale Schächte in die Erde getrieben und mit Holzbalken verschalt. An der Stelle, wo der Schacht viel versprechende Erzadern kreuzt, werden horizontale Stollen angelegt, um den Rohstoff abzubauen. Gerade wird ein Bergmann, der nur mit einer Öllampe und einem Hammer ausgerüstet ist, zu einem Schacht herab gelassen. Sein Leben liegt buchstäblich in den Händen der Männer an der Seilwinde, die auf dem überdachten Schachteingang montiert ist – Flaschenzüge oder Bremsvorrichtungen gibt es hier nicht. Damit die Bergleute gut versorgt sind, haben sie für sich und ihre Familien ein Haus eingerichtet; vor dem Haus bereiten Handwerker das Leder vor, das für die Bekleidung der Bergleute oder andere beim Bergbau notwendige Lederwaren benötigt wird.

Der ganze Aufwand scheint sich zu rechnen – Silber ist im Mittelalter einer der begehrtesten, weil kostbarsten Rohstoffe.

Doch auch andere Metalle wurden in immer größerem Ausmaß im Hochmittelalter gewonnen. Während ein durchschnittlicher Haushalt gegen Ende des 12. Jhs. neben Werkzeugen aus Eisen Hausrat aus anderen Metallen in einem Gewicht von nur 1 bis 2 kg besaß, wurden daraus in den folgenden zwei Jahrhunderten 20 bis 100 kg.

»Um diesen ungeheuren Bedarf von Haus und Hof, Kirche und Kloster, Burg und Stadt zu decken, sind im 13. und 14. Jh. neben Silber vor allem Kupfer und Zinn bergmännisch gewonnen worden«, erklärt der Montanarchäologe Heiko Steuer.

Die gesamte Spannbreite des Umgangs mit Metallen – von Spuren von mittelalterlichem Tagebau und Bergwerken, Abbau- und Verhüttungstechniken, Produktion der Metallgegenstände bis zur nachhaltigen Belastung der Umwelt durch Halden und Holzschlag für die Köhlerei – wird von dem jungen Forschungszweig der Montanarchäologie erforscht. Die Wissenschaftler fanden heraus, dass Bergwerke wie Altenberg

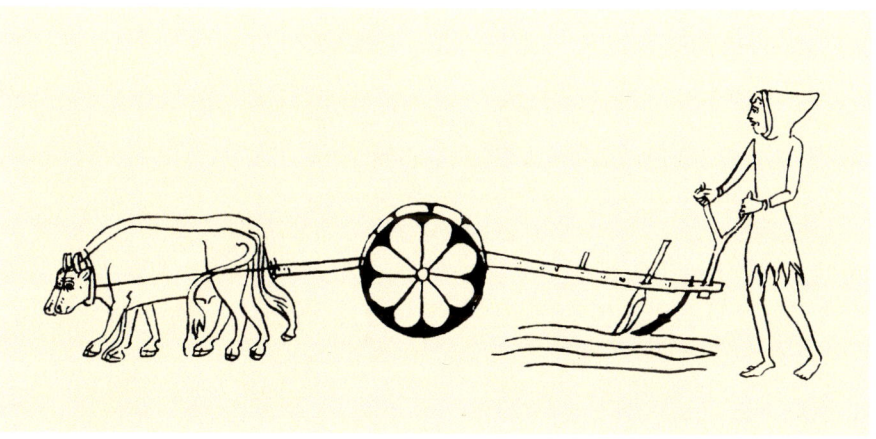

keine Einzelerscheinungen blieben; so erörtert Steuer: »Die Erzreviere in den Mittelgebirgen wurden daher zu Industrielandschaften, ganz im modernen Sinne: Höhen, Hänge und Täler waren weitgehend entwaldet, und im jeweiligen Vorland siedelten sich zahlreiche Wirtschaftsbetriebe der Metallgewinnung und -verarbeitung an.«

Während im Mittelalter jeder Eisen – meist aus Raseneisen (wie bereits im Kapitel »Herren über Salz und Eisen – Kelten und ihre Nachbarn in Deutschland« berichtet) – gewinnen durfte, gelangte die Silber-, Kupfer- und Zinngewinnung unter die Entscheidungsgewalt des Königs, der das Abbaurecht veräußerte. So sicherten sich auch Klöster große Anteile an den Nutzungsrechten; die Mönche des Zisterzienserklosters von Walkenried beispielsweise brachten Schritt für Schritt die entscheidenden Anteile an den Lagerstätten und den Wäldern des Harzes an sich und bauten sie zu modernen Verhüttungszentren aus.

Die Ausgrabungen in Altenberg haben jedoch gezeigt, dass es auch freie Bergleute gab, die gegen Abgaben ihre Bergwerke im Harz, im Sauerland, im Erzgebirge und im Schwarzwald anlegten und mit ihren Familien vor Ort lebten.

Doch gemessen am Arbeitsaufkommen der Gesamtbevölkerung spielte der Bergbau nur eine kleine Rolle als Erwerbsquelle.

Im 12. Jh. lebten 90 vielleicht sogar 95 % der Bevölkerung auf dem Land, in kleinen Dörfern oder auf den großen Höfen der Gutsherren. Ob Adel, König oder Klöster – alle lebten mehr oder weniger direkt von den Bauern, die das wenig geachtete Rückgrat der Gesellschaft bildeten.

Gehöfte in Haufendörfern

Ein typisches Salierdorf im 11./12. Jh. …

Im Gegensatz zu den früheren kompakten Langhäusern, die Wohn-, Stall- und Vorratsfunktion in sich vereinten, bestehen die Gehöfte nun aus einem Haupthaus, ein bis zwei Wirtschaftsgebäuden und einem Grubenhaus. Das Grubenhaus wird souterrainartig in den Boden eingelassen und verfügt dadurch über eine höhere Luftfeuchtigkeit. Diese wirkt sich beispielsweise auf die Herstellung von Textilien günstig aus: Gemeinsam weben die Frauen nun in den Grubenhäusern an großen Holzrahmen.

Auch in der Feldarbeit haben Verbesserungen stattgefunden: An die Stelle des reinen Hakenpflugs, der im Frühen Mittelalter von Ochsengespannen gezogen wurde und die Erde nur aufriss, tritt im Laufe des 11. Jhs. der Räder- oder Beetpflug, der die schwere Scholle auch wendet und sie damit viel besser lockert und durchlüftet. Dank der Dreifelderwirtschaft laugen die Böden nicht mehr aus, sondern können sich in Abständen wieder erholen. Und nicht zuletzt sorgt der Anbau von proteinreichen Feldfrüchten dafür, dass die Erträge in der Landwirtschaft immens gesteigert werden.

Neben die Wassermühlen treten bei geeigneter Lage (beispielsweise an der Küste) Windmühlen, die nun in fast jedem Dorf Energie für die Getreide- und Metallverarbeitung liefern.

Während in Deutschland um das Jahr 699 etwa nur 1,5 Mio. Menschen lebten, waren es um 1000 schon ca. 3 Mio. und die Zahl stieg bis zum Jahr 1340 auf ungefähr 8,5 Mio. an.

Scheinbar lebten die Bauern – wie schon seit dem Neolithikum – eigenverantwortlich in kleinen Dörfern, doch seit dem Frühen Mittelalter hat sich ihre soziale Situation mehrmals gewandelt. Aus den freien Bauern Germaniens waren im 8./9. Jh. abhängige geworden. Eigentlich hätten sie Wehrdienste leisten müssen. Doch die Kriegstechnik entwickelte sich im Frühen Mittelalter in eine andere Richtung: Mit der Einführung des Steigbügels, der dem Reiter Halt gab, und des Langschwertes als Hiebwaffe konnten Männer auf Pferden ihre volle Kampfkraft entfalten. Kleine Heere von Panzerreitern erwiesen sich folglich seit der Zeit von Karl Martell mit ihrer Mobilität und Durchschlagkraft im Vergleich zum großen Fußvolk als viel wirkungsvoller. Aus ihnen ging der Stand der Ritter hervor; in den lateinischen Schriften einfach »Miles« (Soldaten) genannt, denn sie waren Berufssoldaten zu Pferde. Diese Kriegstechnik musste allerdings geübt werden und Pferd, Saum- und Sattelzeug sowie Schwert und Schild waren kostbar (Zusammen bilden sie im 9. Jh. den Gegenwert von 45 Kühen.). Da die einfachen Bauern nicht über so viel Besitz verfügten, konnten sie nicht zum Wehrdienst herangezogen werden. Daher mussten sich mehrere Bauern zusammenschließen, um einen Reiter zu »finanzieren«. Viele Bauern ordneten sich deshalb lieber freiwillig einem Grundherrn unter – so entgingen sie der Wehrpflicht, unterstanden aber gleichzeitig dem Schutz ihres Herrn.

Doch eigentlicher Besitzer aller Ländereien war der König. Von ihm oder stellvertretend vom Landesfürsten

Lange vor dem Ruhrgebiet – wie hier in Altenberg bei Müsen (Nordrhein-Westfalen) wurden im Mittelalter Silber, Blei- und Eisenerze dem Erdinneren in mühseliger Handarbeit abgerungen.

erhielt der Grundherr das Land als Lehen überreicht – an seine Person gebunden und nicht vererbbar.

Das änderte sich mit Kaiser Konrad II. (1024–1039), der in ganz Deutschland die so genannten »Ministerialen« einsetzte – eine kombinierte Militär- und Zivilverwaltung. Er erlangte die Kontrolle über die Herzöge; dem Adel gestand er die Erblichkeit und Unentziehbarkeit des Lehens zu. Doch nun musste die Erbfolge streng geregelt werden, damit sich der Besitz nicht innerhalb der Familie aufsplitterte. So entstand eine Schicht von Lehnsherren, die über große und bewehrte Gehöfte mit vielen Bauern verfügten und ihrem König oder Landesfürsten gegenüber wehrpflichtig waren.

Im Laufe des 12. Jhs. konnte der immer größer und mächtiger werdende Adel seinen Stand zunehmend festigen und – sofern noch nicht geschehen – in vererbbare Ländereien umwandeln.

Der Grundherr übte feudale Macht über seine Untergebenen aus: direkte Abgaben in Naturalien, später in Form von Geld, Hand- und Spanndiensten, Gerichtsbarkeit, Zustimmung zur Eheschließung.

Im 12./13. Jh. änderte sich die Situation langsam, aber grundlegend: Die Städte mit eigenem Rechtsstatus boten den Bauern Fluchträume (»Stadtluft macht frei«!). Außerdem suchten die Herrscher der dünn besiedelten Gebiete unter den Bauern in den Altsiedlungsgebieten nach Auswanderern, die bereit waren,

Wälder für neue Anbauflächen zu roden und Sümpfe trocken zu legen. Diese schwere Arbeit wurde ihnen mit mehr Rechten und weniger Abgaben schmackhaft gemacht.

Daraufhin mussten auch die Grundherren in den Altsiedlungsgebieten die Zügel lockern – langsam zerfielen die Strukturen der Gutshäuser und Wehrbauten. Zum Teil gingen aus ihnen die Ritterburgen hervor, die noch heute überall im Land sichtbar von den scheinbar hehren Zeiten der Ritter erzählen (davon später mehr).

Die Spuren dieser Entwicklungen lassen sich darüber hinaus heute noch in den alten Bauerndörfern verfolgen. Aus gutsherrlichen Höfen wurden Haufendörfer wie das oben beschriebene aus der Salierzeit. Aus den Neugründungen im Osten und im Norden gingen Straßen- und Angerdörfer hervor. Vor allem jedoch wurden die Landschaft und Gesellschaft von den wie Pilze aus dem Boden sprießenden Städten geprägt.

Freiheit und Enge hinter der Stadtmauer

Die typische Stadt im Hochmittelalter …

Die günstige Lage an einem Fluss- oder Seeufer gab sicherlich den Ausschlag, dass sich hier vielleicht ein bereits vorhandener Markt- und Handelsplatz zu einer Stadt entwickeln konnte. Die Notwendigkeit, die Stadt mit einer Mauer und landeinwärts mit einem Wassergraben zu sichern, begrenzte die Stadtfläche von vornherein und zwang zu einem höchst ökonomischen Umgang mit ihr.

Welchen enormen Aufwand die Errichtung der Stadtmauer bedeutete, wird bereits am Beispiel einer der kleineren Hansestädte wie Buxtehude deutlich. Die Stadtmauer selbst ist schon lange verschwunden, doch die Archäologen konnten ihre Fundamente freilegen: Bevor die Steine der Mauer verlegt werden konnten, musste der Untergrund mit dichten Reihen eingerammter Pfähle gesichert werden.

Dicht an dicht quetschen sich die Häuser entlang der engen, verwinkelten Gassen, nur der Marktplatz ist etwas großzügiger angelegt. Die sozialen Unterschiede in der städtischen Gemeinschaft spiegeln sich in der Architektur der Gebäude. In einzelnen Höfen, zu denen mehrere Gebäude mit einer offenen Fläche gehören, residieren Adelige oder bald zu Reichtum gekommene Kaufleute. Die Mehrheit der Stadtbewohner jedoch

← Gehöfte mit Haupt- und Wirtschaftsgebäuden aus Fachwerk – Salierdorf im Mittelalter

↓ Reliquie gesucht – Geben und Nehmen von Reliquien und Heiligenleibern zwischen den Städten

wohnt aneinander gedrängt in kleinen Fachwerkhäusern – die Händler rund um den Markt, die Handwerker in ihren Zunftgassen. In ländlichen Gebieten kommen noch Ackerbürger dazu – Bauern, die mit ihrem Hof geschützt innerhalb der Stadtmauern leben.

Gegenüber der willkürlichen Herrschaft der Lehnsherren und Fürsten bietet die Stadt einerseits dank des vom Landesherrn gewährten Stadtrechts Rechtssicherheit, die vom Rat der Stadt überwacht wird. Andererseits sind die Bewohner in feste Ordnungsregeln eingebunden – vom Zunftrecht der Handwerksberufe

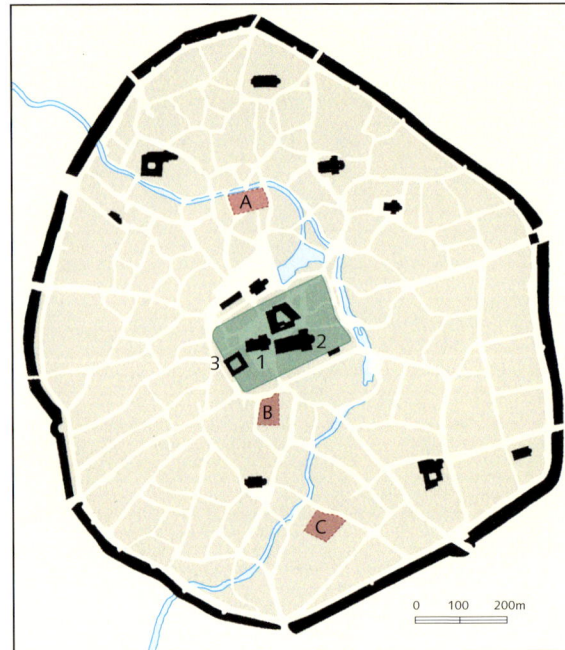

über Regeln der Verkehrsführung und Entsorgung bis zur Pflicht, die Stadt bei Angriffen zu verteidigen.

Etwas außerhalb der Stadt liegt das Leprosenhaus – Menschen mit ansteckenden Krankheiten wurden dorthin ausquartiert, um die Stadtbewohner nicht zu gefährden.

Nicht nur die günstige Verkehrslage mag ausschlaggebend für eine Stadtgründung an diesem Ort gewesen sein: Kurioserweise war es im 9./10. Jh. zunächst der Erwerb von christlichen Reliquien oder gar vollständigen Gebeinen von Heiligen und Märtyrern, der dazu führte, dass sich aus Marktplätzen Städte entwickelten. Der Strom der Pilger aus nah und fern, die nun anreisten, um die Reliquien in den neu errichteten Kirchen zu verehren, musste versorgt und untergebracht werden; ihre Kleidung und ihr Schuhwerk mussten repariert werden. Auch Souvenirs wurden bereits hergestellt und

verkauft, die von der Pilgerreise zeugten. Im 9./10. Jh. gab es einen regelrechten Transfer von Reliquien aus dem schon länger christlichen Westen des Frankenreiches in den Osten – unter den durch Reliquienerwerb entstandenen Städte befinden sich: Essen, Paderborn, Osnabrück, Bremen, Hamburg, Minden, Herford, Hildesheim und Quedlinburg.

Zweifellos spielte im Laufe der Jahrhunderte eine günstige Verkehrslage bei der Standortbestimmung oder dem Wachstum einer Stadt eine zunehmend wichtige Rolle: natürliche Hafenbecken entlang der Küste, Flussmündungen oder -seitenarme, Wegkreuzungen oder die günstige Lage am Ausgang eines Tales. So entstanden Städtebünde wie das Netzwerk der Hanse-Städte vornehmlich entlang der Nord- und Ostseeküste und großer Flüsse. Auch entlang der großen Handelswege über Land blühten die Städte – wie beispielsweise an dem durch den Salzhandel entstandenen Hellweg. Dieser führte von Duisburg am Niederrhein durch das heutige Ruhrgebiet und weiter Richtung Osten über Werl, Soest, Paderborn, Driburg bis nach Höxter, wo eine Brücke über die Weser Anschluss an die östlichen Gebiete bot – etwa zum nahen Goslar, wo zu dieser Zeit Silber-, Kupfer- und Bleiminen unterhalten wurden (auf den mittelalterlichen Bergbau kommen wir noch).

Neben Rohstoffangeboten spielten auch bereits existierende attraktive Marktplätze eine wichtige Rolle für die Gründung einer Stadt. So entstand die allgemeine Vorstellung, die Mehrzahl der Mittelalterstädte sei um bereits bestehende Burgen oder Marktplätze gewachsen. Und dies sei nicht zuletzt am Stadtgrundriss ablesbar: Eine unregelmäßig angeordnete Bebauung im Stadtkern lasse zwingend auf den alten Markt- oder Kirchplatz oder eine Burg schließen, um die herum Hausgrundstücke abgesteckt wurden. So habe sich die Stadt des Mittelalters mit ihren verwinkelten Gassen, deren Erscheinungsbild uns in vielen denkmalgeschützten Innenstädten noch heute erfreut, Häuserzeile für Häuserzeile ausgedehnt. Doch das allmähliche Wachsen aus einem ursprünglichen Kern heraus, hält nicht immer einer archäologischen Nachprüfung stand.

Die Mär von der gewachsenen Stadt

Wer den Stadtplan von Soest zur Hand nimmt, der kommt sofort auf die Idee, dass der jetzige Stadtkern,

↖ Kern ist nicht gleich Kern – der ursprüngliche Stadtkern von Soest lag nördlich des heutigen Zentrums.

→ Physische Enge, rechtliche Freiheit – Stadtmauer und Flussarme bzw. Wassergräben begrenzten die Größe der mittelalterlichen Stadt von vornherein.

der zentrale Markt-Kirchenbereich, auch die Keimzelle bildete, aus der heraus die Stadt dann in alle Richtungen wuchs. So wurde die Stadtgeschichte auch lange dargestellt – was allerdings nicht stimmt, wie neue archäologische Untersuchungen herausfanden. Ausgrabungen brachten zu Tage, dass der erste Siedlungsbereich nördlich der heutigen Stadtmitte im Bereich einer Salinenanlage lag. Und genauso wenig stimmt die allgemeine Vorstellung eines allmählichen wabenförmigen Wachstums von Siedlungen, die dann irgendwann Stadtstärke und eine Stadtmauer erhielten.

Was sich kaum jemand bewusst macht: Zwischen dem 12. und dem 14. Jh. entstehen mehr Städte als in irgendeiner anderen Epoche. Rund 3000 Neugründungen in rund 300 Jahren – dem stehen 20 bis 30 Stadtneugründungen in der frühen Neuzeit und 20 bis 40 zu Städten gewachsene Industriezentren in den letzten drei Jahrhunderten gegenüber. Der Hintergrund: Nach der Phase ökonomischer Stagnation im Frühen Mittelalter durchlebte Mitteleuropa seit dem 12. Jh. einen tief greifenden Wandel. Wie wir schon gehört haben, steigerten neue Anbaumethoden die landwirtschaftlichen Erträge, die Bevölkerung wuchs und der Osten wurde kolonialisiert, Handwerk und Handel weiteten sich aus und das Land verlangte zunehmend nach Märkten und Städten.

Die wohl älteste Stadt aus dieser Gründungsphase ist unserem heutigen Wissen nach Freiburg; mit seinem unübersichtlichen Grundriss – krumme Altstadtgassen, flankiert von »Bächlen« – galt es bisher als Musterbeispiel einer gewachsenen Stadt. Gegründet wurde sie 1120 an einem Knotenpunkt vieler Straßen als Mark-

Wie wichtig ist eine Archäologie des Mittelalters?

In der Auseinandersetzung mit den frühen Stadtgründungen zeigt sich wieder einmal, wie wichtig die archäologische Beweisaufnahme ist. Lange Zeit spielte die Archäologie des Mittelalters eine untergeordnete Rolle gegenüber der Geschichtsschreibung, denn sie schien überflüssig: Es gab ja genügend Quellen – Chroniken, Urkunden und Pläne.

Doch viele Dokumente sind einseitig verfasst oder im Nachhinein manipuliert worden. Dispute und Streitigkeiten unter den Historikern sind daher vorprogrammiert, wenn beispielsweise folgende Fragen geklärt werden sollen:

Geht diese Straßen- und Parzellenstruktur wirklich auf die Stadtgründung zurück?

Wurde der Neubau eines Klosters über dem Vorläufergebäude errichtet?

Seit wann verfügten die Hansestädte über Koggen?

Hierzu können nur die harten Fakten archäologischer Spurensicherung zweifelsfreie Auskunft erteilen. So wurden in den Jahren seit der Wiedervereinigung viele Städte in Ostdeutschland – beispielsweise Stralsund und Greifswald – durch weiträumige Grabungen, die durch die Stadtsanierung möglich wurden, gut erforscht.

↑ Steg mit Kaianlage als Warenumschlag-
platz – Modell der Grabungsbefunde
Lübeck, Alfstraße

→ »Wasserkünste« in Lübeck – bereits
im 14. Jh. waren viele Stadthäuser mit
Leitungen für Trinkwasser ausgestattet.

Wassertürme

Brauwasserkunst vorm Hüxtertor;
ab 1291/94

Brauwasserkunst vorm Burgtor;
ab 1302

Bürger- oder Kaufleutewasserkunst;
ab 1531/33

Kleine Wasserkünste

stadt durch Konrad von Zähringen. Die bedeutende
schwäbische Adelsfamilie hatte sich nach ihrer Burg
nördlich von Freiburg benannt und herrschte über die
Herzogtümer Schwaben und Kärnten.

Trotz des überlieferten Gründungsaktes sind die
Stadthistoriker der Ansicht, Freiburg sei in der Folge
langsam aus dem Marktkern heraus gewachsen. »Orte
wie Freiburg im Breisgau belegen den Weg vom Markt
zur Stadt«, erläutert die Stadthistorikerin Evamaria
Engel, »sie erwuchsen aus älteren Siedlungsansätzen,
aus mehreren Siedlungsteilen oder stellten zumindest
eine Kombination von allmählichem Stadtentstehungs-
prozess mit Stufen kurzfristiger, planvoller Gründung
dar.« Doch Siedlungen entwickelten sich nicht einfach,
bis sie »reif« für eine Mauer und damit für Stadtrechte
waren, sondern sie wurden wegen ihrer zentralen Bedeutung überwiegend von Herrschern gefördert oder
gegründet, mit dem Stadtrecht ausgestattet. Danach
wurden ihre Straßen, Plätze und Parzellen in großem Stil eingemessen. Das beweisen viele noch heute
im Stadtbild erkennbare Vermessungsspuren – darauf
weist der Stadtforscher Klaus Humpert hin: »Wie zum
Beispiel kommen in Freiburg die zwei geschwungenen
Bögen der Salzstraße, einer der beiden Hauptachsen,
zustande? Sie bilden exakt Ausschnitte eines 600 Fuß-
Kreisbogens.«

Nicht nur in Freiburg, auch in vielen anderen Städten fand Humpert die eleganten Bogenkonstruktionen:
Villingens Hauptstraße und die Stadtmauer weisen Bögen mit dem Radius von 2000 Fuß auf. In Offenburg
ziehen sich die s-förmige Markt- und andere Straßen
durch die Altstadt. München und Lübeck weisen in
ihrem ursprünglichen Stadtgrundriss Stadtmauern in
Kreisbögen auf.

Weil all diese Orte Gründungsstädte sind, die zwischen dem 12. und dem 14. Jh. innerhalb kürzester Zeit
viele Menschen aufnahmen, musste ihr Wachstum
in geordnete Bahnen gelenkt werden. Daher kommt
Humpert zu dem Urteil: »Der Großteil der Städte des
Mittelalters wurde exakt geplant und mit einfachen
Mitteln eingemessen.«

Dass diese komplizierten Grundmuster nicht die Fähigkeiten der mittelalterlichen Vermesser überforder-
ten, hat Humpert mit einem Team in mehreren Feld-
versuchen bewiesen, in dem sie die Stadtgrundrisse von
Freiburg und Villingen nachvollzogen. So wurde der
Grundriss von Freiburg nur mit Hilfe von 400, 600 und
1000 Fuß langen Seilen und einfachen mathematischen
Berechnungen im Maßstab 1 : 1 nachgestellt.

Warum aber wurde der Vermessungsvorgang selbst
nie in Worten oder Zeichnungen dargestellt? – so die
Skeptiker. Humpert begründet dies mit der strikten

Geheimhaltungspraxis: Seit dem 11. Jh. begannen die Vermessungsteams, die so genannten Bauhütten, sich in Bruderschaften, später Logen zu organisieren.

Nach wie vor steht also zur Diskussion: Geplant oder gewachsen? In Freiburg deuten archäologische Befunde darauf hin, dass die dortige S-Kurve der Salzstraße erst Jahrhunderte nach der Stadtgründung entstand – dies könnte ein Argument gegen die eingemessene Stadt sein.

Schauen wir uns zum Vergleich einmal die besterforschte und älteste Stadt im nordöstlichen Raum Deutschlands an: Lübeck. Seit den 1970er Jahren wurden hier ca. 130 Grabungen durchgeführt; die Ergebnisse der intensiven Forschungen sind nun in einer Dauerausstellung im Stadtmuseum für den Besucher zugänglich.

Gegründet wurde Lübeck der Geschichtsschreibung zufolge 1143 vom holsteinischen Grafen Adolf II., doch musste er die Stadt 1158/59 seinem Lehnsherren Heinrich dem Löwen übergeben. Der Herzog von Bayern und Sachsen war Gegenspieler des viel berühmteren Friedrich I. Barbarossa. Friedrich war zwar der Kaiser, doch Heinrich besaß mehr Macht. Und diese soll er unter anderem mit seinen Stadtgründungen wie beispielsweise München demonstriert und gefestigt haben.

Im Norden ließ er einigen Chroniken nach als Konkurrenz zur Stadt »Lübeck« des Grafen Adolf II. zunächst 1157 in der Nähe die Siedlung »Löwenstadt« erbauen, die jedoch wenig Beachtung bei den Kaufleuten fand. Erst nachdem Lübeck durch eine Brandkatastrophe vernichtet worden war, bekam Heinrich es übereignet und begann 1159 mit dem Neuaufbau.

Was davon stimmt nun? Die Altstadt von Lübeck liegt auf einer O-förmigen Halbinsel, die von den sich vereinigenden Flüssen Trave und Wakenitz gebildet wird – die gesamte Halbinsel wurde erst 1217 vom dänischen König Waldemar II. zu einer befestigten Stadt ausgebaut – für die Gründungsphase davor gab es lange keinerlei bauliche Belege.

Ganz im Norden, inmitten der rund 300 m breiten Landverbindung, stießen die Archäologen in den 1970er Jahren auf Hinweise für eine slawische Erstbesiedlung: zwei Befestigungsgräben und eine fundreiche Kulturschicht. 1997/98 entdeckten sie bei Straßenarbeiten südlich und östlich davon auch die Reste einer dicht besiedelten slawischen Unterstadt. Zudem fanden sich archäologische Indizien dafür, dass der holsteinische Graf diese slawische Burg zu einer u-förmigen Befestigungsanlage ausbauen ließ, die von einem 16 m breiten Graben, Wällen und Palisaden umgeben war.

Während die dritte Bebauungsphase unter Waldemar II. im Wesentlichen identisch ist mit der heutigen Altstadt, blieb es umstritten, wo genau die so genannte »Zweitgründung« zur Regierungszeit Heinrichs lag.

Erst bei Ausgrabungen in der Alfstraße und im Bereich An der Untertrave/Kaimauer stießen die Archäologen auf Reste von Holzhäusern, einen Bohlenweg und eine Kaianlage, die mit Hilfe der C-14-Methode eindeutig in die zweite Hälfte des 12. Jhs. datiert werden konnten. Die Kaianlage ermöglichte das unmittelbare Anlegen schwimmender Schiffe, für diese Zeit ein Novum – so erklären die Lübecker Stadtarchäologen Doris Mührenberg und Manfred Gläser: »Sie belegt indirekt zusammen mit einigen Kleinfunden die Existenz von Frühformen deutscher Koggen, die nicht mehr zum Entladen auf den Strand gezogen werden konnten.« Dort am Hafen fand auch der Fernhandel statt, nur lokale Waren wurden zum Zentralmarkt an der Marienkirche transportiert. Die Befunde sind in einem Modell dargestellt.

Bei der Großgrabung im Bereich Alfstraße/Fischstraße schließlich konnten die Archäologen nicht nur unterschiedliche Hausbautypen unterscheiden – neben Häusern in Pfosten- und Blockbauweise fanden sich auch auf Holzschwellen errichtete Ständerbauten; darüber hinaus gewannen sie auch einen Einblick in die Grundstückstruktur. »Überraschenderweise konnte schon für diese frühe Zeit eine sehr intensive Aufteilung des Geländes belegt werden. Bereits für die 1180er Jahre ist nämlich jene kleinteilige Gliederung in handtuchartige Grundstücke bezeugt, wie sie sich bis in unser Jahrhundert erhalten hat«, so Mührenberg und Gläser.

Dies könnte ein Nachweis für die postulierte Einmessung der Stadt im Sinne Humperts sein. Die wissenschaftliche Auseinandersetzung um die Stadtplanungen dauert gegenwärtig an; sie erweist sich jedoch als fruchtbar. Denn so erfahren wir eine Menge über den Ursprung der Städte, die noch heute im Wesentlichen unsere Stadtlandschaft prägen.

Doch bevor sich die Städte im Spätmittelalter endgültig etablierten, mussten sie sich gegen einen Stand zur Wehr setzen, der sich vom Beschützer zum Bedroher des Landfriedens gewandelt hatte: die Ritter.

Burg Bommersheim im Rhein-Main-Gebiet, 1382 …

Während ein Teil des Burgwallgangs bereits lichterloh
brennt, ist der Boden des Burghofs von Blut ge-
tränkt. Den Truppen des Rheinischen Städtebundes unter Führung der Stadt Frankfurt
ist es gelungen – vielleicht erst nach wo-
chenlanger Belagerung – die Mauer der
Raubritterburg zu überwinden und
ins Burginnere einzudringen. Nach
einem mühevollen Mann-gegen-
Mann-Kampf haben sie die Raubritter überwältigt. Während einige
der Eroberer den Burghof sichern,
zum Teil mit Armbrüsten bewaffnet
wie der Kämpfer im Vordergrund,
führen andere die überwältigten
Burgbewohner ab.
Dann wird die Burg zur Plünderung
freigegeben: Truhen, Münzen und kostbarer Zierrat – was wertvoll erscheint, wird
mitgenommen. Alles andere werfen die Eroberer in den Hof – und das ist erst der Anfang des
Zerstörungswerks.

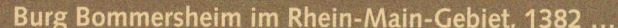

Untergänge – Übergänge

Adel, Ritter und Burgen im Mittelalter

Vom edlen Kämpfer zur Landplage: der Ritter und seine Burg

Um der Raubritterei, die sich im Laufe des 14. Jhs. zu einer rechten Landplage entwickelt hatte, Herr zu werden, griffen Städtebünde, Fürsten und Könige zu drastischen Mitteln: Die Burgen wurden geplündert, geschliffen und dem Erdboden gleichgemacht.

So waren von der Burg Bommersheim bis 1988 alle oberirdischen Reste verschwunden; nur schriftliche Quellen bezeugten ihre Existenz und berichteten von ihrem Untergang.

Als aber dann genau an dieser Stelle 1988 eine Kindertagesstätte gebaut werden sollte, stießen die Bauarbeiter auf die Fundamente der einstigen Burg.

Nach der Eroberung war die Burg nicht nur geplündert, sondern in Schutt und Asche verwandelt worden – Pech für die Burgherren, Glück für die Archäologen. Denn dabei wurde ein Großteil des Inventars in den ehemaligen Burggraben geschüttet, wo er die folgenden 600 Jahre gut überdauerte.

In einer fünfjährigen Grabungskampagne konnten die Archäologen auf diese Weise eine Vielfalt an Alltagsgegenständen der Burganlage aus dem 13./14. Jh. bergen: Scherben von über 1000 Gefäßen aus Keramik und Glas – darunter Kugeltöpfe aus dem Rhein-Main-Gebiet, Becher aus dem Rheinland und dünnwandige Glasbecher aus Südwestdeutschland.

Da der Fundbereich durch das Grundwasser gegen Sauerstoffeinfluss versiegelt war, hatten sich organische Stoffe wie Ledergürtel, Schuhe, Gewänder und Holzgeräte – darunter auch Spielzeug – gut erhalten.

Knochen und Samen verrieten schließlich den ritterlichen Speiseplan; dazu zählte eine erstaunliche Vielfalt an gezüchteten und gesammelten Obstsorten: unter anderem Äpfel, Birnen, Pfirsiche, Himbeeren, Brombeeren, Hagebutten, Pflaumen, Kirschen.

95 % des Fleischverzehrs bildeten Haustiere wie Schwein und Rind. Dass gejagte Tiere trotz des wehrsportlichen Ehrgeizes der Ritter eine untergeordnete Rolle spielten, erklärt der Frankfurter Archäologe Karl-Friedrich Rittershofer so: »Möglicherweise hängt dies damit zusammen, dass Inhaber der Burg als Angehörige des Niedrigen Adels nicht das Jagdrecht besaßen.«

Doch wie konnte überhaupt aus dem edlen Ritter, der auf seiner Burg herrschte und eine der tragenden Säulen der mittelalterlichen Gesellschaft war, diese »Landplage« werden?

Sichtbares Zeichen jener Zeit sind heute noch die rund 8000 Burgen oder deren Ruinen, die sich über Deutschland verteilen. Diese Hinterlassenschaft wurde in der Romantik zu einer edlen Vergangenheit verklärt: Auf den Burgen lebten adlige Ritter, die ihre Fehden austrugen, auf Turnieren kämpften oder sich einem Kreuzzug zur Rückeroberung der heiligten Stätten in Palästina anschlossen.

Die komplexe Burg aus Stein – so die Burgenforschung – taucht erst im Spätmittelalter auf und steht am Ende einer langen Entwicklung. Fluchtburgen für die Bevölkerung aus Erd- und Holzwällen auf zum Teil künstlich angelegten Hügeln (so genannte Motten) und Burgen, die aus einem einzigen kompakten Turm bestanden, bildeten den Anfang.

Der Burgtyp der Motte verbreitete sich um das Jahr 1000 von Nordfrankreich aus. Wie solch eine Anlage entstand, konnten die Archäologen am Beispiel des Husterknupp (Nordrhein-Westfalen) erkunden: Eine von einem Wassergraben und einer Palisade umgebene Flachsiedlung (Mitte des 10. Jhs.) wurde zunächst in eine Kernmotte mit Vorburg (frühes 11. Jh.) umgestal-

Ritter gegen Ritter – Ritter des Rheinischen Städtebundes bezwingen Raubritter der Burg Bommersheim.

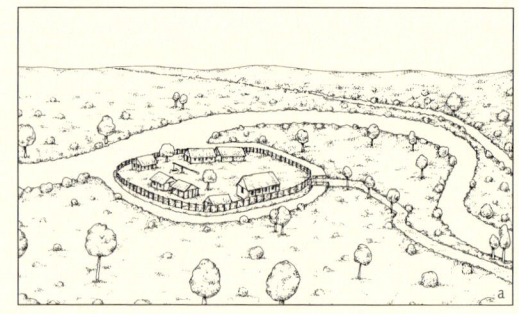

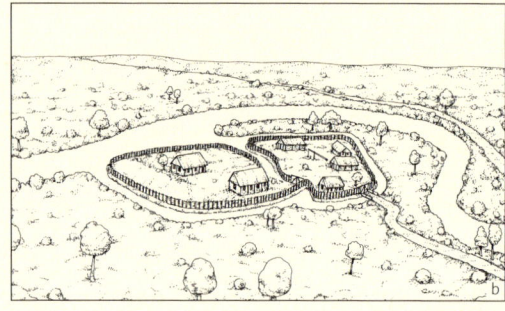

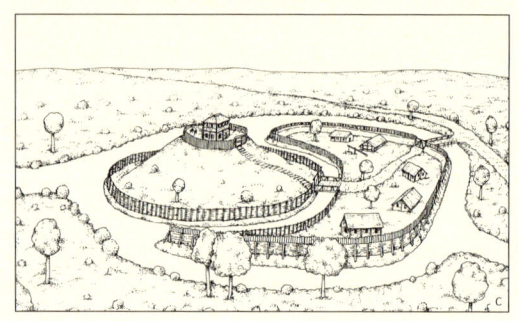

tet und schließlich in eine Hochmotte umgebaut, die durch einen Wassergraben und eine Palisade von der Vorburg getrennt war.

Zur gleichen Zeit kamen die ersten kompakten Turmburgen in Steinbauweise auf: Zentraler Bestandteil ist nun der Turm, der gewaltige Ausmaße annehmen kann. Die Fundamente der Turmburg des Hamburger Bischofs verfügen bei 19 m Außendurchmesser über eine Wanddicke von 4 m.

Während Motten vor allem in den flachen Landschaften West- und Norddeutschlands angelegt wurden, finden sich weiter südlich häufiger Turmburgen auf Höhenzügen, von denen überwiegend nur noch Fundamente als Spuren im Gelände erhalten sind – mit wenigen Ausnahmen wie dem Burgturm von Ebermannsdorf bei Amberg (Oberpfalz).

Beide Typen, Motte und Turmburg, lassen sich jedoch weder in ein »Vorher – Nachher«-Schema einteilen noch nach bautechnischen Kriterien wie »Motte = Holz und Erde« und »Turmburg = Steinbau« klar iden-

tifizieren; hierzu Andreas Schlunk: »So lassen sich bei süddeutschen Fluchtburgen des 9. und 10. Jhs. gelegentlich schon Spuren von Mörtelmauerwerk ausmachen, während die Entstehung von reinen Wallburgen mit Holz-Erde-Befestigung noch im 11. Jh. archäologisch nachgewiesen werden kann.«

Anfänglich war der Turm ein militärisches Zweckgebäude, in das die Bevölkerung bei Gefahr fliehen konnte. Doch im Laufe der Zeit wandelte er sich immer stärker zum Wohnturm des Grundherrn und seiner Dienerschaft. Datiert ins frühe 11. Jh. ist das Schlössel nahe dem rheinland-pfälzischen Klingenmünster eine der ältesten Höhenburgen. Anhand der Fundamentuntersuchungen wurde ein

Modell erstellt, das die kompakte Bauweise des Wohnturms mit Anbau, einem Wirtschaftsgebäude und der polygonalen Umfassungsmauer mit Torturm verdeutlicht. Weithin sichtbar brachte das Monument vor allen Dingen die Macht zum Ausdruck, die der Burgherr über das umliegende Land ausübte.

In den späteren Ritterburg-Komplexen wurden die kompakten Turmburgen von so genannten Bergfrieden

»Während dieses Interregnums nutzten viele Herren die anarchischen Verhältnisse, um angestammte und angemaßte Rechte vor dem Zugriff ihrer Konkurrenten zu sichern«, urteilt der Burgen- und Ritter-Experte Andreas Schlunck.

Burgen wurden der sichtbare Ausdruck der Macht, die ein Herrscher über das umliegende Land beanspruchte. Mit Ausnahme der Königs- und Kaiser-

Speer gegen Speer – noch im 11. Jh. kämpften auch die berittenen Krieger nach wie vor mit dem Speer wie der Wandteppich von Bayeux beweist.

ersetzt. Sie besaßen primär symbolische, kaum noch strategische Bedeutung. Die beiden Türme der Burg Münzenberg in Hessen beispielsweise sind so positioniert, dass sie erhaben wirken, jedoch für den Verteidigungsfall liegen sie viel zu weit im Burginneren. Die Durchmesser dieser Türme sind so eng bemessen, dass in ihrem Inneren einzig eine steinerne Wendeltreppe auf die Zinne führen kann.

Während ein Großteil der Burgen als Turmburgen oder Motten im 11./12. Jh. errichtet worden waren, setzte Mitte des 13. Jhs. eine zweiten Gründungswelle ein.

Der historische Hintergrund: Das Deutsche Reich wurde bis zu seinem Wiedererstarken unter dem Habsburger Rudolf I. (1273–1291) von Krisen geschüttelt, die vor allem die Zentralgewalt des Königs betrafen.

pfalzen sind die typischen Burgen, wie wir sie heute kennen, erst im Spätmittelalter und der Neuzeit (ab Ende des 14. Jhs.) entstanden – und wie steht es um die Ritter selbst?

Man trägt Metall pur!

Der Ritter, der in voller Rüstung (Vollharnisch) hoch zu Ross mit Lanze, Schild und Schwert die Feinde besiegte, die Schwachen verteidigte und mit seinen Turniersiegen die Damen bei Hofe eroberte – auch das ist größtenteils Mythos.

Fangen wir mit dem Offensichtlichsten an, der Rüstung. Der Vollharnisch stand am Ende einer langen Entwicklung der Schutzkleidung, die sich gut anhand der überlieferten Rüstungen, Abbildungen und Ritterskulpturen in Kirchen und Domen rekonstruieren lässt. Seit dem Frühmittelalter wurden die so genannten – schon bei den Kelten bekannten – Brünnen als Schutz getragen: ein Panzerhemd, das aus miteinander verbundenen Kettengliedern oder aus Leder gefertigt wurde, auf das Plättchen oder Scheiben aus Metall gesetzt wurden. So sind die normannischen Krieger auf dem berühmten Teppich von Bayeux während der Schlacht von Hastings 1066 dargestellt.

Das Kettenhemd hatte halblange Ärmel, reichte bis zum Knie und wurde vorn und hinten aufgeschlitzt, damit der Ritter besser reiten konnte; im 12. Jh. wurden die Ärmel länger und von Fäustlingen und Beinlingen ergänzt.

Ab 1240 wurden dünne rechteckige Eisenplatten wie Schürzen an den Waffenrock angenäht (Spangenharnisch) – im Laufe der folgenden zwei Jahrhunderte entwickelte sich der Vollharnisch: Die Gelenke wurden mit runden Kacheln oder Kniebuckeln geschützt, Arme und Beine verschwanden in eisernen Röhren und schließlich wurden Brustplatte, stählerner Oberschenkelschutz und Arm- und Beinröhren zum Vollharnisch vereint.

Der Ritter von Stand trug nun keine Textilien mehr über der Rüstung, sondern Metall pur – im Gegenzug wurde die Rüstung immer körperbetonter, die Panzerungen wölbten sich stark und ihre reliefartige Oberfläche imitierte Textilien.

Eine ähnliche Entwicklung durchlief der Helm: vom Nasalhelm über die Beckenhaube zum so genannten Hundsgugel, einem nach oben spitz zulaufenden Helm mit ebenfalls spitz zulaufendem Klappvisier. Als Fehlkonstruktion erwies sich der Kübelhelm mit minimalem Sehschlitz. Bei Turnieren unter sengender Sonne starben einige Ritter an Hitzschlag oder erstickten einfach.

Doch zu der Zeit, als der Vollharnisch entwickelt war, erlitt die Strategie der Panzerreiter bereits ihre größten Niederlagen. So mancher Ritterkundige hat sich ohnehin gefragt: Wie konnte ein Ritter mit voller Rüstung während der Schlacht, bei der er mehrmals das Pferd wechseln musste, auf den 1,80 m hohen Pferderücken gelangen?

Die Antwort heißt schlicht: So hoch musste er gar nicht klettern, weil die Schlachtpferde der Ritter keine edlen Rösser waren, sondern eher Ponys mit einer Rückenhöhe von 1,19 bis 1,45 m – zu diesem Ergebnis kamen Archäozoologen bei der Untersuchung und Rekonstruktion von Pferdeskeletten, die unter Burgställen gefunden wurden. Knappen halfen den Rittern aufzusitzen und griffen auch ins Kampfgeschehen mit ein. Selbst bei den frühen Turnieren mischten sie mit und versuchten, den gegnerischen Ritter aus dem Sattel zu hieven. Mit so viel Erfolg, dass ihr Eingreifen verboten werden musste.

Zur höchsten Blüte gelangte das Rittertum schließlich mit der Herrschaft der Staufer Mitte des 12. bis Anfang des 13. Jhs. Ritter wurden zu Vorbildern: Sie konnten reiten wie die legendären Hunnen und wussten mit Schwert, Lanze, Bogen und Armbrust umzugehen. Laufen, Ringen, Klettern, Speerwerfen wurden täglich geübt. Doch sie mussten sich auch in der höfischen Kultur auskennen: Tischmanieren, Tänze, Brettspiel, Laute spielen. Das Ideal der Curilitas (Höfischheit) sah vor, dass Ritter in den Sieben Freien Künsten (die in den Klosterschulen gelehrt wurden) ausgebildet waren. Wie kam es zu diesem Ideal?

Als das französische Königtum im 10. Jh. zu kränkeln begann, konnte sich der Adel ungehemmt auf Kosten der breiten Bevölkerung ausleben. Die Kirche setzte alles daran, dem entgegenzusteuern; sie ächtete den unmoralischen Egoismus, versuchte, wichtige Rituale wie den Ritterschlag von Priestern ausführen zu lassen und stellte einen Verhaltenscodex auf – mit den Kreuzzügen gelangte diese Gesinnung schließlich zum Durchbruch; so erklärt Andreas Schlunck: »In der höfischen Dichtung des Mittelalters verschmolzen nach und nach die unterschiedlichen Aspekte weltlicher Prägung mit der religiös geprägten Auffassung von Ritterlichkeit. Diese Verschmelzung der beiden Komponenten führte schließlich zu dem Idealtypus des Ritters, der beides in sich zu vereinen suchte: Adel der Geburt und Adel der Gesinnung.«

Doch leider widersprach die Realität des Ritteralltags dem höfischen Ideal. Die Ritter waren beim einfachen Volk bekannt und gefürchtet dafür, dass sie die Armen

↑ Urmodell des Ritterhelms: Nasalhelme wie dieser aus einer Ausgrabung bei Augsburg wurden ab der Zeit um 1000 aus einer einzigen Eisenplatte gefertigt.

→ Todesmutige Ritter werden von den Burgdamen bewundert – die Darstellung in der Manessischen Liederhandschrift entspricht ganz unserer Vorstellung vom mittelalterlichen Ritterturnier.

schonungslos unterdrückten und ausraubten, sich dem Nichtstun und der Trunksucht hingaben. So spottete bereits Petrus von Blois Ende des 12. Jhs.: »Wenn unsere Ritter einen Feldzug unternehmen, werden die Pferde nicht mit Waffen, sondern mit Wein beladen, nicht mit Lanzen, sondern mit Käse, nicht mit Speeren, sondern mit Bratspießen.«

Letztlich bestimmten – auch innerhalb der Ritterschicht – Durchsetzungsvermögen und praktische Fertigkeiten eines Ritters über seine gesellschaftliche Stellung. Die bewies er vor allem bei Turnieren. Doch auch hier gilt: Minnesang und spätere Romantik haben den ritterlichen Kampfsport der Turniere zu heldenhaften Entscheidungen auf Leben und Tod hochstilisiert. Obwohl es teilweise regelrechte Mammutevents von mehreren Wochen Dauer waren (Mitte des 14. Jhs. traten in Limburg 1000 Ritter an, in Würzburg 2000.), konnte es passieren, dass bei 300 Anritten nur sechs Gegner vom Sattel gehoben wurden. Zu dieser Zeit war der Stern des Rittertums längst im Abstieg begriffen.

Spätmittelalterlicher Showdown

Es war nicht so sehr – wie häufig dargestellt – die Entwicklung der Feuerwaffen, die zum Ende der Herrschaft der ritterlichen Burgherren über die Landschaft führte.

Noch einmal zurück zur Burg Bommersheim: Hier hatten die Belagerer auch Feuerwaffen benutzt, nämlich auf Holzgestellen befestigte Büchsen, die mit Hilfe von Schwarzpulver Kugeln abschossen – einer der frühesten nachweisbaren Einsätze dieser neuen Waffen.

Doch es war nicht so sehr ihre unmittelbare Zerstörungskraft; im Vergleich zu späteren Kanonen, die Wallanlagen und Mauerwerke von Festungen und Städten nutzlos werden ließen, waren die kleinen Kugeln dieser ersten Feuerwaffen, die nur zwei- bis dreimal täglich einsetzbar waren, recht harmlos. »Die frühen Geschütze erzielten ihre größte Wirkung oft durch die Demoralisierung des Gegners durch Geschützdonner, Mündungsfeuer und Pulverdampf«, kommentiert Ritter-Experte Robert Giersch.

Vielmehr war es ein Komplex aus mehreren Ursachen, der zum Niedergang des Rittertums führte. In erster Linie wurde ihre Kampftaktik, die sie immer mehr auf ihre Turniere hin zuspitzten, von der militärischen Realität überholt. Mit ihren vorgestreckten Lanzen griffen die Ritter als geschlossene Formation an – doch diese Wirkung eines alles niederwalzenden Bollwerkes konnten sie nur entfalten, wenn sich auch die Gegner an die Regeln der tradierten Kriegsführung hielten.

Das taten sie jedoch im 14. Jh. nicht mehr! Hinzu kam: Zu Fuß kämpfende Verbände konnten es inzwischen mit Langbögen als Distanzwaffe und Stangenwaffen wie dem Langspieß als Nahwaffen mit den Rittern aufnehmen. So erzielten die Engländer ihre entscheidenden Siege über französische Ritterheere zu Beginn des so genannten Hundertjährigen Krieges durch den Einsatz von Bogenschützen. Im 15. Jh. überrumpelten die Schweizer Fußtruppen, so genannte Gewalthaufen, die gegnerischen Ritter mit ihren Stangenwaffen – dabei griffen sie auch gezielt die Pferde der Ritter an.

»Von einem regelrechten Niedergang kann trotzdem nicht gesprochen werden, eher von einem durch ungünstige Rahmenbedingungen begleiteten Ausleseprozess unter den Geschlechtern«, urteilt Robert Giersch. Denn ein Teil der Ritterschaft konnte führende Positionen in den auf neuen Kampftechniken fußenden Söldnerheeren finden.

Nichtsdestotrotz vermochte sich aber der Großteil nicht aus der sozialen Abwärtsspirale zu befreien: Die freien Ritter, deren Existenz auf der Grundherrschaft basierte, verarmten durch den Niedergang der Landwirtschaft im 14. Jh. Den einem adligen Herren unterstellten Rittern ging es, da auch das Einkommen des Adels sank, nicht besser.

Immer mehr Ritter verarmten und übten nun ohne moralische Bedenken das einzige Handwerk aus, das sie beherrschten: das Kriegshandwerk. Aus Rittern wurden Raubritter, die Reisende und Handelszüge ausraubten sowie Geiseln nahmen, die sie gegen hohe Lösegelder freiließen – mit Vorliebe reiche Kaufleute. Denn in den Augen der Ritter gab es nur die vier gottgewollten Stände: Bauern, Klerus, Ritter, Adel. Die Städte mit ihren immer reicher werdenden Kaufleuten waren in ihrem Weltbild nicht vorgesehen.

Doch die Städte erstarkten zunehmend und setzten sich zur Wehr – häufig bedienten sie sich dabei ebenfalls verarmter oder verschuldeter Ritter, die sie in ihren Dienst stellten. Für wachsenden Handel und Wohlstand war die Herstellung des Landfriedens wichtige Voraussetzung. Immer häufiger gingen Städtebünde und Landesherren im 14. Jh. gegen Raubritternester vor, die dem Erdboden gleichgemacht wurden. Trotzdem geriet der Handel in der zweiten Hälfte des 14. Jhs. ins Stocken – aus weitaus fundamentaleren Gründen.

Blamage für die Ritter – in der Schlacht von Crécey (1346) wurden sie von Langbogen-Einheiten bezwungen.

fielen jährlich immer größer werdende Heuschreckenschwärme in Franken ein; 1399 vernichteten sie die gesamten, ohnehin schon stark geschrumpften Ernten. Außerdem zerstörte ein Erdbeben in Süddeutschland 1355 unter anderem Teile der Stadt Rothenburg ob der Tauber sowie die benachbarte Burg.

Das alles wirkte sich nicht zuletzt auch auf das System der Grundherrschaft negativ aus. Die sinkende Nachfrage nach Luxusgütern beim niedrigen Adel schwächte wiederum vor allem den Handel.

Und es kam noch schlimmer – der schwarze Tod breitete sich in Europa aus. Ein Handelsschiff, das aus Asien kam, brachte die Pest 1347 in die sizilianische Hafenstadt Messina. Innerhalb von drei Monaten erreichte die Seuche das italienische Festland und in nur drei Jahren (Man bedenke die damaligen Reisemöglichkeiten.) wurde ganz Europa in Mitleidenschaft gezogen. Ein Drittel der damaligen Bevölkerung von rund 50 Mio. Menschen starb meist innerhalb weniger Tage an dieser Infektion. Die Seuche ebbte zwar bereits 1351 wieder ab, dafür kehrte sie jedoch in 10-Jahres-Intervallen bis zum Ende des Jahrhunderts immer wieder.

Langsam, aber stetig verschlechterte sich das Klima – es wurde kälter in Mitteleuropa. »Um 1300 gab es sogar Weingärten in Bremen, Schleswig-Holstein und Mecklenburg, die sich bis nach Ostpreußen und Kurland ausbreiteten«, erklärt der Wilhelmshavener Archäologe Karl-Ernst Behre. »Vor allem eine später einsetzende Klimaverschlechterung führte danach zu einer Reduzierung des Weinbaus auf die heute bekannten Gebiete.«

Nicht nur die sinkenden Temperaturen führten zu sinkenden Erträgen in der Landwirtschaft. Seit 1335

War das eine Prüfung des Herrn oder kündigte sich bereits der Jüngste Tag an? – so fragten sich die Menschen damals. Wir wissen heute, dass es sich um Krisen handelte, die auf tragische Weise miteinander verkettet waren. Und wir wissen heute – gut 500 Jahre und etliche Siedlungshorizonte danach –, dass sich hinter diesen Untergängen eine neue Zeit, eben die Neuzeit, bereits am Horizont abzuzeichnen begann.

Literatur zum Weiterlesen (Auswahl)

Übergreifend

Freeden, Uta von / Schnurbein, Siegmar von (Hrsg.): Spuren der Jahrtausende. Archäologie und Geschichte in Deutschland. Stuttgart 2002

Küster, Hansjörg: Geschichte der Landschaft in Mitteleuropa. München 1995

Menghin, Wilfried / Planck, Dieter: Menschen – Zeiten – Räume. Archäologie in Deutschland. Stuttgart 2002

Pomper, Anita / Redies, Rainer / Wais, André (Hrsg.): Archäologie erleben. Ausflüge zu Eiszeitjägern, Römerlagern und Slawenburgen. Stuttgart 2004

Sanden, Wijnand van der: Mumien aus dem Moor. Die vor- und frühgeschichtlichen Moorleichen aus Nordwesteuropa. Amsterdam 1996

Schmidt, Hartwig: Archäologische Denkmäler in Deutschland – rekonstruiert und wieder aufgerichtet. Stuttgart 2000

Steinzeit

Auffermann, Bärbel / Orschiedt, Jörg: Die Neandertaler. Auf dem Weg zum modernen Menschen. Stuttgart 2006

Bonis, Louis de: Vom Affen zum Menschen, Teil II: Die Evolution des Menschen. Heidelberg 2001

Müller-Beck, Hansjürgen: Die Steinzeit. Der Weg der Menschen in die Geschichte. München 2001

Niemitz, Carsten: Das Geheimnis des aufrechten Ganges. München 2004

Neolithikum und Megalithik

Diamond, Jared: Arm und Reich. Die Schicksale menschlicher Gemeinschaften. Frankfurt am Main 2000

Korn, Wolfgang: Megalithkulturen. Rätselhafte Monumente der Steinzeit. Stuttgart 2005

Bronzezeit

Meller, Harald (Hrsg.): Der geschmiedete Himmel. Die weite Welt im Herzen Europas vor 3600 Jahren. Stuttgart 2004

Mossauer, Manfred / Bachmaier, Traudl: Bernstorf. Das Geheimnis der Bronzezeit. Stuttgart 2005

Eisenzeit

Kimmig, Wolfgang: Die Heuneburg an der oberen Donau. Stuttgart 1983

Kuckenburg, Martin: Die Kelten in Mitteleuropa. Stuttgart 2004

Müller-Wille, Michael: Opferkulte der Germanen und Slawen. Stuttgart 1999

Römerzeit

Archäologisches Landesmuseum Baden-Württemberg (Hrsg.): Imperium Romanum. Roms Provinzen an Neckar, Rhein und Donau. Stuttgart 2005

Badisches Landesmuseum Karlsruhe (Hrsg.): Imperium Romanum. Römer, Christen, Alamannen – Die Spätantike am Oberrhein. Stuttgart 2005

Carroll, Maureen: Römer, Kelten und Germanen. Leben in den germanischen Provinzen Roms. Stuttgart 2003

Pohl, Walter: Die Germanen. München 2004

Rabold, Britta / Schallmayer, Egon / Thiel, Andreas: Der Limes. Die Deutsche Limes-Straße vom Rhein bis zur Donau. Stuttgart 1999

Völkerwanderung und Frühes Mittelalter

Arens, Peter: Sturm über Europa. Die Völkerwanderung. Berlin 2003

Boyer, Régis: Die Piraten des Nordens. Leben und Sterben der Wikinger. Stuttgart 1997

Knaut, Matthias / Quast, Dieter (Hrsg.): Die Völkerwanderung. Europa zwischen Antike und Mittelalter. Stuttgart 2005

Simek, Rudolf: Die Wikinger. München 1998

Willemsen, Annemarieke: Wikinger am Rhein 800–1000, herausgegeben vom Centraal Museum Utrecht und dem Landschaftsverband Rheinland / Rheinisches LandesMuseum Bonn. Stuttgart 2004

Mittelalter

Dersin, Denise (Hrsg.): Wie sie damals lebten. Im Europa des Mittelalters. Time-Life Books. o. O. 1997

Humpert, Klaus / Schenk, Martin: Entdeckung der mittelalterlichen Stadtplanung. Das Ende vom Mythos der »gewachsenen Stadt«. Stuttgart 2001

Schlunck, Andreas / Giersch, Robert: Die Ritter. Geschichte, Kultur, Alltagsleben. Stuttgart 2003

Bildnachweis

Archäologische Staatssammlung München/Museum für Vor- und Frühgeschichte: 58, 59 (M. Eberlein) – Archäologischer Museumspark Osnabrücker Land GmbH, Bramsche-Kalkriese: 88 – Archäologisches Zentrum Hitzacker: 57 o (J. J. Assendorp, Lüneburg), 57 u (R. Kaphan-Herzfeld, Waddeweitz) – Badisches Landesmuseum Karlsruhe: 111 o – Bau, F., Århus: 9, 10, 21, 27, 28, 34, 36 u, 37, 41, 43, 47, 49, 50/51, 54, 61, 63, 65, 66, 68, 71, 74, 77, 80/81, 85, 86, 92, 94, 95, 97, 98, 101, 102, 107, 113, 116 o, 119, 121, 122, 126/127, 129, 131, 132, 138, 140, 142, 145, 149, 150 – Brandenburgisches Landesamt für Denkmalpflege und Archäologisches Museum, Wünsdorf: 30 l (D. Sommer), 30 r (B. Gramsch) – Dommuseum Monza: 105 – Feist, J., Pliezhausen: 136 – Förderverein Archäologisch-Ökologisches Zentrum Albersdorf e. V.: 45 (R. Kelm) – GEO-Bildredaktion, Hamburg: 19 – Historisches Museum der Pfalz, Speyer (Foto: M. Mörtl): 110 – Humpert, K., Freiburg: 146 – Institut für Ur- und Frühgeschichte und Archäologie des Mittelalters, Abt. Ältere Urgeschichte und Quartärökologie, Universität Tübingen: 23 (H. Jensen) – Korn, W., Hannover: 44 – Landesamt für Denkmalpflege und Archäologie Sachsen-Anhalt/Landesmuseum für Vorgeschichte Halle: 18 (Juraj Lipták), 31 (A. Hörentrup), 55 (Erika Hunold), 62 – © Landesamt für Denkmalpflege Hessen, Wiesbaden; 2006: 72 (Ursula Seitz-Gray, Frankfurt a. M.) – Landesdenkmalamt Baden-Württemberg/Archäologische Denkmalpflege, Esslingen: 33, 75, 79, 116 u (K. B. Mikiffer) – Mania, D., Jena: 12 l, 14, 15 – Mühleis, Y.: 90 – Museum Burg Bederkesa: 104 u – Museum für Vor- und Frühgeschichte der Staatlichen Museen zu Berlin – Preußischer Kulturbesitz: 56 – nach Ch. Éluère, Die Kelten (1995) 126: 83 – nach Hinter Schloß und Riegel. Burgen und Befestigungen in Westfalen. Westfälisches Museum für Archäologie Landschaftsverband Westfalen-Lippe (1997) Abb. 19: 152 o l – nach J. LeGoff, Das Hochmittelalter. Fischer Weltgeschichte 11 (1965) Abb. 2: 139 – Naturhistorisches Museum Wien: 24 (A. Schumacher) – Niedersächsisches Landesamt für Denkmalpflege, Hannover: 12 r – Palm, P., Berlin: 39, 73, 76, 109, 114 – Picture-Alliance GmbH, Frankfurt a. M: 69, 120, 135, 153 – Rheinisches Landes-Museum Bonn: 36 o (S. Krausen) – Römisch-Germanische Kommission, Frankfurt a. M., Umsetzungen von H.-J. Köhler: 13 (nach D. Mania), 25 (nach L. Reisch), 40 (nach J. Wahl/H. G. König, Fundberichte aus Baden-Württemberg 12, 1987, 71 Abb. 6), 46 (nach D. Raetzel-Fabian, Die ersten Bauernkulturen. Jungsteinzeit in Nordhessen. Vor- und Frühgeschichte im Hessischen Landesmuseum Kassel 2, 2000, Abb. 156), 53 o (nach Goldene Jahrhunderte. Die Bronzezeit in Südwestdeutschland. Almanach 2, 1997, Abb. 6), 89 (nach G. Rasbach), 104 o (nach Die Römer zwischen Alpen und Nordmeer, Katalog zur Landesausstellung Rosenheim. 2000, 209), 111 u (nach W. Menghin, Die Langobarden. Archäologie und Geschichte. 1985, Vorsatz), 117 (nach H. Ament in: Die Franken. Wegbereiter Europas. Kataloghandbuch zur Ausstellung Mannheim. 1996, Bd. 1 Abb. 95), 143 (nach Ch. Stiegermann/M. Wemhoff, 799 Kunst und Kultur der Karolingerzeit. Beiträge. 1999, 485 Abb. 1), 144 (nach Ch. Stiegermann/M. Wemhoff, 799 Kunst und Kultur der Karolingerzeit. Beiträge. 1999, 366 Abb. 1) – Römisch-Germanisches Zentralmuseum Mainz/Schloss Monrepos: 16 (O. Jöris) – Römisches Museum der Städtischen Kunstsammlungen Augsburg: 154 – Schmidt, H., Karlsruhe: 93 – Seminar für Vor- und Frühgeschichte, Universität Frankfurt: 35, 38 l (J. Lüning) – Stiftung Schleswig-Holsteinische Landesmuseen Schloss Gottorf/Archäologisches Landesmuseum Schleswig: 42 (Buss und Gatermann), 99 – Terberger, Th., Greifswald: 32 – Ulmer Museum: 22 (Th. Stephan) – Universitätsbibliothek Ruprecht-Karls-Universität Heidelberg: 155 – Westfälisches Museum für Archäologie/Amt für Bodendenkmalpflege, Münster: 147 o l – Wikinger Museum Haithabu: 124 – Württembergisches Landesmuseum Stuttgart: 38 r, 53 u (P. Frankenstein/H. Zwietasch) – Zeune, J., Eisenberg/Zell: 152 o r